高校入試
ランク順

RANK

英検®レベルつき

改訂版 中学 英単語

2000

JN028386

Gakken

はじめに

　高校入試で出題される，実用的な英単語をランク順にまとめた『ランク順英単語』の最初の版が刊行されたのは1989年のことです。その後，最新のデータに合わせて改訂を重ね，今ではシリーズ累計460万部を超えるベストセラーとなりました。

　このたび最新版を刊行するにあたっていちばん重視したことは，最新の入試問題を分析し尽くすことです。過去5年分の全国の都道府県立高校の入試問題と，難関私立・国立高校の入試問題をテキスト化した膨大な語数のコーパス（データベース）を作成し，長文問題からリスニングテストのスクリプト（台本）にいたるまで徹底分析し，その結果にもとづいた最新のランク順に単語を配列しました。

　また，本書に掲載されている2000の単語をクイズ形式で確認できるアプリと，単語と日本語訳を読み上げた音声を無料で利用できます。

　音声は，紙面に掲載された二次元コードを読み取ることで，手軽に再生できます。本書が高校受験の力強いパートナーとなり，志望校合格の手助けになることを心より願っています。

カンソウウオ　　　メモットリ　　　マチゲータ

CONTENTS

高校入試ランク順 中学英単語 **2000** 改訂版
RANK

最重要レベル

基本レベル

標準レベル

高得点レベル

超ハイレベル

この本の特長と基本構成

最新の入試ランク順で効率学習！

　最新の入試問題分析の結果，学校・地域生活に関連した基本単語は，今までと同様に必修であることがわかりました。一方で最近の入試では，より広い視野で社会課題を扱った英文が以前と比べて多くなっています。その影響で「情報」や「環境」などに関連した単語のランクが上位に来ています。また，統計などのデータを示しながら議論が展開されることが多いために，increase, decrease, influence などの単語のランクも上昇しました。

●ランクが上がった単語の例

情報・技術	smartphone, AI, online, website
環境・生産	waste, farming, material, resource
発表・創造	create, opinion, presentation, discuss
社会・経済	share, solve, customer, tourist

コーパスを活用した例文

　この本をつくるにあたって，膨大な入試問題をコンピューターに入力し，「コーパス」と呼ばれる英文のデータベースを作成しました。これによって入試によく出る単語のまとまりを選び出し，さらにそれをランク付けして収録しています。入試に直結している例文を読んで，いっしょに使われているほかの単語も１つのまとまりとして理解するとよいでしょう。

目標に応じたレベル別構成

　この本は，入試に出るランクの高い順に5つのレベルに分けて，章を構成しています。

目標	1 最重要レベル	2 基本レベル	3 標準レベル	4 高得点レベル	5 超ハイレベル
標準	必修	必修	必修	得点アップ	
進学校	必修	必修	必修	必修	
難関国私立	必修	必修	必修	必修	得点アップ

　本書の「最重要レベル」「基本レベル」と「標準レベル」の3つの章は，めざす高校にかかわらず，すべての人が必ず学習すべき部分です。

◉ 進学校をめざす人

　「高得点レベル」の単語まで必ず学習してください。
本書の「高得点レベル」までで，都道府県立などの公立高校の共通入試に出る単語のほとんどをカバーしています。
　私立高校の入試や公立高校の独自入試では，学校によって「超ハイレベル」からも多少出題される可能性がありますので，余裕があれば「超ハイレベル」の単語もチェックしておきましょう。

◉ 難関有名私立・国立校をめざす人

　難関とされる有名私立・国立校（中学校の教科書で学習する内容を超えた発展的な内容の問題が多く出されるような高校）を受験する場合は，「超ハイレベル」の単語まで学習しましょう。

基本構成

覚えやすい!
厳選された訳語

覚えておくべきもっとも
重要な訳語を厳選し,
暗記しやすくしました。

フレーズまでランク順

見出し語を含むフレーズや
使われ方を入試に出たラン
ク順に紹介しています。フレ
ーズの太字部分が出題され
やすい箇所です。1つのまと
まりで覚えましょう。

加点に役立つ解説

間違えやすいポイントや,
単語を覚えるためのヒント
を解説しています。特に
重要な解説はピンク色の
ふきだしになっています。

音声再生用二次元コードつき

紙面に掲載された二次元コードをスマートフォンや
タブレットで読み取ることで，音声を手軽に再生で
きます。

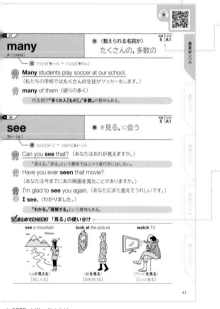

many
メニィ[méni]

比 more[モーァ] — most[モウスト]

Many students play soccer at our school.
（私たちの学校ではたくさんの生徒がサッカーをします。）

many of them （彼らの多く）

代名詞で**「多くの人【もの】」「多数」**の意味もある。

形（数えられる名詞が）たくさんの，多数の

see
スィー[síː]

活 saw[ソー] — seen[スィーン]

Can you **see** that? （あなたはあれが見えますか。）

「見える」「見る」という意味にはふつう進行形にはしない。

Have you ever **seen** that movie?
（あなたは今までにあの映画を見たことがありますか。）

I'm glad to **see** you again. （あなたにまた会えてうれしいです。）

I see. （わかりました。）

「わかる」「理解する」という意味もある。

動 を見る，に会う

☑ **まとめてCHECK!** 「見る」の使い分け

see a mountain	look at the picture	watch TV
（山が見える） ［目に入る］	（絵を見る） ［目を向ける］	（テレビを見る） ［じっと見る］

43

英検®，CEFR 表示つき

英検® に出やすい単語には，
各級のマークがついています。
CEFR-J Wordlist* にも準拠し
ています。

関連づけて効率学習

☑**まとめてCHECK!**…同じジ
ャンルの単語をまとめていた
り，使い分けが必要な単語をイラ
ストつきで紹介したりしています。

関連…同じ意味や似た意味
の単語，反対の意味の単語
などを紹介しています。

同音…異なるつづりで同じ読
み方をする単語を紹介してい
ます。

* CEFR-J Wordlist とは
　国際的な言語能力評価基準の一つである CEFR（ヨーロッパ言語共通参照枠）をもとに，日本で開発された語彙のランクです。
　『CEFR-J Wordlist Version 1.6』東京外国語大学 投野由紀夫 研究室
　（URL：https://cefr-j.org/download.html#cefrj_wordlist より 2023 年 5月ダウンロード）
英検® は，公益財団法人 日本英語検定協会の登録商標です。
このコンテンツは，公益財団法人 日本英語検定協会の承認や推奨，その他の検討を受けたものではありません。

この本の記号と表記

語形変化

不規則なもの，注意を要するものに表示してあります。

過…動詞の過去形と過去分詞を，次の順に表記しています。

> **過** 過去形［過去形の発音］－ 過去分詞［過去分詞の発音］
>
> （過去分詞の発音は，過去形と同じ場合は省略しています。）

比…形容詞・副詞の比較級と最上級を，次の順に表記しています。

> **比** 比較級 － 最上級

3単現…動詞の3人称単数・現在形を表します。

ing形…動詞の ing 形を表します。

複…名詞の複数形を表します。

名…名詞	**代**…代名詞	**形**…形容詞	**接**…接続詞
（または名詞の働き	**動**…動詞	**副**…副詞	**間**…間投詞
をする語句）	**助**…助動詞	**前**…前置詞	**冠**…冠詞

発音記号

　発音記号は，教科書や辞書によって表記が異なる場合があります。発音が米・英で異なる場合は米音だけを，複数ある場合は主要なものだけを表記しました。

　また，本書ではカタカナによる発音表記もしていますが，英語の発音をカタカナで正確に表すことは困難です。発音記号に慣れるまでの手がかりとして参考にしてください。なお，太字は強く読む部分を表しています。特にアクセントを注意したい単語にはアクセント位置に▼のマークをつけているので，しっかり覚えましょう。

パパっと整理！

入試によく出る語形変化と重要単語

ここでは，中学で学習する単語の基本的な変化形をまとめて紹介しています。
複数形や過去形・過去分詞，比較級などの語形変化をしっかりおさらいしましょう。
後半では，わかりやすいイラストつきの前置詞や，
入試で問われやすい熟語がまとめられています。効率よく単語を頭に入れましょう。

1. 動詞の3単現と名詞の複数形の s,es のつけ方

動詞の3単現（3人称単数・現在形）と名詞の複数形は，
同じルールで **s** や **es** をつける。まとめて覚えよう。

① ふつうの語は語尾に **s** をつける。

3単現	like(好きだ) → likes	walk(歩く) → walks	
複数形	book(本) → books	girl(女の子)→ girls	

② **o**, **s**, **x**, **ch**, **sh** で終わる語は語尾に **es** をつける。

3単現	go(行く) → goes	teach(教える)→ teaches
複数形	bus(バス)→ buses	dish(皿) → dishes

③ 〈子音字＋**y**〉で終わる語は **y** を **i** にかえて **es** をつける。

3単現	study(勉強する) → studies	try(ためす) → tries
複数形	city(都市) → cities	country(国)→ countries

④ **f**, **fe** で終わる語は **f**, **fe** を **v** にかえて **es** をつける。

複数形	leaf(葉) → leaves	life(生命)→ lives

9

2. 代名詞

「I – my – me – mine」のように，続けて発音しながら覚えよう。

	～は	～の	～を/～に	～のもの		～は	～の	～を/～に	～のもの
私	I	my	me	mine	私たち	we	our	us	ours
あなた	you	your	you	yours	あなたたち	you	your	you	yours
彼	he	his	him	his	彼ら				
彼女	she	her	her	hers	彼女ら	they	their	them	theirs
それ	it	its	it	—	それら				

① **～は（主格）** ……主語になる。

This is **Mike**. **He** is from Canada.

（こちらはマイクです。彼はカナダ出身です。）

② **～の（所有格）** ……持ち主を表す。

This is **my** bike. （これは私の自転車です。）

└─── あとには名詞がくる

③ **～を / に（目的格）** ……目的語になる。

That is **Mike**. Do you know **him**?

（あちらはマイクです。あなたは彼を知っていますか。）

④ **～のもの（所有代名詞）** …… 〈所有格＋名詞〉の働きをする。

Whose bike is this? — It's **mine**.

└─── my bikeのこと

（これはだれの自転車ですか。—それは私のものです。）

3. 動詞の ing 形のつくり方

動詞の ing 形は語尾によって次の 4 通りのつくり方がある。

1	ふつうの語は **ing** をつける。	read	（読む）	→ read**ing**
2	**e** で終わる語は **e** をとって **ing** をつける。	make	（作る）	→ mak**ing**
		write	（書く）	→ writ**ing**
3	〈**子音字＋アクセントのある 短母音＋子音字**〉で終わる語 は**子音字を重ねて ing** をつける。	run	（走る）	→ run**ning**
		swim	（泳ぐ）	→ swim**ming**
4	**ie** で終わる語は, **ie** を **y** にかえて **ing** をつける。	die	（死ぬ）	→ d**ying**
		lie	（横になる）	→ l**ying**

4. 動詞の過去形・過去分詞

規則的に変化する動詞と不規則に変化する動詞がある。

【規則動詞】 ＊過去形と過去分詞は同じ形。

1	ふつうの語は **ed** をつける。	play	（遊ぶ）	→ play**ed**
2	**e** で終わる語は **d** だけをつける。	like	（好きだ）	→ like**d**
		use	（使う）	→ use**d**
3	〈**子音字＋ y**〉で終わる語は **y** を **i** にかえて **ed** をつける。	study	（勉強する）	→ stud**ied**
		try	（ためす）	→ tr**ied**
4	〈**子音字＋アクセントのある 短母音＋子音字**〉で終わる語 は**子音字を重ねて ing** をつける。	stop	（止まる）	→ stop**ped**
		drop	（落ちる）	→ drop**ped**

【不規則動詞の過去形・過去分詞】

不規則動詞の変化は次の4つのパターンに分けられる。それぞれ「原形－過去形－過去分詞」をセットにして覚えよう。

① A－B－B型…過去形と過去分詞が同じ形のもの

原形	過去形	過去分詞	意味
bring	brought	brought	持ってくる
buy	bought	bought	買う
catch	caught	caught	つかまえる
feel	felt	felt	感じる
find	found	found	見つける
have	had	had	持っている
hear	heard	heard	聞こえる
keep	kept	kept	保つ
leave	left	left	去る
lose	lost	lost	失う
make	made	made	作る
mean	meant	meant	意味する
meet	met	met	会う
read	*read[レド]	*read[レド]	読む
say	said	said	言う
sit	sat	sat	すわる
stand	stood	stood	立つ
tell	told	told	伝える
think	thought	thought	思う
understand	understood	understood	理解する

＊原形と形は同じだが，発音が異なるので注意しよう。

② A－B－C型…原形，過去形，過去分詞がすべて違う形のもの

原形	過去形	過去分詞	意味
be	was / were	been	～である，いる
begin	began	begun	始める
break	broke	broken	こわす
do	did	done	する
eat	ate	eaten	食べる
fly	flew	flown	飛ぶ
get	got	gotten/got	手に入れる
give	gave	given	与える
go	went	gone	行く
know	knew	known	知っている
see	saw	seen	見る
sing	sang	sung	歌う
speak	spoke	spoken	話す
take	took	taken	取る
write	wrote	written	書く

③ A－B－A型…原形と過去分詞が同じ形のもの

become	became	become	～になる
come	came	come	来る
run	ran	run	走る

④ A－A－A型…原形，過去形，過去分詞がすべて同じ形のもの

cut	cut	cut	切る
put	put	put	置く

5. 形容詞として使われる -ing/-ed

　exciting と excited などのように，-ing や -ed で終わる形容詞は，使い分けに注意が必要。

> 試合が人を興奮させて，人は試合を見て興奮しているよ。

an exciting game
（興奮させる試合）

　試合が人々を興奮させているので，-ing がついた exciting を使って，an exciting game「（人々を）興奮させている試合」→「興奮させる試合」と表す。

excited people
（興奮した人々）

　人々は試合に興奮させられているので，受け身の意味を表す -ed がついた excited を使って，excited people「（試合によって）興奮させられている人々」→「興奮した人々」と表す。

　ほかに，interesting と interested や，surprising と surprised なども使い分けは同じ。

- This book is **interesting**.　（この本はおもしろいです。）
- I'm **interested** in this book.（私はこの本に興味があります。）

- The news was **surprising**.（そのニュースは驚くようなものでした。）
- I'm **surprised** at the news.（私はそのニュースに驚いています。）

6. 比較級・最上級のつくり方

形容詞・副詞の比較級・最上級のつくり方をまとめて覚えよう。

① ふつうの語は，比較級は語尾に **er** を，最上級は **est** をつける。

原級	比較級	最上級
tall（背が高い）	tall**er**	tall**est**
old（古い）	old**er**	old**est**

② **e** で終わる語は，比較級は語尾に **r** を，最上級は **st** をつける。

large（大きい）	larg**er**	large**st**
nice（すてきな）	nic**er**	nic**est**

③ 〈子音字＋**y**〉で終わる語は，**y** を **i** にかえて **er**, **est** をつける。

easy（簡単な）	eas**ier**	eas**iest**
busy（忙しい）	bus**ier**	bus**iest**

④ 〈子音字＋アクセントのある短母音＋子音字〉で終わる語は，
最後の子音字を重ねて er, est をつける。

big（大きい）	big**ger**	big**gest**
hot（暑い）	hot**ter**	hot**test**

⑤ つづりの長い語は，比較級は **more** を，
最上級は **most** を原級の前につける。

原級	比較級	最上級
famous（有名な）	**more** famous	**most** famous
beautiful（美しい）	**more** beautiful	**most** beautiful
slowly（ゆっくりと）	**more** slowly	**most** slowly

7. 前置詞

① in, on, at の使い分け

in ある空間について「〜の中に / で」の意味を表す。
「年」「季節」「月」のような時間にも使う。

in the box
（箱の中に）

in Japan
（日本で）

in April
（4月に）

on 表面に接触して「〜の上に」の意味を表す。
「日付」「曜日」にも使う。

on the desk
（机の上に）

on the wall
（壁に）

on Saturday
（土曜日に）

at 場所を点でとらえて「〜のところに / で」の意味を表す。
「時刻」にも使う。

at the door
（ドアのところに）

at the station
（駅で）

at seven
（7時に）

② 場所を表す前置詞

▷「〜の間に」

between は「（2つのもの）の間に」と言うときに，among は「（3つ以上のもの）の間に」と言うときに使う。

between the two boys
（2人の男の子の間に）

among young people
（若者たちの間に）

▷「〜の中へ」「〜の外へ」

out of the box
（箱の外へ）

into the box
（箱の中へ）

▷「〜の前に」「〜の後ろに」

behind the door
（ドアの後ろに）

in front of the door
（ドアの前に）

▷「〜に沿って」「〜を横切って」

along the river
（川に沿って）

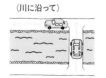

across the river
（川を横切って）

▷「〜を通り抜けて」

through the tunnel
（トンネルを通り抜けて）

▶「〜の上に」「〜の下に」

on は接触しているときに, over は「（おおうように）〜の上に」, under は「〜の真下に」と言うときに使う。 above は「（離れて）〜の上方に」, below は「（離れて）〜の下方に」という意味を表す。

over the desk（机の上に）

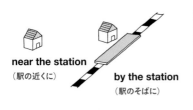

on the desk
（机の上に）

under the desk（机の下に）

above the cloud（雲の上方に）

below the cloud（雲の下方に）

▶「〜のそばに」「〜の横に」

by は「〜のそばに」という意味で, near は「〜の近くに」の意味を表す。beside は「〜の横に, そばに」の意味で, 横に並んでいることを表す。

near the station
（駅の近くに）

by the station
（駅のそばに）

beside the boy（男の子の横に）

▶「〜のまわりに」

around the tree
（木のまわりに）

前置詞のイメージをつかもう。

③ 時を表す前置詞

▶「～の前に」「～のあとに」

before は時間や順序について「～の前に」，after は「～のあとに」と言うときに使う。

before lunch（昼食前に）　　**after lunch**（昼食後に）

▶「～までに」「～までずっと」

by は「～までに（は）」の意味で，その時までに動作が完了していることを表し，until は「～までずっと」の意味で，その時まで動作や状態が続いていることを表す。

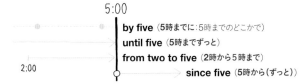

5:00
by five（5時までに：5時までのどこかで）
until five（5時までずっと）
from two to five（2時から5時まで）
2:00
since five（5時から（ずっと））

▶「～の間」

during はあとに特定の期間を表す語がきて「～の間（ずっと），～の間に」，for は期間の長さを表して「～の間」という意味を表す。

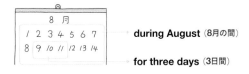

8　月
1　2　3　4　5　6　7
8　9　10　11　12　13　14

during August（8月の間）

for three days（3日間）

19

8. 基数と序数

① 1 ～ 20 まで

	基数	序数		基数	序数
1	one	**first**	11	**eleven**	eleventh
2	two	**second**	12	**twelve**	**twelfth**
3	three	**third**	13	**thirteen**	thirteenth
4	four	fourth	14	fourteen	fourteenth
5	five	**fifth**	15	**fifteen**	fifteenth
6	six	sixth	16	sixteen	sixteenth
7	seven	seventh	17	seventeen	seventeenth
8	eight	**eighth**	18	**eighteen**	eighteenth
9	nine	**ninth**	19	nineteen	nineteenth
10	ten	tenth	20	twenty	**twentieth**

＊序数（「～番目」を表す語）は, first, second, third 以外は基本的には基数の語尾に **-th** をつけてつくる。

② 21 ～ 100 まで

	基数	序数		基数	序数
21	twenty-one	twenty-first	30	**thirty**	thirtieth
22	twenty-two	twenty-second	40	**forty**	fortieth
23	twenty-three	twenty-third	50	**fifty**	fiftieth
24	twenty-four	twenty-fourth	60	sixty	sixtieth
25	twenty-five	twenty-fifth	70	seventy	seventieth
26	twenty-six	twenty-sixth	80	**eighty**	eightieth
27	twenty-seven	twenty-seventh	90	ninety	ninetieth
28	twenty-eight	twenty-eighth	100	hundred	hundredth
29	twenty-nine	twenty-ninth			

9. ペアで覚える動詞・形容詞・名詞

反対の意味になる語や対になる語はペアで覚えよう。

① 動詞

ask（たずねる） answer（答える）	buy（買う） sell（売る）	remember（覚えている） forget（忘れる）
go（行く） come（来る）	open（開ける） close（閉める）	stand（立つ） sit（すわる）
give（与える） take（取る）	win（勝つ） lose（負ける）	agree（同意する） disagree（同意しない）

② 形容詞・副詞

big / large（大きい） small / little（小さい）	easy（簡単な） difficult / hard（難しい）
early（早い, 早く） late（遅い, 遅く）	fast（速い, 速く） slow（ゆっくりした）/ slowly（ゆっくりと）
good（よい） bad（悪い）	strong（強い） weak（弱い）	hot（暑い, 熱い） cold（寒い, 冷たい）

long（長い）　⟷　short（短い, 背が低い）　⟷　tall（背が高い）

new（新しい）　⟷　old（古い, 年をとった）　⟷　young（若い）

left（左の）　⟷　right（右の, 正しい）　⟷　wrong（間違った）

③ 名詞

father（父） mother（母）	brother（兄, 弟） sister（姉, 妹）	uncle（おじ） aunt（おば）
husband（夫） wife（妻）	boy（男の子） girl（女の子）	man（男の人） woman（女の人）

10. 覚えておきたい英熟語

同じ動詞が使われた熟語をセットにしたり，反対の意味の熟語をセットにしたりして覚えよう。

① 一般動詞の熟語

get up	起きる	look at ～	～を見る
get to ～	～に着く	look for ～	～をさがす
get on ～	～に乗る	run after ～	～を追いかける
get off ～	～を降りる	run away	逃げる
turn on ～	～をつける	listen to ～	～を聞く
turn off ～	～を消す	wait for ～	～を待つ
put on ～	～を着る	agree with ～	～に同意する
take off ～	～を脱ぐ	come true	実現する
try on ～	～を試着する	stay with ～	～の家に泊まる
give up	あきらめる		
think about ～	～について考える		
hear about ～	～について聞く		
hear from ～	～から連絡がある		
show 人 around	(人)を案内する		
look forward to ～	～を楽しみに待つ		
help 人 with ～	(人)の～を手伝う		
would like to ～	～したい		
Thank you for ～.	～をありがとう。		
have a good time	楽しい時を過ごす		
stay up late	遅くまで起きている		
take a picture[photo]	写真を撮る		
take care of ～ / look after ～	～の世話をする		
take a walk / go for a walk	散歩する		

② be 動詞の熟語

be interested in ～	～に興味がある
be famous for ～	～で有名である
be late for ～	～に遅れる
be in time for ～	～に間に合う
be afraid of ～	～をこわがる
be different from ～	～と違う
be good at ～	～が得意である
be proud of ～	～を誇りに思う
be busy with ～	～で忙しい
be ready for ～	～の準備ができている
be popular with[among] ～	～の間で人気がある
be able to ～	～することができる
be over	終わっている

③ その他の熟語

at first	最初は	a cup of ～	1杯の～
at last	ついに, とうとう	a glass of ～	コップ1杯の～
all day	1日中	a pair of ～	1組の～
one day	ある日	a piece of ～	1切れの～
the other day	先日	all over the world	世界中で
for the first time	初めて	each other	おたがい
for example	たとえば	of course	もちろん
on my way to ～	～へ行く途中で		
at the end of ～	～の終わりに		
at the age of ～	～歳のときに		

無料アプリ・無料音声について (MP3)

本書に掲載されている2000の単語すべてをクイズ方式で確認できるアプリと，単語すべてとその訳を収録した音声を無料でご利用いただけます。

アプリのご利用方法

スマートフォンでLINEアプリを開き，「学研ランク順」を友だち追加いただくことで，クイズ形式で単語が復習できるWEBアプリをご利用いただけます。

WEBアプリ
LINE友だち追加は
こちらから ▶▶▶

※クイズのご利用は無料ですが，通信料はお客様のご負担になります。
※ご提供は予告なく終了することがあります。

学研ランク順 検索

音声のご利用方法

読者のみなさんのスタイルに合わせて，音声は次の2通りの方法でご利用いただけます。

① アプリで開く

音声アプリ「my-oto-mo(マイオトモ)」に対応しています。右の二次元コードか，以下のURLにスマートフォンかタブレットでアクセスいただき，ダウンロードしてください。

https://gakken-ep.jp/extra/myotomo/

※アプリのご利用は無料ですが，通信料はお客様のご負担になります。　※パソコンからはご利用になれません。

② パソコンにダウンロードして開く

以下のURLのページ下部のタイトル一覧から，「高校入試ランク順英単語」を選択すると，MP3音声ファイルをダウンロードいただけます。

https://gakken-ep.jp/extra/myotomo/

※ダウンロードできるのは，圧縮されたMP3形式の音声ファイルです。再生するには，ファイルを解凍するソフトと，iTunesやWindows Media Playerなどの再生ソフトが必要です。
※お客様のネット環境およびスマートフォン，タブレットによりアプリをご利用いただけない場合や，お客様のパソコン環境により音声をダウンロード，再生できない場合，当社は責任を負いかねます。また，アプリ，音声のご提供は予告なく終了することがあります。ご理解，ご了承いただけますようお願い申し上げます。

最重要レベル

この章に収録されているのは，入試問題の英文の骨組みになる最も重要な単語です。入試では，いろいろな角度からの知識が要求されるため，意味・つづり・発音に加えて，例文と解説をしっかり読んでマスターしましょう。

1

the
ザ [ðə]

冠 その (日本語に訳さないことが多い)

英検 **5**　CEFR **A1**

① Can you open **the** door?　(〈目の前のその〉ドアを開けてくれますか。)

> すでに 1 度話に出てきたものや状況などから，何を指しているのかわかっているときに使う。
> He gave me a book. This is **the** book.
> (彼は私に本をくれました。これが**その**本です。)

② for **the** first time　(初めて)

> 順序を表す語 (first, second など)の前につける。

③ She is **the** best singer in our class.
(彼女は私たちのクラスでいちばん歌がじょうずです。)

> 最上級 (oldest, best など)の前につける。

2

to
トゥー [tuː]

前 ～に，～へ，～まで

英検 **5**　CEFR **A1**

① I **want to be** a doctor.　(私は医師になりたいです。)

> 〈to ＋動詞の原形〉(=不定詞)の 3 つの働き
> ①「～すること」の意味を表す。
> I want **to visit** Kyoto. (私は京都を**訪れ**たいです。)
> ②「～するために，～して」の意味を表す。
> I got up early **to do** my homework.
> (私は宿題を**するために**早く起きました。)
> I'm glad **to see** you. (私はあなた**に会えて**うれしいです。)
> ③「～するための，～するべき」の意味を表す。
> I want something **to drink**. (私は何か**飲む**ものがほしい。)

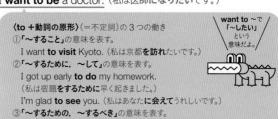

want to ～で
「～したい」
という
意味だよ。

② **go to** school　(学校に行く)

③ from Monday **to** Friday　(月曜日から金曜日まで)

3

I

アイ[ai]

代 私は[が]

英検 5 | CEFR A1

主語になるときの形(主格)。いつも大文字で書く。

関連 eye 名 **目**

▶▶ 10ページ「代名詞」

4

a

ア[ə]

冠 1つの(日本語に訳さないことが多い)

英検 5 | CEFR A1

① **a** junior high school student (〈1人の〉中学生)

数えられる名詞の単数形の前につける。
a book (〈1冊の〉本)

発展 once a week (1週間に1回)

「1つの〜につき」という意味もある。

母音で始まる語の前には、**an** をつけるよ。

5

in

イン[in]

前 〜(の中)に[で]

英検 5 | CEFR A2

① **in** the morning (午前中に)

「〜月に」「〜年に」「〜(季節)に」と言うときも **in** を使う。
in April (4月に), **in** 2030 (2030年に), **in** winter (冬に)

② **in** this city (この市に)

場所を表して,「〜(の中)で[に]」と言うときに使う。
in the park (公園で), **in** Japan (日本に)

③ **in** English (英語で)

発展 I'll be back in an hour. (私は1時間後に戻ります。)

「(今から)〜後に」という意味もある。

 # 6

and
エァンド[ænd]

接 ～と…, そして

英検 5 ｜CEFR A1

① my father **and** I （私の父と私）

> 語（句）と語（句）, 文と文をつなぐ。
> He came home early **and** went to bed.
> （彼は早く帰宅して, **そして**寝ました。）

難関 Hurry up, **and** you'll catch the train.

（急ぎなさい, **そうすれば**電車に間に合います。）

> 命令文のあとでは,「**そうすれば～**」という意味になる。

 # 7

you
ユー[juː]

代 あなた, あなたたち

英検 5 ｜CEFR A1

▶▶ 10ページ「代名詞」

単数と複数が
同じ形だね。

 # 8

is
イズ[iz]

動 ～である, ある, いる

英検 5 ｜CEFR A1

過 was[ワォ] ― been[ビーン]

① This **is** my father. He **is** in Canada.

（こちらは私の父です。 彼はカナダに**います**。）

> is は, 主語が3人称単数（he, she, it など）の現在の文で使う。

② He **is playing** tennis. （彼はテニスを**しています**。）

> 〈**be 動詞＋ing 形**〉（＝進行形）で「**～している**」という意味。

③ English **is used** in many countries.

（英語はたくさんの国で**使われています**。）

> 〈**be 動詞＋過去分詞**〉（＝受け身）で「**～される**」という意味。

9

do
ドゥー[du:]

助 疑問文・否定文をつくる
動 をする

英検 **5** ／ CEFR **A1**

過 did[ディド] － done[ダン]

3単現 does[ダズ]

① **Do** you like sports?

（あなたはスポーツが好きです**か**。）

> 一般動詞の現在の疑問文や否定文をつくるときに使う。主語が3人称単数のときは **does** になる。

② What did you **do** yesterday?

（あなたはきのう何**を**しましたか。）

> 動詞の do は**「～をする」**という意味を表す。
> **do** my homework　（宿題**をする**）
> **do** my best　（最善**をつくす**）

③ Who plays the piano? － I **do**.

（だれがピアノを弾くのですか。－私が弾きます。）

> 同じ動詞や、動詞を含む語句をくり返す代わりにも使う。

10

of
アヴ[əv]

前 ～の

英検 **5** ／ CEFR **A1**

① a member **of** the team

（チーム**の**一員）

② He's the tallest **of** the three.

（彼は3人**の中**でいちばん背が高い。）

> 範囲を表して「クラスで」と言うときは、
> **in our class**
> のように、in を使うよ。

> 最上級の文で**「～の中で（いちばん…だ）」**と言うとき、of the three や of all のように**複数を表す語句**の前で使う。

11

it
イト[it]

代 **それ**

英検 **5** ／ CEFR **A2**

① Is this your bag? — Yes, **it** is.
（これはあなたのかばんですか。 —はい，そうです。）

すでに話題に出たものをさす。

② What time is **it**? — **It**'s ten.（何時ですか。—10時です。）

「時間・天気・距離」などを表す文で使う（「それ」とは訳さない）。
It's raining.（雨が降っています。）
How far is **it** to the station?（駅まではどのくらい離れていますか。）

③ **It**'s difficult for me to swim.（私には泳ぐことは難しい。）

It is … **to** ～. で「**～することは…だ**」という意味になる。

▶▶ 10ページ「代名詞」

12

have
ハァヴ[hæv]

動 **を持っている**

英検 **5** ／ CEFR **A1**

過 had[ハァド] — had　　3単現 has[ハァズ]

① I **have** a computer.（私はコンピューターを持っています。）

ほかに「**食べる**」「**経験する**」などの意味もある。
have breakfast　　（朝食を食べる）
have a good time（楽しい時間を過ごす）

② I **have lived** here for ten years.
（私は10年間ここに住んでいます。）

〈**have** ＋過去分詞〉で現在完了形をつくる。

③ I **have to** go now.（私はもう行かなければなりません。）

have to ～は「**～しなければならない**」。否定形の **don't have to** ～は
「**～する必要はない**」という意味になる。

最重要レベル

that

ゼァト[ðæt]

複 those[ゾウズ]

代 あれ, それ　形 あの
接 ～ということ

英検 5 | CEFR B2

① I'm happy to hear **that**.

（私は**それ**を聞いてうれしいです。）

> 離れたところにあるものや人をさして「**あれ**」「**あの**」と言うときだけでなく，相手の言ったことを受けて「**それ**」と言うときにも使う。

② I think **that** Japanese is difficult.

（私は日本語は難しいと思います。）

接続詞の **that** はよく省略されるよ。

> 接続詞の that は「**～ということ**」という意味。

③ This is the bus **that** goes to the station.

（これは駅へ行くバスです。）

> **関係代名詞**としても使う。

関連 **this** 代 これ　形 この

基本レベル

---

for

フォーァ[fɔːr]

前 ～の間, ～のために

英検 5 | A2

① **for** a long time （長い間）

② It was difficult **for** me to speak English.

（英語を話すことは私**にとって**難しかった。）

> It is … **for** － to ～. の文で「**－にとって**」という意味になる。

③ It's not good **for** the environment.

（それは環境**に**よくありません。）

④ What do you usually have **for** breakfast?

（あなたはふだん朝食**に**何を食べますか。）

標準レベル

高得点レベル

超ハイレベル

15

not
ナート[nɑt]

副 〜ない

英検 5 ｜ CEFR A1

▶ I'm **not** busy.（私は忙しくあり**ません**。）

否定文をつくる。**isn't**, **can't**, **don't** などの短縮形をよく使う。

🔷難関 Information on the internet is **not always** true.

（インターネットの情報は**いつも正しいとはかぎりません**。）

not always 〜は「**いつも〜とはかぎらない**」、**not all 〜**は「**すべてが〜と
はかぎらない**」という部分否定になる。

16

was
ワズ[wɑz]

動 am, is の過去形

英検 4 ｜ CEFR A1

❶ I **was** very happy.

（私はとてもうれし**かった**。）

was は過去の文で，主語が I か 3 人称単数のときに使う。

❷ She **was reading** a book then.

（彼女はそのとき本を**読んでいました**。）

〈**was + ing 形**〉を過去進行形といい，「**〜していた**」の意味。

❸ This house **was built** last year.

（この家は去年**建てられました**。）

〈**was +過去分詞**〉を過去の受け身といい，「**〜された**」の意味になる。

関連 **were** 動 are の過去形（主語が you または複数のとき）

17

he
ヒー[hi:]

代 彼は [が]

英検 5 ｜ CEFR A1

主語になるときの形（主格）。複数形は **they**。

▶▶ 10ページ「代名詞」

18
about
アバウト[əbáut]

英検 5 | CEFR A1

前 ～について
副 およそ, 約

① Please tell us **about** your school.
（私たちにあなたの学校**について**話してください。）

② **about** 100 years ago（約 100 年前）

19
we
ウィー[wi:]

英検 5 | CEFR A1

代 私たちは[が]

I（私は[が]）の複数形。主語になるときの形（主格）。

▶▶ 10ページ「代名詞」

20
are
アーァ[ɑːr]

英検 5 | CEFR A1

動 ～である, ある, いる

過 were[ワ～ァ] － been[ビーン]

主語が you または複数のときに使う。

21
will
ウィっ[wil]

英検 4 | CEFR A1

助 ～するだろう

過 would[ウド]　短縮形 will not = won't[ウォウント]

① **I'll** help you.（お手伝いしますよ。）

will は未来や意志を表す助動詞。あとの動詞は**原形**にする。

② **Will you** help me?（私を手伝って**くれますか**。）

Will you ～? は「～してくれますか」という依頼を表す。

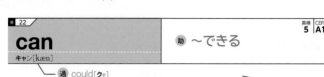

22

can
キャン[kæn]

助 ～できる

英検 5 | CEFR A1

過 could[クド]

① He **can** play the guitar.
（彼はギターを弾くことができます。）

can のあとの動詞は
必ず**原形**だよ。

② **Can you** help me? （手伝ってくれますか。）

Can you ～? は「～してくれますか」と頼むときの表現。

③ **Can I** ask you a question? （あなたに質問をしてもいいですか。）

Can I ～? は「～してもいいですか」と許可を求めるときの表現。

質問 That **can't** be true. （それは本当のはずがありません。）

can には「～でありうる」という意味もある。否定形の **can't**, **cannot** は「～のはずがない」という意味になる。

同訓 can 名 缶

23

my
マイ[mai]

代 私の

英検 5 | CEFR A1

▶▶ 10ページ「代名詞」

24

at
アト[ət]

前 ～で [に]

英検 5 | CEFR A1

▶ meet **at** the station **at** ten （駅で10時に会う）

「～時に」や、場所を表して「～で」と言うときに使う。
get up **at** six thirty （6時30分に起きる）
study **at** school （学校で勉強する）

at は地点に、
in は広がりのある
空間に使うよ。

▶▶ 16ページ「in, on, atの使い分け」

最重要レベル

25

people つづり

ピーポゥ[píːpl]

名 人々

英検 5 | CEFR A1

▶ a lot of **people**（たくさんの**人々**）

26

go

ゴウ[gou]

動 行く

英検 5 | CEFR B1

過 went[ウェント] — gone[ゴーン]

3単現 goes[ゴウズ]

① **go** to the library（図書館に**行く**）

② I'**m going to** talk about music.

（私は音楽について話す**つもりです**。）

be going to ～で「**～するつもりだ**」の意味を表す。

③ I **went shopping** with my friends.

（私は友達と**買い物に行きました**。）

go ～ing で「**～しに行く**」の意味を表すものがある。
go fishing（釣り**に行く**）

④ **go back to** America（アメリカに**戻る**[**帰っていく**]）

27

they

ゼイ[ðei]

代 彼らは, 彼女らは, それらは

英検 5 | CEFR A1

主語になるときの形（主格）。he, she, it の複数形。

▶ **They** speak English in Australia.

（オーストラリアでは英語を話します。）

「**一般の人々**」という意味もある（ふつう日本語には訳さない）。

▶▶ 10ページ「代名詞」

基本レベル

標準レベル

高得点レベル

超ハイレベル

28
with
ウィズ[wið]

前 ～といっしょに，
～をもって

英検 5 ｜CEFR A1

① play tennis **with** my friends （友達とテニスをする）

② a girl **with** long hair （長い髪をした少女）

③ **with** a smile （ほほえんで）

29
this
ズィス[ðis]

代 これ　形 この

英検 5 ｜CEFR A1

└─ 複 these[ズィーズ]

① Look at **this** picture. （この写真を見てごらん。）

　近くにあるものや人をさして「これ」「この」と言うときに使う。

② Ms. Green, **this** is my father.

（グリーン先生，こちらは私の父です。）

　「こちらは～です」と人を紹介するときや，電話で自分の名前を言うときも **this** を使う。
　Hello, **this** is Ann. （もしもし，こちらはアンです。）

③ **this** weekend （今週末）

　〈this＋時を表す名詞〉で，「この～」の意味になる。
　this morning （けさ）　**this** afternoon （きょうの午後）

関連 that 代 あれ　形 あの

30
she
シー[ʃiː]

代 彼女は［が］

英検 5 ｜CEFR A1

　主語になるときの形（主格）。複数形は **they**。

▶▶ 10ページ「代名詞」

最重要レベル

31

on
アン[ɑn]

前 ~で[に]，
~の上で[に]

英検 5 | CEFR A2

① We visited Osaka **on** Saturday.
（私たちは土曜日**に**大阪を訪れました。）

> 曜日や日付などの前で使う。
> **on** June 16（6月16日**に**）

② There is a book **on** the desk.
（机**の上に**本があります。）

上だけでなく、
側面などに接触して
いることも表すよ。

> 「**~の上に**」などの意味で、「場所」を表す。
> **on** the wall（かべ**に**）

③ watch the news **on TV**（テレビ**で**ニュースを見る）

> **on TV** は「**テレビで**」，**on the internet** は「**ネットで**」という意味。

④ **on** your **right[left]**（あなたの**右側[左側]に**）

▶▶ 16ページ「in, on, atの使い分け」

32

want
ワント[wɑnt]

動 がほしい

英検 5 | CEFR B2

① I **want to be** a good soccer player.
（私はじょうずなサッカー選手**になりたい**。）

> 〈**want to ＋動詞の原形**〉は「**~したい**」。**want to be ~** で「**~になりたい**」という意味になる。

② I **want you to come** over again.
（私は**あなたに**また**来てもらいたい**です。）

> 〈**want 人 to ＋動詞の原形**〉で「**(人)に~してもらいたい**」の意味になる。

③ Bob **wants** a new computer.
（ボブは新しいコンピューター**をほしがっています**。）

基本レベル

標準レベル

高得点レベル

超ハイレベル

33

what
プ**ワ**ット[*h*wɑt]

代 何　形 何の

英検 5 | CEFR A1

① **What**'s that?（あれは何ですか。）

② **What** sports do you like?

（あなたは**何の**スポーツが好きですか。）

③ I don't know **what to** say.

（私は**何と**言えばいいのかわかりません。）

> **what to ~** で「何を~すればよいか」という意味。

別例 **What** a beautiful picture!（**なんて**美しい絵でしょう**！**）

> 〈**What a[an]**＋形容詞＋名詞**!**〉で「**なんと~な…!**」という意味（感嘆文）。

34

say
セイ[sei]　発音

動 と言う

英検 4 | CEFR B2

過 said[**セ**ッ] ― said　3単現 says[**セ**ズ]

① Can you **say** that again?（もう一度**言って**くれますか。）

② The letter **says** that he'll come next month.

（その手紙には，彼は来月に来る**と書いてあります**。）

> 手紙や本などが主語になると「**~と書いてある**」という意味。

☑まとめてCHECK!　「話す」の使い分け

say yes	**speak** English	**talk** together	**tell** a story

（はい**と言う**）
[(言葉を)述べる]

（英語**を話す**）
[(言語を)話す]

（いっしょに**話す**）
[(相手と)おしゃべりする]

（物語**を話す**）
[(情報を)伝える]

35

when
フ[ウ]ェン[_h_wen]

英検 **5** ｜ CEFR **A1**

副 いつ
接 ～するとき

① **When** I was a child, I lived in Tokyo.
（私は子ども**のとき**，東京に住んでいました。）

〈**When A, B.**〉か〈**B when A.**〉で「**A のとき B**」。

② **When** is your birthday?（あなたの誕生日は**いつ**ですか。）

36

but
バ[ト][bʌt]

英検 **5** ｜ CEFR **A1**

接 しかし

① It's sunny today, **but** it's very cold.
（きょうは晴れています**が**，とても寒いです。）

関連 He is **not** my father **but** my uncle.
（彼は私の父**ではなくて**おじです。）

not A but B で「**A ではなく B**」の意味。

37

so
ソ[ウ][sou]

英検 **5** ｜ CEFR **A2**

副 そんなに，そのように
接 だから

① I think **so**, too.（私も**そう**思います。）

② There were **so** many people there.
（そこには**ずいぶんたくさん**の人がいました。）

③ It was very cold, **so** I didn't want to swim.
（とても寒かった**ので**，私は泳ぎたくありませんでした。）

④ I was **so** tired **that** I couldn't do my homework.
（私は**とても**疲れていた**ので**，宿題ができませんでした。）

so ～ that … は「**とても～なので…**」という意味を表す。

38

from
フラム[frɑm]

英検 5 ｜ CEFR A1

前 ～から

① I'm **from** Japan. （私は日本の**出身**です。）

② **from** here **to** the bus stop （ここからバス停まで）

39

think
スィンク[θiŋk]

英検 5 ｜ CEFR A1

動 と思う, 考える

過 thought[ソート] – thought 〈つづり〉

① I **think** that it will rain tomorrow.
（私はあす雨が降る**と思います**。）

> この that はよく省略される。

② **I think so, too.** （私もそう思います。）

> 相手の考えに同意するときの言い方。反対に, そう思わないときは **I don't think so.**（私はそうは思いません。）と言う。

③ **What do you think about** that?
（あなたはそれについてどう思いますか。）

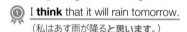

40

there
ゼァァ[ðeər]

英検 5 ｜ CEFR A1

副 そこに, そこで

① **There are** a lot of children in the park.
（公園にはたくさんの子どもたち**がいます**。）

> **There is[are] ～.** は「～がある[いる]」という意味。

② I want to go **there**. （私は**そこ**に行きたいです。）

関連 **here** 副 ここに　同音 **their** 代 彼らの

school

スクーゥ[skuːl]

＜つづり＞

名 学校

英検 5 | CEFR A1

① **go to school**（学校へ行く）

② **at school**（学校で）

③ **after school**（放課後）

> 左の3つの表現では
> ふつう，school に冠詞(a, the)
> はつけないよ。

---

make

メイク[meik]

動 を作る，AをBにする

英検 5 | CEFR B2

過 made[メイド] － made　ing形 making

① **make** a cake（ケーキを作る）

② Her songs **make us happy**.

（彼女の歌は私たちを幸せにしてくれます。）

> **make A B** は「**A を B にする**」という意味。

③ bread **made from** rice（米から作られたパン）

> **made from** 〜は「**〜から作られた**」という意味。

🔤動詞 My mother **made me a cake**.

（母は私にケーキを作ってくれました。）

> 〈**make 人＋物**〉で「**人に物を作る**」という意味。
> 〈**make 物 for 人**〉の形に言いかえることができる。
> → My mother **made a cake for me**.

---

her

ハ〜ァ[həːr]

代 彼女の，彼女を[に]

英検 5 | CEFR A1

she の所有格と目的格。

▶▶ 10ページ「代名詞」

最重要レベル

基本レベル

標準レベル

高得点レベル

超ハイレベル

#44

like
ライク[laik]

動 が好きだ
前 〜のような

英検 5 ｜ CEFR B1

① **I like to** take pictures.
（私は写真を撮る**のが好きです**。）

> 「〜するのが好きだ」は **like to 〜**や **like 〜ing** で表す。
> **I like** read**ing** books.（私は本を読む**のが好きです**。）

② **I like** summer **the best**.（私は夏が**いちばん好きです**。）

> **like A the best** で「**A がいちばん好きだ**」という意味。

③ I want to be a player **like** him.
（私は彼**のような**選手になりたい。）

> 前置詞で「**〜のような**」「**〜に似た**」という意味になる。
> We use it **like this**.（私たちはそれを**このように**使います。）

④ **I'd [I would] like to** go there.
（私はそこに**行きたいです**。）

> **would like 〜**は「〜がほしい」、
> **would like to 〜**で「〜したい」
> という意味になるよ。(→ p.73)

#45

me
ミー[miː]

代 私を

英検 5 ｜ CEFR A1

> I の目的格。目的語として使う。

▶▶ 10ページ「代名詞」

#46

his
ヒズ[hiz]

代 彼の, 彼のもの

英検 5 ｜ CEFR A1

▶ This is **his**.（これは**彼のもの**です。）

> he の所有格。また、1 語で「**彼のもの**」という意味もある。

▶▶ 10ページ「代名詞」

47

many
メニ[méni]

形 （数えられる名詞が）
たくさんの，多数の

英検 5 | CEFR A1

比 more[モーァ] ― most[モウスト]

① **Many** students play soccer at our school.

（私たちの学校では**たくさんの**生徒がサッカーをします。）

② **many** of them（彼らの**多く**）

代名詞で「**多くの人[もの]**」「**多数**」の意味もある。

48

see
スィー[si:]

動 **を見る，に会う**

英検 5 | CEFR A1

過 saw[ソー] ― seen[スィーン]

① Can you **see** that?（あなたはあれ**が見え**ますか。）

「見える」「見る」という意味ではふつう進行形にはしない。

② Have you ever **seen** that movie?

（あなたは今までにあの映画**を見た**ことがありますか。）

③ I'm glad to **see** you again.（あなた**に**また**会えて**うれしいです。）

④ **I see.**（わかりました。）

「わかる」「理解する」という意味もある。

☑ まとめてCHECK! 「見る」の使い分け

see a mountain

look at the picture

watch TV

（山が見える）
[目に入る]

（絵を見る）
[目を向ける]

（テレビを見る）
[じっと見る]

最重要レベル

基本レベル

標準レベル

高得点レベル

超ハイレベル

49

how
ハーウ[hau]

副 どのくらい, どう, どうやって

英検 **5** / CEFR **A1**

① **How many** students are there in your school?
（あなたの学校には**何人の**生徒がいますか。）

> **How many 〜?** 「いくつ」の意味で「数」をたずねる。
> **How much 〜?** 「いくら」（量, 金額）
> **How long 〜?** 「どのくらい」（時間や物の長さ, 期間）
> **How old 〜?** 「何歳」（年齢, 建物の古さ）
> **How often 〜?** 「どのくらいの頻度で」（頻度）

② **How about you?** （あなたはどうですか。）

③ **How is the weather?** （天気はどうですか。）

④ **How** do you come to school?
（あなたは**どうやって**学校に来ますか。）

⑤ Do you know **how to** get to the station?
（あなたは駅への行き**方**を知っていますか。）

> 〈**how to ＋動詞の原形**〉で「**〜のしかた**」の意味になる。

⑥ **How** beautiful! （なんて美しいのでしょう！）

> 〈**How ＋形容詞！**〉で「**なんて〜！**」という意味（感嘆文）。

50

be
ビー[biː]

動 助 be動詞の原形

英検 **5** / CEFR **A1**

過 was[ワズ] / were[ワ〜ァ] ─ been[ビーン]

> be は, 助動詞のあと, 不定詞, 命令文で使う。
> It **will be** sunny tomorrow. （あすは晴れでしょう。）
> I want **to be** a singer. （私は歌手に**なり**たい。）
> **Be** kind to him. （彼に親切に**しなさい**。）

最重要レベル

 # 51

英検 5 | CEFR A1

your
ユアァ[juər]

代 あなたの, あなたたちの

you の所有格。名詞の前におく。単数と複数が同じ形。 ▶▶ 10ページ「代名詞」

 # 52

英検 5 | CEFR A1

them
ゼム[ðem]

代 彼らを, 彼女らを, それらを

they の目的格。 ▶▶ 10ページ「代名詞」

 # 53

英検 4 | CEFR A1

because
ビコーズ[bikɔ́:z] （発音）

接 なぜなら~だから

① I'm happy **because** I can talk with her.
（私は彼女と話せる**ので**, うれしいです。）

② **because of** the heavy snow（大雪**のために**）

because of ~ で「**~が原因で**」の意味を表す。

 # 54

英検 5 | CEFR A1

one （つづり）
ワン[wʌn]

名 形 1 （の）

① She is **one of** the most famous singers in Japan.
（彼女は日本でもっとも有名な歌手**の1人**です。）

one of ~ は「**~（の中）の1つ**」。

②の one は, 前に出た名詞の **くり返しをさける 代名詞** だよ。

② **one day**（**ある日, いつか**）

③ This book is more interesting than that **one**.
（この本はあの**本**よりおもしろいです。）

同音 **won** 動 **win**（~に勝つ）の過去形・過去分詞

基本レベル

標準レベル

高得点レベル

超ハイレベル

55

some
サム[sʌm]

英検 5 ｜ CEFR A1

形 いくつかの, いくらかの

① I have **some** questions. （**いくつか**質問があります。）

> 数えられる名詞（複数形）にも数えられない名詞にも使う。
> Would you like **some** tea?
> （紅茶はいかがですか。）

疑問文ではふつう **any** を使うけど, 相手に物をすすめるときは **some** を使うよ。

② **Some** of the students can speak Japanese.

（その生徒たちの**何人か**は日本語が話せます。）

> 代名詞で「**何人か**」「**いくつか**」「**いくらか**」の意味もある。

56

good
グド[gud]

英検 5 ｜ CEFR A1

形 よい, じょうずな

— 比 better[ベタァ] － best[ベスト]

不規則に変化するから注意してね。

① a **good** idea （**よい**考え）

② a **good** baseball player （**じょうずな**野球選手）

> **be good at ～**で「**～がじょうずだ**」「**～が得意だ**」の意味になる。
> He **is good at** baseball.
> （彼は野球**がじょうず[得意]**です。）

関連 **bad** 形 悪い

57

am
エアム[æm]

英検 5 ｜ CEFR A1

動 ～である, ある, いる

— 過 was[ワズ] － been[ビーン]

be 動詞の現在形は, 主語によって am, is, are を使い分けるんだね。

> am は現在の文で, 主語が I のときに使う。

58

time
タイム[taim]

名 時, 時間, 回

英検 5 | CEFR A1

① **for a long time** （長い間）

② I didn't have **time to read** the book.

（私はその本**を読む時間**がありませんでした。）

time to ~ で「**～する時間**」という意味。

③ I've seen the movie **many times**.

（私はその映画を**何回も**見たことがあります。）

「**～回**」という意味の time は数えられる名詞。

🔰発展 India is about nine **times** as large as Japan.

（インドは日本の約**9倍**の広さです。）

～ times as … as Aで「**Aの～倍の…**」という意味。

59

very
ヴェリ[véri]

副 ひじょうに, とても

英検 5 | CEFR B2

① Thank you **very much**. （**どうも**ありがとう。）

very much は「**とても**」の意味で, 動詞の意味を強める。

② My English is **not very** good.

（私の英語は**あまり**じょうずではありません。）

not (…) very ~ は「**あまり～ない**」という意味。

60

use
ユーズ[ju:z]

動 を使う
名 使うこと

英検 5 | CEFR A2

— ing形 using

▶ **use** a computer （コンピューター**を使う**）

名詞は[ユース]と
発音するよ。

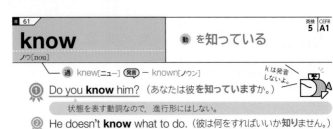

61

know
ノウ[nou]

動 を知っている

過 knew[ニュー] 発音 — known[ノウン]

❶ Do you **know** him? （あなたは彼を知っていますか。）

状態を表す動詞なので，進行形にはしない。

❷ He doesn't **know** what to do. （彼は何をすればいいか知りません。）

k は発音しないよ。

62

our
アウァァ[áuər]　　　　　　　　発音

代 私たちの

we の所有格。my の複数形。　　▶▶ 10ページ「代名詞」

同音 hour **名** 1 時間

63

get
ゲット[get]

動 を得る，手に入れる

過 got[ガット] — gotten[ガットン] / got　ing形 getting

❶ I **got up** early this morning. （私はけさ早く起きました。）

get up で「起きる」の意味。

❷ How can I **get to** the post office?

（どうやって郵便局へ行くことができますか。）

get to ~で「~に着く」の意味。

❸ She **got** a present from her grandmother.

（彼女はおばあさんからプレゼントをもらいました。）

❹ You'll **get well** soon. （あなたはすぐによくなります。）

〈**get ＋ 形容詞**〉で，「~になる」の意味になる。
It's **getting dark**. （暗くなってきています。）

64

more

モーァ[mɔːr]

形 もっと多くの
代 もっと多くのこと

英検 4 CEFR B1

① This movie is **more** interesting than that one.

（この映画はあの映画よりおもしろいです。）

> interesting（おもしろい），important（重要な），beautiful（美しい）などの
> つづりの長い形容詞や副詞の前につけて**比較級**をつくる。

② learn **more** about the country

（その国について**もっと多くのこと**を学ぶ）

③ read **more** books than Ken

（健より**多くの**本を読む）

more は
many や much の
比較級だよ。

関連 **less** 形 より少ない

65

day

デイ[dei]

名 日

英検 5 CEFR A1

① have a nice **day**（すてきな1日を過ごす）

② **What day is it today?**（きょうは何曜日ですか。）

③ in my junior high school **days**（私の中学生時代に）

> 複数形で**「時代，時期」**の意味も表す。

関連 **week** 名 週　**month** 名 月　**year** 名 年

66

their

ゼァァ[ðear]

◀つづり
発音

代 彼らの，彼女らの，
それらの

英検 5 CEFR A1

> they の所有格。his, her, its の複数形。

同音 **there** 副 **そこに** ▶▶ 10ページ「代名詞」

つづりを間違えやすいですよ。
there と混同しないようにね。

67

look
ルック[luk]

動 見る，〜に見える

英検 **5** / CEFR **A1**

① **Look at** this picture. （この写真を見なさい。）

　look at 〜は「**〜を見る**」という意味を表す。

② What are you **looking for**? （あなたは何を**さがしています**か。）

　look for 〜は「**〜をさがす**」という意味を表す。

③ She **looks** happy. （彼女は幸せに**見えます**。）

　〈**look ＋形容詞**〉で「**〜に見える**」，〈**look like ＋名詞**〉で「**〜のように見える**」
　「**〜に似ている**」という意味になる。
　She **looks like** her mother. （彼女は母親に**似ています**。）

関連 Let's **take a look** at an example. （例を**見てみましょう**。）

　look は名詞としても使われ，**take a look** または **have a look** で「**ちょっ
と見てみる**」のような意味になる。

▶▶ 43ページ「見る」の使い分け

68

other
アザァ[ʌðər]　（発音）

形 ほかの

英検 **4** / CEFR **A1**

① people from **other** countries （**ほかの**国々から来た人たち）

② **Some** were reading, **and others** were studying.

（読書をしている**人もいれば**，勉強している**人もいました**。）

　Some …, and others 〜. は「**…もいれば，〜もいる**」「**…もあれば，〜
もある**」の意味を表す。

③ Be kind to **others**. （**ほかの人たち**に親切にしなさい。）

　others で「**ほかの人たち，他人**」という意味になる。

反意 **another** **形** もう1つの

▶▶ 104ページ「one, another, some, otherの使い方」

最重要レベル

69

were 〈つづり〉

ワ～ァ [wəːr]

英検 4 | CEFR A1

動 areの過去形

過去の文で，主語が you または複数のときに使う。

🔺 If I **were** you, I wouldn't go.

（もし私があなた**だったら**，行きません。）

現実とは違うことを表す仮定法の文では，was の代わりに were がよく使われる。

(関連) **was** 動 am，is の過去形（主語が I または 3 人称単数のとき）

70

by

バイ [bai]

英検 5 | CEFR A1

前 ～によって，
～のそばに，～までに

① go to school **by bus** （**バスで**学校に行く）

② This book was written **by** a famous singer.

（この本は有名な歌手**によって**書かれました。）

受け身の文で「**～によって**」の意味を表す。

③ **by** the window （窓**のそばに**）

④ come back **by** five o'clock （5 時**までに**戻る）

(関連) **until** 前 ～まで（ずっと） (同音) **buy** 動 ～を買う

☑まとめてCHECK！「～で」の使い分け

by car	on TV	on the phone	in English
			Did you know? No, really?

（車で）	（テレビで）	（電話で）	（英語で）

基本レベル

標準レベル

高得点レベル

超ハイレベル

71

take
テイク[teik]

動 を（手に）取る,
を連れて［持って］いく

英検 5 ｜ CEFR B1

過 took[トゥック] － taken[テイクン]　ing形 taking

① He likes to **take pictures**.

（彼は**写真を撮る**のが好きです。）

> 「（ある行動）をとる」「（乗り物）に乗っていく」などの意味にもなる。
> **take** a walk（散歩する）　**take** a bus（バスに乗る）
> **take** him to the zoo（彼 を動物園へ**連れていく**）

② **I'll take it.**（それを買います。）

> 買い物のときに使われる表現。

③ It'll **take** ten minutes to walk to the station.

（駅まで歩いて行くのに 10 分**かかる**でしょう。）

> 「（時間）が**かかる**」という意味もある。

④ Please **take off** your shoes here.

（ここでくつ**を脱いで**ください。）

> **take off** 〜で「**〜を脱ぐ**」という意味。

「〜を身につける」は
put on 〜と言うよ。

関連 **bring** 動 〜を持ってくる

72

talk
トーク[tɔːk]　発音

動 話す

英検 5 ｜ CEFR B1

① Let's **talk** in English.（英語で**話しましょう**。）

② **talk about** my country（私の国**について話す**）

③ **talk with** people from other countries

（ほかの国々から来た人たち**と話す**）

> **talk to** 〜なら「**〜に話しかける，〜と話す**」の意味。

▶▶ 38ページ「話す」の使い分け

73

thing

スィング[θíŋ]

英検 4 | CEFR A1

名 こと, もの

▶ have a lot of **things** to do（する**こと**がたくさんある）

74

come

カム[kʌm]

英検 5 | CEFR A1

動 来る

過 came[ケイム] － come

① He **came** to see me.（彼は私に会いに**来ました**。）
② **come back to** Japan（日本に**戻ってくる**）
③ I'm coming.（今, 行きます。）

相手のところに「**行く**」と言うときは, **come** を使うよ。

75

student

ステューデント[stjúːdnt]

英検 5 | CEFR A1

名 生徒

▶ a high school **student**（高校生）

76

year

イアァ[jíər]

英検 5 | CEFR A1

名 年

① three **years** ago（3年前）
② He's twelve **years old**.
（彼は12歳です。）

「～歳」の year(s) old は, よく省略されるよ。

77

English

イングリッシュ[íŋɡliʃ]

英検 5

名 英語
形 英語の

 # 78

as
アズ[əz]

接 ～と同じくらい
前 ～として

英検 **5** | CEFR **A2**

① He is **as tall as** his father.
（彼は父親と同じくらいの背の高さです。）

> **as ～ as** …で「…と同じくらい～」という意味。
> **not as ～ as** …で「…ほど～でない」の意味になる。
> I'm **not as tall as** my father.
> （私は父ほど背が高くありません。）

② He worked **as** a volunteer.
（彼はボランティアとして働きました。）

③ Her bag was **the same as** mine.
（彼女のかばんは私のと同じでした。）

④ **as you know**（ご存じのように）

 # 79

Japanese
チェアパニーズ[dʒǽpǝníːz]

形 日本の
名 日本人，日本語

英検 **5**

① **Japanese** people（日本の人々，日本人）
② talk in **Japanese**（日本語で話す）

 # 80

learn
ラ～ン[lə:rn]　発音

動 を習い覚える

① **learn about** American culture
（アメリカ文化について学ぶ）

② **learn** how to use computers
（コンピューターの使い方を学ぶ）

81

tell
テゥ[tel]

動 を伝える

英検 **4** CEFR **A1**

過 told[トゥゥド] － told

① Please **tell** me more about it.
（それについてもっと私に**教えて**ください。）

② Could you **tell me how to get to** the station?
（**駅への行き方を教えて**くださいますか。）

③ He **told me to clean** the classroom.
（彼は私に教室をそうじするように言いました。）

〈**tell 人 to ～**〉で「**(人)に～するように言う**」という意味になる。

📝例文 I **told him that I was** hungry.（私は彼に，空腹だと伝えました。）

tell 人 that 〈主語＋動詞～〉で「**(人)に〈主語＋動詞～〉と伝える**」という意味になる。

▶▶ 38ページ「話す」の使い分け

82

yes
イェス[jes]

副 はい

英検 **5** CEFR **A1**

83

Japan
ヂャペアン[dʒəpǽn]

名 日本

英検 **5**

関連 **Japanese** 形 日本の 名 日本語[人] ▶▶ 293ページ「国・地域」

84

now
ナウ[nau]

副 いま

英検 **5** CEFR **A1**

関連 **then** 副 そのとき

最重要レベル　基本レベル　標準レベル　高得点レベル　超ハイレベル

# 85		英検	CEFR
after エァ*フ*タァ[ǽftər]	前 接 〜のあとに	**5**	**A2**

① **after school**（放課後）

② **after that**（そのあと）

難関 **after all**（結局，やはり），**one after another**（次々に）

関連 **before** 前 接 〜の前に

# 86		英検	CEFR
if イッ[if]	接 もし〜ならば	**4**	**A1**

▶ **If** it is sunny tomorrow, I'll go to the beach.

（もしあす晴れれば，私はビーチに行きます。）

if 〜の中では，未来のことでも現在形で表す。

難関 **If** it were sunny today, I would go to the beach.

（もしきょう晴れ**ていれば**，私はビーチに行くのに〈しかし実際は晴れていない〉。）

if のあとの動詞・助動詞を，現在のことでも過去形にすることで，現実とは異なる仮定を表すことができる（仮定法過去）。

# 87		英検	CEFR
work ワ〜ク[wəːrk] 発音	動 働く　名 仕事	**5**	**A1**

① **work** for sick people（病気の人たちのために**働く**）

② have a lot of **work** to do（するべきたくさんの**仕事**がある）

難関 I don't know how AI **works**.

（私は AI［人工知能］がどう**動いている**のかわかりません。）

機械などが「**作動する**」，計画などが「**うまくいく**」という意味もある。

find

ファインド[faind]

動 を見つける

英検 **5** | CEFR **A1**

最重要レベル

過 found[ファウンド] 発音 – found

① I can't **find** my bag. （私のかばん**が見つかり**ません。）

② You'll **find** the book interesting.

（あなたはその本がおもしろい**とわかる**でしょう。）

> **find A B** で「AがBだとわかる」という意味になる。

難関 I **found out** that the news was true.

（そのニュースが正しい**ということがわかりました**。）

> **find out** で「(調べた結果)～だとわかる」という意味になる。

---

an

アン[ən]

冠 1つの(日本語に訳さないことが多い)

英検 **5** | CEFR **A1**

基本レベル

▶ **an** orange （〈1個の〉オレンジ）

▶ **an** old book （〈1冊の〉古い本）

> 母音で始まる語の前で，**a** の代わりに使う。

---

lot

ラート[lɑt] 発音

名 たくさん

英検 **5** | CEFR **A1**

標準レベル

① I have **a lot of** things to do today.

（私はきょう，することが**たくさん**あります。）

> **a lot of** ～で「たくさんの～」という意味。

a lot of ～は
lots of ～と言う
こともあるよ。

② He knows **a lot** about animals.

（彼は動物について**たくさん**知っています。）

> **a lot** で「たくさん」という意味。

高得点レベル

超ハイレベル

91

also
オーゥソゥ[ɔ́ːlsou]

副 ～もまた

英検 **5** | CEFR **A1**

▶ I hear you like cats. I **also** like cats.

（あなたはねこが好きだと聞いています。私もねこが好きです。）

> ふつう**一般動詞の前**か，**be 動詞のあと**におく。
> I'm **also** a soccer fan.（私もサッカーファンです。）

92

help
ヘゥプ[help]

動 を手伝う，助ける
名 助け

英検 **5** | CEFR **A2**

① **May I help you?**（お手伝いしましょうか。）

> 店の人が客に言う**「何かおさがしですか。」**という意味にもなる。

② **Could you help me?**（手伝っていただけますか。）

③ I need your **help**.（あなたの**助け**が必要です。）

④ He **helped** me **carry** my suitcase.

（彼は私がスーツケースを運ぶのを手伝ってくれました。）

> 〈help ＋人＋動詞の原形〉で「人が～するのを手伝う」の意味。

93

or
オーァ[ɔːr]

接 ～または…

英検 **5** | CEFR **A1**

① I read two **or** three books a month.

（私は月に 2 冊**か** 3 冊の本を読みます。）

② **For here or to go?**

（ここで召し上がりますか，それともお持ち帰りですか。）

③ Hurry up, **or** you'll be late.（急ぎなさい，そうしないと遅れますよ。）

> 命令文に or を続けると，「～しなさい，そうしないと…。」という意味。

94

first
ファ～スト[fə́ːrst] （発音）

英検 5 ｜ CEFR A1

形 第1の, 最初の
副 第1に, 最初に

① **for the first time** （初めて）

② **at first** （最初は）

③ **first of all** （まず第一に）

fast(速い, 速く)と
混同しないでね。

（反意） **last** 形 最後の

▶▶ 20ページ「基数と序数」

95

play
プレイ[pléi]

英検 5 ｜ CEFR A1

動 （スポーツなど）をする,
（楽器）を演奏する

① **play** tennis （テニスをする）

② **play** the piano （ピアノを演奏する）

③ **play** in the snow （雪の中で遊ぶ）

「**遊ぶ**」の意味もある。

96

all
オーゥ[ɔ́ːl]

英検 5 ｜ CEFR A2

形 すべての
代 すべて

① **All** the members felt happy.
（メンバーは**全員**幸せだと感じました。）

② I know **all of** them. （私は彼ら**全員**を知っています。）

③ She did**n't** sleep **at all**. （彼女は**少しも眠りません**でした。）

not ～ at all は「**少しも～ない**」という意味になる。

（関連） **Not all** the students like the song.
（**すべての**生徒がその歌を好きだ**とはかぎりません。**）

not all ～ は「**すべてが～とはかぎらない**」という意味（部分否定）になる。

# 97		英検 5	CEFR A1
book ブッ[buk]	名 本		

# 98		英検 4	CEFR A1
should ◀つづり シュド[ʃud]	助 〜したほうがよい，〜すべきだ		

① You **should** go to the doctor.
（あなたは医者に行った**ほうがいい**です。）

② What **should** I do？（私は何を**すればいいですか**。）

# 99		英検 5	CEFR A1
new ニュー[njuː]	形 新しい		

▶ a **new** bike（新しい自転車）

反意 **old** 形 古い　同音 **knew** 動 know の過去形

# 100		英検 5	CEFR A1
no ノウ[nou]	副 いいえ 形 1つも〜ない		

① Are you tired? ‒ **No**, I'm not.
（あなたは疲れていますか。‒**いいえ**，疲れていません。）

② There were **no** clouds in the sky.
（空に雲は **1つ**も**ありません**でした。）

③ **No one** could answer the question.
（**だれも**その質問に答えられ**ません**でした。）

　　no one は「**だれも〜ない**」という意味を表す。

同音 **know** 動 〜を知っている

 # 101

enjoy
インヂョイ[indʒɔ́i]

英検 5 CEFR A1

動 を楽しむ

① **enjoy** the movie （映画**を楽しむ**）

② We **enjoyed talking**. （私たちは**話をして楽しみ**ました。）

> 「**～するのを楽しむ**」と言うときは，**enjoy ～ing** の形にする。

 # 102

him
ヒム[him]

英検 5 CEFR A1

代 彼を，彼に

> he の目的格。 ▶▶ 10ページ「代名詞」

 # 103

too
トゥー[tuː]

英検 5 CEFR A1

副 ～もまた，～すぎる

① **Me, too.** （**私もです。**）

② That's **too** large for me. （それは私には**大きすぎ**ます。）

難関 This question is **too** difficult **for** me **to** answer.

（この問題は難し**すぎ**て私に**は**答えられ**ません**。）

> **too … (for －) to ～** で「**…すぎて（－には）～できない**」という意味。

 # 104

then
ゼン[ðen]

英検 5 CEFR A1

副 そのとき，それから

① I was hungry **then**. （私は**そのとき**空腹でした。）

② We went shopping, and **then** watched a movie.

（私たちは買い物に行って，**それから**映画を見ました。）

対 連 **now** 副 いま

最重要レベル

基本レベル

標準レベル

高得点レベル

超ハイレベル

61

 # 105

food
フード[fu:d]

英検 5 | CEFR A1

名 食べ物

▶ Japanese **food**（日本料理）

 # 106

could （つづり）
クド[kud] （発音）

英検 4 | CEFR A1

助 can（〜できる）の過去形

① **Could you tell me the way to** the post office?

（郵便局へ行く道を教えていただけますか。）

> **Could you 〜?** で「〜していただけますか」という意味。

② I **couldn't** find the answer.（私は答えを見つけ**られませんでした**。）

離 **I wish I could** go, but I can't.

（行け**たらよかったのですが**，私は行けません。）

> **I wish I could 〜.** は「**〜できたらなあ。**」の意味で，現実とは違う願望を表す（仮定法）。

 # 107

who
フー[hu:]

英検 5 | CEFR A1

代 だれ

① Do you know a boy **who** plays the piano well?

（あなたはじょうずにピアノを弾く男の子を知っていますか。）

> 人を説明する**関係代名詞**として使う。

② **Who** is this man?（この男の人は**だれ**ですか。）

 # 108

friend （つづり）
フレンド[frend]

英検 5 | CEFR A1

名 友達

▶ Tom is **a friend of mine**.（トムは**私の友達（の１人）**です。）

109

thank
セァンッ[θæŋk]

動 に感謝する

英検 5 | CEFR A1

① **Thank you very much.**
（どうもありがとう。）

② **Thank you for** your e-mail.
（メールをありがとう。）

Thank you. には，
You're welcome.
（どういたしまして。）
などと応じるよ。

Thank you for ～. で「～をありがとう」の意味を表す。

110

eat
イート[i:t]

動 を食べる

英検 5 | CEFR A1

—— 過 ate[エイト] － eaten[イートン]

① **eat** lunch together （いっしょに昼食を**食べる**）

② **eat out** （外食する）

111

give
ギヴ[giv]

動 を与える

英検 5 | CEFR A1

—— 過 gave[ゲイヴ] － given[ギヴン]

① My father **gave** me a book.
（父は私に本を**くれました**。）

〈**give 物 to 人**〉の形に言いかえることができる。
→ My father **gave** a book **to** me.

② He didn't **give up** and worked hard.
（彼は**あきらめ**ないで，一生懸命働きました。）

give up で「**あきらめる**」という意味。

🔥頻出 **give** a party （パーティーを**開く**）

112

ask
エァスク[æsk]

動 をたずねる

英検 5 | CEFR A1

① **May I ask you some questions?**
（いくつか質問をしてもいいですか。）

② Could you **ask him to call** me?
（私に電話をくれるように彼に頼んでいただけますか。）

〈ask 人 to ～〉で「(人)に～するように頼む」の意味。

113

why
ヮワイ[hwai]

副 なぜ

英検 5 | CEFR A1

① **Why** do you think so? （あなたは**なぜ**そう考えるのですか。）

② **Why don't you** come to my house? （私の家に来ませんか。）

Why don't you ～? で「～しませんか」の意味。

114

Mr.
ミスタァ[místər]

名 ～さん，～先生

英検 5 | CEFR A1

▶ **Mr.** Smith （スミス**さん**，スミス**先生**）

男性の姓，または〈名＋姓〉の前につける。

関連 **Ms.** 名 （女性に対して）～さん，～先生

115

study
スタディ[stʌ́di]

動 を勉強する

英検 5 | CEFR A2

過 studied － studied　　3単現 studies

▶ **study** math （数学を勉強する）

116

start

スタート[staːrt]

動 始まる，を始める

英検 5 | CEFR A1

① The meeting will **start** at one.

（会議は1時に始まります。）

② He **started to study** Japanese three years ago.

（彼は3年前に日本語を勉強し始めました。）

「〜し始める」は start to 〜または start 〜ing で表す。

関連 **begin** 動 〜を始める，始まる

117

way

ウェイ[wei]

名 道，方法

英検 5 | CEFR A1

① Could you tell me **the way to** the station?

（駅への道を教えてくださいますか。）

② **by the way**（ところで）

③ **in this way**（このようにして）

④ **on my way home**（私が家に帰る途中で）

on my way (to 〜)で「(〜へ行く)途中で」の意味。

118

next

ネクスト[nekst]

形 次の

英検 5 | CEFR A2

① **next week**（来週）

「次の」という意味で，時を表す語の前で使う。
next year（来年），　**next** month（来月）

② **next to** the hospital（病院のとなりに）

next to 〜で「〜のとなりに」という意味になる。

119
well
ウェッ[wel]

副 じょうずに, よく
間 ええと

英検 5 | CEFR A1

比 better[ベタァ] — best[ベスト]

不規則に変化するから注意してね。

① speak French **well**
（**じょうずに**フランス語を話す）

② sleep **well**（**よく**眠る）

③ You'll get **well** soon.（すぐに**よく**なるでしょう。）

120
buy
バイ[bai]

動 を買う

英検 5 | CEFR A1

過 bought[ボート] つづり — bought

① **buy** a new car（新しい車を買う）

② I **bought** a present **for** my mother.
（私は母にプレゼントを買いました。）

③ My father **bought** me a new bike.
（父は私に新しい自転車を買ってくれました。）

buy A B で「**A に B を買う**」という意味。

関連 **sell** 動 ～を売る　同音 **by** 前 ～によって

121
visit
ヴィズィト[vízit]

動 を訪問する　名 訪問

英検 4 | CEFR A1

① I'm going to **visit** Tokyo next month.
（私は来月，東京**を訪れる**予定です。）

② This is my **first visit** to Japan.
（これが日本への私の**初めての訪問**です。）

## 21

122

than
ゼァン[ðæn]

接 前 〜よりも

英検 **4** | CEFR **A1**

① She plays tennis better **than** Tom.
（彼女はトムよりもじょうずにテニスをします。）

〈比較級＋ **than** 〜〉の形で使われる。

② **more than** ten years ago（10 年よりも前に）

more than 〜 で「〜より多い」の意味になる。

123

show
ショウ[ʃou]

動 を見せる

英検 **5** | CEFR **A2**

過 showed － showed / shown[ショウン]

① I'll **show** you some pictures.
（あなたに写真を何枚か**見せ**ましょう。）

② They **showed** me around the town.
（彼らは私に町を**案内してくれ**ました。）

124

read
リード[riːd]

動 を読む

英検 **5** | CEFR **A1**

過 read[レッド] 発音 － read

▶ He **read** a book last night.（彼は昨夜，本を**読み**ました。）

read の過去形・過去分詞は，原形とつづりが同じだが発音が違うので注意。

125

two
トゥー[tuː]

名 形 2（の）

英検 **5** | CEFR **A1**

126
which
プ**ウィッチ**[hwítʃ]

代 どちら, どれ
形 どちらの, どの

英検 **5** | CEFR **A1**

❶ There are a lot of things **which** are new to me.
（私にとって新しいことがたくさんあります。）

> 物を説明する**関係代名詞**としても使う。

❷ **Which** do you like better, spring or fall?
（あなたは春と秋では, **どちらの**ほうが好きですか。）

127
country ◀つづり
カントリ[kʌ́ntri]

名 国

英検 **5** | CEFR **A2**

複 countries

❶ a foreign **country** （外国）

❷ live in **the country** （いなかで暮らす）

> **the** をつけて「**いなか**」という意味にもなる。

128
need
ニート[níːd]

動 を必要とする

英検 **5** | CEFR **A1**

❶ You **need to** practice every day.
（あなたは毎日練習する**必要があります**。）

> **need to ～**で「**～する必要がある**」という意味になる。

❷ I **need** a bigger bag. （私にはもっと大きいかばんが**必要です**。）

質問 There's no **need** to worry about it.
（それについて心配する**必要**はありません。）

> 名詞で「**必要**」という意味もある。

## 22

最重要レベル

 # 129

try
トゥ**ラ**ーイ[trai]

動 をやってみる

英検 **4** CEFR **A1**

過 tried － tried　**3単現** tries

① I **tried to** open the box. （私はその箱を開け**ようとしました**。）

　　try to ～ で「**～しようとする**」の意味になる。

② **try** sushi（すし**を食べてみる**）

③ May I **try** it **on**? （それ**を試着**してもいいですか。）

　　try on ～ で「**～を試着する**」の意味になる。

 # 130

today
トゥ**デ**イ[tədéi]

副 名 きょう（は）

英検 **5** CEFR **A1**

▶ It's cold **today**. （きょうは寒いです。）

関連 **yesterday** 副 名 きのう（は）　**tomorrow** 副 名 あす（は）

 # 131

right
ライト[rait]　　（発音）

形 右の, 正しい
副 右に

英検 **5** CEFR **A1**

① **That's right.** （その通り。）

② **All right.** （= OK.）（よろしい。）

③ **on your right**（右側に）

④ turn **right** at the next corner（次の角で**右に曲がる**）

⑤ 難関 Every child has the **right** to study.

　（すべての子どもは勉強する**権利**を持っています。）

　　名詞で「**権利**」という意味もある。

関連 **left** 形 左の 副 左に　**wrong** 形 間違った

基本レベル

標準レベル

高得点レベル

超ハイレベル

132

us
アス[ʌs]

代 私たちを [に]

英検 5 | CEFR A1

we の目的格。me の複数形。　▶▶ 10ページ「代名詞」

133

become
ビカム[bikʌ́m]

動 になる

英検 4 | CEFR A1

過 became[ビケイム] ー become

▶ He **became** a doctor. （彼は医師になりました。）

become のあとには**名詞**も**形容詞**もくる。
She **became** famous. （彼女は有名になりました。）

134

picture
ピクチャ[píktʃər]

名 写真, 絵

英検 5 | CEFR A1

① <u>**a picture of** my family</u> （私の家族の**写真 [絵]**）

a picture of ～で「**～の写真 [絵]**」という意味。

② **take a picture** （写真を撮る）

③ **draw a picture** （絵を描く）

関連 **photo** 名 写真　**painting, drawing** 名 絵

135

important
インポータント[impɔ́ːrtənt]

形 重要な

英検 3 | CEFR A1

比 more ～ ー most ～

▶ It's **important** to learn a foreign language.

（外国語を学ぶことは**大切**です。）

## 23

136
last
レァスト[læst]

英検 5 | CEFR B1

形 この前の, 最後の

① **last year** （去年）

> 「**この前の**」という意味で, 時を表す語の前で使う。
> **last** month（先月）, **last** week（先週）, **last** night（昨夜）

② **on the last day** （最後の日に）

③ **at last** （ついに, とうとう）

関連 **next** 形 次の **first** 形 最初の

137
every
エヴリ[évri]

英検 5 | CEFR A1

形 毎〜, どの〜もみな

① **every day** （毎日）

> **every** year （毎年）, **every** week （毎週）, **every** morning （毎朝）

② The bus leaves **every** ten minutes.
（バスは 10 分ごとに出発します。）

③ **Every** boy knows her. （**どの**少年**もみな**彼女のことを知っています。）

> **every** のあとには**単数名詞**がくる。

138
old
オウッド[ould]

英検 5 | CEFR A1

形 古い, 年とった

① an **old** man （年配の男の人）

② I'm fourteen **years old**. （私は 14 歳です。）

> Our school is fifty **years old**.
> （私たちの学校は創立 50 年です。）

関連 **new** 形 新しい **young** 形 若い

建物などの場合は
「**建てられて〜年**」と
いう意味になるよ。

139
before
ビフォーァ [bifɔ́ːr]

前 接 〜の前に
副 以前に

英検 **5** ｜ CEFR **A1**

① **before** breakfast （朝食の前に）

② I studied Japanese culture **before** I came here.
（私はここに来る**前に**，日本文化を勉強しました。）

関連 **after** 前 接 〜のあとに

140
home
ホウム [houm] 〔発音〕

名 家，家庭
副 家に，家へ

英検 **5** ｜ CEFR **A2**

① eat dinner **at home** （家で夕食を食べる）

② **go home** （家へ帰る，帰宅する）

③ **get home** （家に着く，帰宅する）

141
high 〔つづり〕
ハイ [hai]

形 高い

英検 **5** ｜ CEFR **A1**

① the **highest** mountain in Japan
（日本で**最も高い**山）

② 100 meters **high** （高さ100メートル）

関連 **low** 形 低い

「（身長が）高い」は **tall** を使うよ。

142
really 〔つづり〕
リーアリ [ríːəli]

副 本当に

英検 **5** ｜ CEFR **A1**

① I **really** like singing. （私は**本当に**歌うことが好きです。）

② Oh, **really**? （ええ，**本当**？）

## 24

143

world

ワールド[wə:rld] 〔発音〕

名 世界

英検 **4** | CEFR **A1**

❶ It's the highest mountain **in the world**.

（それは**世界**でいちばん高い山です。）

❷ **all over the world**（世界中で）

144

would

ウド[wud] 〔発音〕

助 will（～だろう）の過去形

英検 **4** | CEFR **A1**

❶ **I'd like to** go there. （私はそこに行きたいです。）

　I'd は I would の短縮形。**would like to ～**で「～したい」。

❷ **Would you like** some tea?

（紅茶は**いかがですか**。）

would like は **want** のていねいな言い方だね。

　would like で「**～がほしい**」の意味。

❸ **Would you** show us the pictures?

（私たちに写真を見せて**くださいますか**。）

　Would you ～? で「**～してくださいますか**」の意味。

🔸発展 If I had more money, I **would** buy it.

（もし私にもっとお金があれば，それを買うのに。）

　現実とは違うことを表す仮定法の文で，「**(もし…なら)～するのに**」と言うときに使われる。

145

live

リヴ[liv]

動 住んでいる, 生きる

英検 **4** | CEFR **A1**

▶ **live** in Tokyo（東京に**住んでいる**）

関連 **life** 名 **生活, 生命**

 # 146

class
クラェス[klǽs]

名 授業, クラス

英検 **5** CEFR **A1**

① an English **class** （英語の授業）

② She is the best singer in our **class**.

（彼女は私たちの**クラス**でいちばん歌がじょうずです。）

 # 147

happy
ヘァピ[hǽpi]

形 幸せな, うれしい

英検 **5** CEFR **A1**

① I **was happy to** see her. （私は彼女に会え**てうれしかった。**）

> **be happy to ～**で「～してうれしい」の意味。

② You look **happy**. （あなたは**幸せ**そうです。）

 # 148

let
レット[lét]

動 （Let's ～. で）～しましょう

英検 **3** CEFR **A1**

① **Let's** go together. （いっしょに行き**ましょう。**）

② **Let's** see. （ええと。）

🔺難関 **Let** me introduce myself.

（自己紹介を**させてください。**）

Let's のあとの
動詞は**原形**だよ。

> 〈let＋人＋動詞の原形〉で「**(人)に～させる**」という意味。

 # 149

child
チャイゥド[tʃáild]

名 子ども

英検 **4** CEFR **A1**

複 children[**チゥドレン**] 発音 つづり

▶ when I was a **child** （私が**子ども**のときに）

最重要レベル

 # 150

life
ライフ[laif]

英検 5 | CEFR A1

名 生活, 生命

└─ 複 lives[ライヴズ] 発音　関連 **live** 動 住んでいる, 生きる

 # 151

much
マッチ[mʌtʃ]

英検 5 | CEFR A1

形 (数えられない名詞が) **たくさんの, 多量の**

比 more[モーァ] - most[モウスト]

① I like music **very much**. (私は音楽がとても好きです。)

② buy **too much** food (食料を**たくさん**買いすぎる)

> **too much** は「あまりにも(量が)多すぎる」という意味。

熟語 **much** better than ~ (~より**ずっと**よい)

比較級を強調して「**ずっと**」の意味にもなる。

数えられる名詞には、**many**(多数の)を使うよ。(→ p.43)

 # 152

idea
アイディーア[aidíːə]　発音

英検 5 | CEFR A1

名 考え

① **That's a good idea.** (それはいい考えです。)

② **I have no idea.** (私にはさっぱりわかりません。)

 # 153

feel
フィーゥ[fíːl]

英検 4 | CEFR A2

動 感じる

└─ 過 felt[フェゥト] - felt

① I **feel** happy. (私は幸せだと感じています。)

> 〈feel +形容詞〉で「**~と感じる**」という意味になる。

② **How do you feel** now? (いまの**気分**はどうですか。)

154
something
サムスィング[sʌ́mθiŋ]

英検 **4**　CEFR **A1**

代 何か, あるもの

① I have **something to** tell you.
（私はあなたに話すことがあります。）

〈**something to ＋動詞の原形**〉で「何か〜するもの」。

② Would you like **something to** drink?
（何か飲みものはいかがですか。）

③ I want to do **something new**.
（私は何か新しいことをしたい。）

something を修飾する形容詞は, something のあとにおく。

> 否定文では **anything** を使うよ。

155
long
ローング[lɔːŋ]

英検 **5**　CEFR **A1**

形 長い　副 長く

① a **long** history （長い歴史）

② for a **long** time （長い間）

③ **How long** are you going to stay there?
（あなたはそこにどのくらい滞在する予定ですか。）

関連 **short** 形 短い, （背が）低い

156
write
ライト[rait]

英検 **5**　CEFR **A1**

動 を書く

過 wrote[ロウト] ー written[リトン]　つづり　発音

① **write** a letter to her （彼女に手紙を書く）

② I'll **write to** you.（あなたに手紙を書きますね。）

write to 〜で「〜に手紙を書く」という意味になる。

157

place

プレイス[pleis]

英検 **4** CEFR **A1**

名 場所

① a good **place** to visit （訪問するのによい**場所**）

類関 She **placed** the chair near the window.

（彼女は窓の近くにそのいすを置きました。）

> 動詞で「**～を置く, 配置する**」という意味がある。

158

hear ◀つづり

ヒアァ[híər]

英検 **5** CEFR **A1**

動 を聞く, が聞こえる

過 heard[ハ～ド] 発音 ― heard

① I'm glad to **hear** that.

（私はそれを**聞いて**うれしいです。）

② **I hear that** Jim is coming to Japan.

（ジムが日本に来る**そうです**。）

> hear は「**自然に耳に入る**」。listen は「**注意して聞く**」という意味だよ。

> **I hear that ～.** で「**～だそうだ**」の意味。
> この that はよく省略される。

③ **Have you ever heard of** "food loss"?

（あなたは「フードロス」について**聞いたことがあります**か。）

> **hear of[about]** ～ で「**～について聞く**」の意味。

同音 here 副 ここに

159

family

フェァミリ[fǽməli]

英検 **5** CEFR **A1**

名 家族

複 families

▶ go shopping with my **family** （**家族**と買い物に行く）

160

mother 〈つづり〉

マザァ[mʌ́ðər]

英検 5 | CEFR A1

名 母

関連 **father** 名 父

161

only

オウンリ[óunli] 〈発音〉

英検 5 | CEFR A1

副 ただ〜だけ
形 ただ1つの

① **There were only** a few people in the park.

（公園にはほんの数人しかいませんでした。）

② She speaks **not only** English **but also** Chinese.

（彼女は英語だけでなく中国語も話します。）

> **not only A but also B** で「**A だけでなくBも**」の意味。

162

house

ハウス[haus]

英検 5 | CEFR A1

名 家

複 houses[ハウズィズ] 〈発音〉

163

please 〈つづり〉

プリーズ[pliːz]

英検 5 | CEFR A1

副 どうぞ

① **Please** tell me more about it.

（それについてもっと私に教えてください。）

② Can I help you? – Yes, **please**.

（お手伝いしましょうか。–はい，お願いします。）

発展 I'm **pleased to** meet you. （あなたに会えてうれしいです。）

> **be pleased to** 〜で「**〜してうれしい，満足している**」。

## 27

164

up
アプ[ʌp]

英検 5 | CEFR A2

副 上へ

① **get up**（起きる）

② **stand up**（立ちあがる）

③ **What's up?**（どうしたの？）

> 友達同士のくだけたあいさつでよく使われる。

反意 **down** **副** 下へ

165

kind
カインド[kaind]

英検 5 | CEFR A2

名 種類
形 親切な, やさしい

① **many kinds of** animals（たくさんの種類の動物）

② **What kind of** books do you usually read?

（あなたはふだん**どんな種類の**本を読みますか。）

> **many kinds of ～** で「**たくさんの種類の～**」。
> **What kind of ～?** は「**どんな種類の～**」という意味になる。

③ a **kind** man（**親切な**男の人）

④ They **are kind to** me.（彼らは私に**親切です**。）

166

around
アラウンド[əráund]

英検 5 | CEFR A2

前 ～のまわりに
副 あちこちに

① the people **around** us（私たちの**まわりの**人々）

② **around** the world（世界**中で**[**の**]）

③ walk **around**（**歩きまわる**）

④ **around** 6 o'clock（6 時**ごろに**）

> 「**およそ（= about）**」という意味もある。

167

here
ヒアァ[hiər]

副 ここに

英検 5 | CEFR A1

① **Here you are.** （はい，どうぞ。）

> 相手に物を手渡すときの言い方。**Here it is.** とも言う。

② come **here** （ここに来る）

③ The station is not far from **here**. （駅はここから遠くありません。）

> 名詞で「**ここ**」という意味もある。

反意 there 副 そこに

関音 hear 動 〜が聞こえる

168

city
スィティ[síti]

名 都市，市

英検 5 | CEFR A1

複 cities

169

watch
ワーチ[wɑtʃ]

動 を（じっと）見る
名 腕時計

英検 5 | CEFR A1

① **watch** TV （テレビを見る）

② My father gave me a **watch**.
（父は私に腕時計をくれました。）

表現 Watch out！（気をつけて！）

「置き時計」や
「かけ時計」は
clock と言うよ。

▶▶ 43ページ「見る」の使い分け

170

father
ファーザァ[fáːðər]

名 父

英検 5 | CEFR A1

反意 mother 名 母

## 28

171

may
メイ[mei]

助 ～してもよい

英検 5 | CEFR A1

過 might[マイト]

> **May I ～?** は，
> **Can I ～?** と同じ意味
> だけど，May I ～?
> のほうがていねいな
> 言い方だよ。

① **May I speak to** Mike?
（〈電話で〉マイクをお願いできますか。）

> **May I ～?** は「～してもいいですか」と許可を求める表現。

② **May I help you?**
（〈店で〉お手伝いしましょうか。／何かおさがしですか。）

③ That **may be** true.（それは本当かもしれません。）

> 「～かもしれない」という意味で可能性を表すこともある。より可能性が低い
> 場合には過去形の **might** が使われる。

172

hard
ハード[haːrd]

副 一生懸命に，熱心に
形 難しい，かたい

英検 4 | CEFR A1

① work very **hard** （とても熱心に働く）

② have a **hard** time （つらい時を過ごす）

③ At first, it was **hard** for me to talk in English.
（最初は，私にとって英語で話すことは難しかったです。）

関連 **difficult** 形 難しい　**easy** 形 簡単な　**soft** 形 やわらかい

173

these
ズィーズ[ðiːz]

代 これら
形 これらの

英検 5 | CEFR A1

① Look at **these** pictures.（これらの写真を見なさい。）

② **these** days（最近，このごろ）

関連 **those** 代 あれら 形 あれらの　**this** 代 これ 形 この

174
different
ディファレント[dífərənt] 発音

英検 4 | CEFR A1

形 違った

比 more 〜 − most 〜

① **different** countries （違った国々）

② The culture here **is different from** ours.

（ここの文化は私たちのとは違っています。）

> **be different from 〜** で「〜と違っている」という意味。

関連 **same** 形 同じ

175
problem
プラーブレム[prábləm]

英検 4 | CEFR A1

名 問題

① a big **problem** （大問題）

② **No problem.** （問題ありません。／大丈夫です。）

176
understand
アンダステァンド[ʌndərstǽnd] 発音

英検 4 | CEFR A2

動 を理解する

過 understood[アンダストゥッド] − understood

① I didn't **understand** Chinese.

（私は中国語が**わかりません**でした。）

② Oh, **I understand**. （ああ、**わかりました**。）

177
OK
オウケイ[oukéi]

英検 5 | CEFR A1

副 形 よろしい

> **all right** と同じ意味を表し、**O.K.** や **okay** とつづることもある。

最重要レベル

178
better
（つづり）

ベタァ[bétər]

形 よりよい（goodの比較級）
副 よりよく（wellの比較級）

英検 4 | CEFR A1

① I can speak English **better than** before.
（私は以前**よりも**じょうずに英語を話せます。）

② I want to be a **better** player.
（私はもっとじょうずな選手になりたいです。）

③ **Which do you like better,** dogs **or** cats?
（犬とねこでは，どちらのほうが好きですか。）

179
each
イーチ[iːtʃ]

形 それぞれの

英検 4 | CEFR A1

① help **each other**（おたがいに助け合う）

　　each other で「**おたがい**」という意味になる。

② **Each** class will sing a song.
（**それぞれの**クラスが歌を歌います。）

　　each のあとの名詞は**単数形**にする。

180
practice
プラクティス[prǽktis]

動 を練習する　名 練習

英検 5 | CEFR A1

▶ **practice** speaking English（英語を話す練習をする）

181
word
ワ〜ド[wəːrd]
（発音）

名 単語，言葉

英検 4 | CEFR A1

▶ an English **word**（英単語）

基本レベル

標準レベル

高得点レベル

超ハイレベル

182
where
ップウェアァ[hwear]

副 どこ

英検 5 ／ CEFR A1

① **Where** did you buy it? （あなたはどこでそれを買いましたか。）

② **Where** are you from? （あなたはどこの出身ですか。）

183
call
コーゥ[kɔːl]

動 を呼ぶ, に電話する

英検 5 ／ CEFR A1

① I'll **call** you later.

（あとであなたに電話します。）

② Please **call** me Kate. （私をケイトと呼んでください。）

> **call A B** で「AをBと呼ぶ」という意味になる。

184
Ms.
ミズ[miz]

名 ～さん, ～先生

英検 5 ／ CEFR A2

> 女性の姓, または〈名＋姓〉の前につける敬称。

関連 **Mr.** 名 （男性に対して）～さん, ～先生

185
week
ウィーゥ[wiːk]

名 週

英検 5 ／ CEFR A1

▶ for a **week** （1週間）

☑まとめてCHECK! 曜日

日曜日	Sunday	木曜日	Thursday
月曜日	Monday	金曜日	Friday
火曜日	Tuesday	土曜日	Saturday
水曜日	Wednesday		

つづりもしっかり
覚えよう。

186

change

チェインヂ[tʃeindʒ]

英検 **4** | CEFR **A1**

動 を変える, を乗りかえる

① We'll **change** trains at the next station.

（私たちは次の駅で電車を乗りかえます。）

② We need to **change** the plan.

（私たちは計画を変更する必要があります。）

関連 Here's your **change**. （はい, おつりです。）

> 名詞で「変化」のほかに「おつり」という意味がある。

187

big

ビーグ[big]

英検 **5** | CEFR **A1**

形 大きい

比 bigger － biggest つづり

① a **big** city （大都市）

② a **big** fan of this player （この選手の大ファン）

類連 **large** 形 大きい　**small, little** 形 小さい

188

three

スリー[θri:]

英検 **5** | CEFR **A1**

名 形 3（の）

▶▶ 20ページ「基数と序数」

189

game

ゲイム[geim]

英検 **5** | CEFR **A1**

名 試合, ゲーム

▶ watch a soccer **game** on TV

（テレビでサッカーの試合を見る）

190
town
タウン[taun]

名 町

英検 **4** ／ CEFR **A1**

▶ in a small **town** （小さな町で）

関連 **city** 名 都市，市　**village** 名 村

191
join
チョイン[dʒɔin]

動 に加わる

英検 **4** ／ CEFR **A1**

① **join** the baseball team （野球部に入る）

② **Why don't you join us?**
（私たちに加わりませんか。）

②は仲間に誘う
ときの表現だよ。

192
great
グレイト[greit]

形 すばらしい, 偉大な

英検 **5** ／ CEFR **A1**

① a **great** idea （すばらしい考え）

② a **great** scientist （偉大な科学者）

③ **That's great! / That sounds great!**
（〈相手の言葉を受けて〉それはすばらしい！）

④ **have a great time** （すばらしい時を過ごす）

193
morning
モーニング[mɔ́ːrniŋ]

名 朝, 午前

英検 **5** ／ CEFR **A1**

① **in the morning** （朝に，午前中に）

② **this morning** （けさ）

関連 **afternoon** 名 午後　**evening** 名 夕方

## 31

194
teacher
ティーチァァ[tíːtʃər]

名 教師

英検 5 / CEFR A1

▶ an English **teacher** (英語の**先生**)

最重要レベル

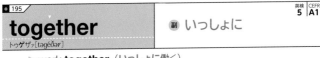

195
together
トゥゲザァ[təgéðər]

副 いっしょに

英検 5 / CEFR A1

▶ work **together** (**いっしょに**働く)

基本レベル

196
man
メァン[mæn]

名 男の人

英検 5 / CEFR A1

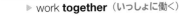
— 複 men[メン]

▶ an old **man** (年配の**男の人**)

関連 **woman** 名 女の人 **boy** 名 男の子

標準レベル

197
often
オーフン[ɔ́ːfn]

つづり

副 よく, しばしば

英検 5 / CEFR A1

▶ I **often** enjoy cooking with my family.

(私は**よく**家族と料理をして楽しみます。)

ふつう一般動詞の前, be 動詞・助動詞のあとにくる。

高得点レベル

✓ まとめてCHECK! 「頻度」を表す副詞

always	(いつも)	
usually	(ふつうは)	I ⬚ walk to school.
often	(よく)	(私は ⬚ 歩いて学校へ行きます。)
sometimes	(ときどき)	

超ハイレベル

198

speak
スピーク[spíːk]

動 を話す

英検 **5**　CEFR **A1**

過 spoke[スポウク] － spoken[スポウクン]

① **speak** English （英語を話す）

② **May I speak to** Judy? （ジュディーをお願いできますか。）

　電話での会話でよく使われる表現。

③ **speak to** him in English （英語で彼に話しかける）

　speak to[with] ～は「～と話す」の意味。

▶▶ 38ページ「話す」の使い分け

199

example
イグゼアンポウ[igzǽmpl]　（発音）

名 例

英検 **3**　CEFR **A1**

① **for example** （たとえば）

② show us an **example** （私たちに例を示す）

200

any
エニ[éni]

形 （疑問文で）いくらかの
　　（否定文で）少しも

英検 **5**　CEFR **A1**

① Do you have **any** questions? （何か質問はありますか。）

　数えられる名詞にも数えられない名詞にも使い、ふつう疑問文や否定文で使う。

疑問文の any は
「何か少しでも」と
いう意味だよ。

② I do**n't** have **any** plans today.

　（私はきょう**何も**予定があり**ません**。）

　not … any ～ は「何も～ない」の意味。

③ He is taller than **any** other student in the class.

　（彼はクラスのほかの**どの**生徒よりも背が高いです。）

## 32

201
interested
インタリスティド [íntəristid]

形 興味がある

英検 3 CEFR A1

比 more ~ − most ~

▶ She's **interested in** history.（彼女は歴史に興味があります。）

be interested in ~で「~に興味がある」という意味。

関連 **interesting** 形 おもしろい

202
question
クウェスチョン [kwéstʃən]

名 質問

英検 4 CEFR A1

▶ May I ask you a **question**?（あなたに質問をしてもいいですか。）

関連 **answer** 名 答え

203
most
モウスト [moust]

副 最も, いちばん
形 ほとんどの

英検 4 CEFR A2

① the **most** important thing（最も重要なこと）

一部の形容詞，副詞の前において，**最上級**をつくる。

② **most** of them（彼ら[それら]**のほとんど**）

代名詞で「**ほとんど**」の意味がある。

③ **most** people（ほとんどの人々）

204
shop
シャープ [ʃɑp]

名 店

英検 5 CEFR A1

▶ a flower **shop**（生花店）

関連 **store** 名 店　**shopping** 名 買い物

最重要レベル

基本レベル

標準レベル

高得点レベル

超ハイレベル

 # 205

just

チャスト[dʒʌst]

英検 **5** ／ CEFR **A1**

副 ちょうど，ほんの

① They were **just** like brothers.

（彼らは**ちょうど**兄弟のようでした。）

> **just like ～** で「**ちょうど～のような**」という意味になる。

② **just** a few minutes ago （**ほんの** 2，3 分前に）

③ I have **just** finished my homework.

（私は**ちょうど**宿題を終えたところです。）

 # 206

walk

ウォーク[wɔːk]

英検 **5** ／ CEFR **A1**

動 歩く 名 散歩

① **walk** to school （学校へ**歩いて**いく）

② **go for a walk** （**散歩**に行く）

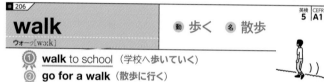

 # 207

meet

ミート[miːt]

英検 **5** ／ CEFR **A1**

動 に会う

┗ 過 met[メット] ― met

① **Nice to meet you.** （はじめまして。）

② Let's **meet** at the station at two.

（2 時に駅で**会い**ましょう。）

 # 208

water

ウォータァ[wɔ́ːtər]

◀つづり

英検 **5** ／ CEFR **A1**

名 水

▶ a lot of **water** （たくさんの**水**）

## 33

209
experience
イクスピリエンス[ikspíəriəns]

名 経験
動 を経験する

英検 3 | CEFR A2

① work **experience**（職業体験）
② You had a good **experience**.（よい経験をしましたね。）

210
same
セイム[seim]

形 同じ

英検 4 | CEFR A1

① **at the same time**（同時に）
② We're in **the same** class this year.

（私たちは今年，同じクラスです。）

same は前に the がつくことが多いよ。

(関連) **different** 形 違った

211
small
スモーゥ[smɔːl]

形 小さい

英検 5 | CEFR A1

▶ in a **small** town（小さな町で）

(関連) **big, large** 形 大きい

212
interesting
インタリスティング[íntəristiŋ]

形 おもしろい，興味深い

英検 4 | CEFR A1

比 more ~ – most ~

▶ an **interesting** story

（おもしろい物語）

「知的な興味を引く」という意味で，おもしろおかしいという意味ではないよ。

(関連) **interested** 形 興味がある

▶▶ 14ページ「形容詞として使われる-ing / -ed」

213
back
ベァック[bæk]

副 うしろへ
名 背中, うしろ

英検 5 | CEFR A2

① **go back to** America （アメリカに戻っていく）

② **call back** later （あとで電話をかけ直す）

214
best
ベスト[best]

形 最もよい（goodの最上級）
副 最もよく（wellの最上級）

英検 4 | CEFR A1

比 good（よい）/ well（じょうずに）− better − best

① my **best** friend （私のいちばんの友達）

② **Which** season **do you like the best?**
（あなたはどの季節がいちばん好きですか。）

③ **do** my **best** （最善[ベスト]をつくす）

215
sure
シュアァ[ʃuər]

形 確信して
副 （返事で）もちろん

英検 5 | CEFR A1

① **I'm sure** you'll like it. （あなたはきっとそれを気に入ります。）

I'm sure (that) 〜. は「きっと〜だと思う」という意味。

② May I ask you some questions? − **Sure.**
（あなたにいくつか質問をしてもいいですか。−もちろん。）

③ **I'm not sure.** （私はよくわかりません。）

216
event
イヴェント[ivént]

名 行事

英検 4 | CEFR A1

▶ join a school **event** （学校行事に参加する）

 # 217

英検 **5** | CEFR **A1**

nice

ナイス[nais]

形 すてきな, 親切な

① You have a **nice** bag. （あなたは**すてきな**かばんを持っていますね。）

② **Have a nice day!** （よい1日を！／行ってらっしゃい！）

③ Be **nice** to others. （ほかの人たちに**親切に**しなさい。）

 # 218

英検 **5** | CEFR **A1**

station

ステイション[stéiʃən]

名 駅

▶ at the **station** （駅で）

(関連) a **police station** 名 警察署　a **fire station** 名 消防署

a **gas station** 名 ガソリンスタンド　a **TV station** 名 テレビ局

 # 219

英検 **4** | CEFR **B1**

future

フューチャァ[fjúːtʃər]

名 未来

▶ What do you want to be **in the future**?

（あなたは**将来**何になりたいですか。）

in the future で「将来，未来に」という意味になる。

 # 220

英検 **5** | CEFR **A1**

out

アウト[aut]

副 外へ

① **go out** （外出する）

② I'm sorry, but he **is out** now.

（すみませんが，彼はいま**外出しています**。）

(関連) **in** 副 中に　**out of ~** 熟 ~の外へ，~から

221

stay
ステイ[stei]

動 滞在する　名 滞在

英検 **4** ｜ CEFR **B1**

① <u>**stay in** Osaka</u>（大阪に**滞在する**）

> 家やホテルなどに滞在するときは，**at** を使う。
> **stay at** a hotel（ホテルに**滞在する**）

② **stay with** my uncle（おじの家に**滞在する**）

> **stay with ～**で「**～の家に滞在する**」という意味。

③ enjoy your **stay** in Japan（日本での**滞在**を楽しむ）

222

room
ルーム[ru:m]

名 部屋

英検 **5** ｜ CEFR **A1**

① <u>She is in her **room**.</u>（彼女は自分の**部屋**にいます。）

② a **music room**（音楽室）

難関 **make room for ～**（～のために場所をあける）

223

answer
エァンサァ[ǽnsər]

つづり

動 に答える　名 答え

英検 **5** ｜ CEFR **A1**

① **answer** the question（質問に**答える**）

② find the **answer**（**答え**を見つける）

③ **answer** the phone（電話に出る）

関連 **ask** 動 ～をたずねる　**question** 名 質問

224

animal
エァーニマゥ[ǽnəməl]

名 動物

英検 **5** ｜ CEFR **A1**

## 35

最重要レベル

 # 225

library 〈つづり〉

ライブレリ[láibreri]

英検 5 | CEFR A1

名 図書館

複 libraries

 # 226

clean

クリーン[kliːn]

英検 5 | CEFR A1

動 をそうじする
形 きれいな

① **clean** our classroom （私たちの教室をそうじする）

② **clean** water （きれいな水）

 # 227

park

パーク[paːrk]

英検 5 | CEFR A1

名 公園

① go to the **park** （公園へ行く）

関連 **park** my bike there （そこに私の自転車をとめる）

動詞で「(車など)をとめる，駐車する」という意味もある。

 # 228

beautiful

ビューティフォ[bjúːtəfəl]

英検 5 | CEFR A1

形 美しい

比 more ～ － most ～

▶ these **beautiful** flowers （これらの美しい花）

 # 229

again

アゲン[əgén]

英検 4 | CEFR A1

副 再び, また

▶ I'm glad to see you **again**. （あなたにまた会えてうれしいです。）

基本レベル

標準レベル

高得点レベル

超ハイレベル

230

difficult ◀つづり

ディフィカゥト[dífikəlt]

英検 **4**　CEFR **A1**

形 難しい

└─ 比 more 〜 ー most 〜

▶ It's **difficult** for me to write a letter in English.

（私にとって英語で手紙を書くことは**難しい**です。）

関連 **easy** 形 簡単な　**hard** 形 難しい

231

mean

ミーン[mi:n]

英検 **3**　CEFR **A2**

動 を意味する

└─ 過 meant[メント] 発音 ー meant

① **What do you mean?** （どういう意味ですか。）

② What does this word **mean**?

（この単語はどういう意味ですか。）

関連 **meaning** 名 意味

232

decide

ディサイド[disáid]

英検 **3**　CEFR **A2**

動 を決める

① I can't **decide** what to buy for her.

（私は彼女に何を買えばいいか**を決める**ことができません。）

② He **decided to study** abroad.

（彼は外国で**勉強することに決め**ました。）

233

bag

バァグ[bæg]

英検 **5**　CEFR **A1**

名 かばん, 袋

## 36

234

name
ネイム[neim]

名 名前

動 と名づける

英検 **5** | CEFR **A1**

▶ They **named** the baby George.

（彼らはその赤ちゃんをジョージと名づけました。）

name A B で「**A を B と名づける**」という意味。

235

teach
ティーチ[tiːtʃ]

動 を教える

英検 **5** | CEFR **A1**

過 taught[トート] 発音 つづり ー taught

▶ **teach** science （理科を教える）

236

popular ◀つづり
パーピュラァ[pápjulər]

形 人気のある

英検 **5** | CEFR **A2**

比 more ～ ー most ～

▶ This song **is popular among** young girls.

（この歌は若い女の子**の間で人気があります**。）

be popular among[with] ～で「**～の間で人気がある**」の意味。

237

hope
ホウプ[houp]

動 を望む　名 希望

英検 **4** | CEFR **A1**

① I **hope** you like it. （あなたが気に入ってくれるといいのですが。）

hope (that) ～は「**～だといいと思う**」という意味。

② I **hope to** see you again. （あなたにまた会いたいです。）

③ I **hope so.** （そう期待します。／そうだといいですね。）

 # 238

stop
スターップ[stɑp]

動 を止める, 止まる

英検 5 ｜ CEFR A1

過 stopped － stopped　ing形 stopping

▶ They **stopped talking**. (彼らは話すのをやめました。)

stop ～ing で「～するのをやめる」という意味。

 # 239

keep
キープ[kiːp]

動 を保つ, ～し続ける

英検 3 ｜ CEFR A1

過 kept[ケプト] － kept

① You can **keep** it.
(それを持っていてもいいよ。／それをあげるよ。)

② **keep walking** (歩き続ける)

keep ～ing は「～し続ける」という意味。

③ **keep** the river clean (川をきれいにしておく)

〈keep A＋形容詞〉で「Aを～(の状態)にしておく」という意味。

 # 240

club
クラブ[klʌb]

名 クラブ, 部

英検 5 ｜ CEFR A1

▶ a member of the English **club**
(英語部の一員)

soccer team(サッカー部)
のように, 運動部は team を
使うことが多いんだ。

 # 241

movie
ムーヴィ[múːvi]

◀つづり

名 映画

英検 5 ｜ CEFR A1

▶ go to a **movie** (映画を見に行く)

## 37

242

run

ラン[rʌn]

動 走る

過 ran[レァン] — run　ing形 running **〈つづり〉**

英検 **5**　CEFR **A1**

最重要レベル

243

music

ミューズィック[mjúːzik]

名 音楽

英検 **5**　CEFR **A1**

▶ listen to **music**（**音楽**を聞く）

基本レベル

244

always

オーゥウェイズ[ɔ́ːlweiz]

副 いつも

英検 **5**　CEFR **A1**

▶ She **always** gets up early.（彼女は**いつも**早く起きます。）

ふつう**一般動詞の前**，**be 動詞・助動詞のあと**にくる。
They are **always** kind to me.（彼らは**いつも**私に親切です。）

▶▶ 87ページ 「頻度」を表す副詞

標準レベル

245

month

マンス[mʌ́nθ]

名 月

英検 **5**　CEFR **A1**

① next **month**（来月）

② for a **month**（1 か**月**間）

月の名前は入試で
よく出題されるよ。

高得点レベル

☑️ まとめてCHECK! 月

1 月	January	5 月	May	9 月	September
2 月	February	6 月	June	10 月	October
3 月	March	7 月	July	11 月	November
4 月	April	8 月	August	12 月	December

超ハイレベル

246

lunch ◀つづり

ランチ[lʌntʃ]

英検 **5** | CEFR **A1**

名 昼食

▶ **have[eat] lunch**（昼食を食べる）

247

leave

リーヴ[liːv]

英検 **4** | CEFR **B1**

動 を去る, 出発する, 置いていく

過 left[レフト] ー left

① **leave** Japan（日本を去る）

② **leave for** school（学校に向かって出発する）

leave for 〜で「〜に向かって出発する」の意味を表す。

③ **leave** a message（伝言を残す）

🈴 **leave** the door open（ドアを開けたままにしておく）

leave A Bで「A を B のままにしておく」の意味。

248

woman

ウマン[wúmən]

英検 **5** | CEFR **A1**

名 女の人

複 women[ウィミン]発音

関連 **man** 名 男の人　**girl** 名 女の子

249

love

ラヴ[lʌv]

英検 **5** | CEFR **A1**

動 が大好きである
名 愛

① I **love** reading.（私は読書が大好きです。）

② I'd **love** to.（喜んで〈〜したいです〉。）

誘われたときの応答として使う。

## 38

250

story
ストーリ[stɔ́ːri]

名 物語

英検 5 | CEFR A1

— 複 stories

▶ an interesting **story**（おもしろい話）

251

plastic
プレァスティク[plǽstik]

形 プラスチックの

英検 3 | CEFR A2

▶ a **plastic bag**（ビニール袋）

▶ a **plastic bottle**（ペットボトル）

252

listen
リスン[lísn]

（つづり）

動 聞く

英検 5 | CEFR A1

▶ **listen to** music（音楽を聞く）

listen to 〜で「〜を聞く」という意味になる。

(関連) **hear** 動 〜が聞こえる

253

put
プット[put]

動 を置く

英検 5 | CEFR A1

— 過 put － put　ing形 putting

① **put** the letter on the desk
（机の上にその手紙を置く）

② **put** it in my bag（私のかばんにそれを入れる）

③ **put on** a coat（コートを着る）

「〜を脱ぐ」は **take off** 〜 だよ。

put on 〜は「〜を着る，身につける」の意味になる。

254

everyone
エヴリワン[évriwʌn]

英検 5 | CEFR A1

代 みんな

▶ **Everyone** knows his famous speech.

（みんな彼の有名な演説を知っています。）

> 3人称単数扱いなので，現在の文では動詞は3単現の形になる。

関連 **everybody** 代 みんな

255

member ◀つづり
メンバァ[mémbər]

英検 4 | CEFR A2

名 メンバー, 一員

▶ I'm a **member** of the basketball team.

（私はバスケットボール部の**一員**です。）

256

bring
ブリング[briŋ]

英検 4 | CEFR A1

動 を持ってくる

—— 過 brought[ブロート] 発音 — brought

▶ Will you **bring** me that chair?

（私にあのいすを**持ってきて**くれますか。）

> 話している人のところに「持ってくる」ことを表す。反対に，話している人のところから「持っていく」ときは take を使う。

257

number ◀つづり
ナンバァ[nʌ́mbər]

英検 5 | CEFR A1

名 数, 番号

① **the number of** students （生徒数）

② a phone **number** （電話番号）

## 39

258
begin
ビギン[bigín]

動 を始める, 始まる

英検 **5** | CEFR **A1**

過 began[ビギャン] ー begun[ビガン]　ing形 beginning

▶ When did you **begin to** learn English?

（あなたはいつ英語を習い始めましたか。）

> begin to 〜または begin 〜ing で「〜し始める」という意味。
> It **began to** rain. = It **began** raining.
> （雨が降り始めました。）

関連 **start** 動 始まる, 〜を始める

259
choose
チューズ[tʃuːz]

動 を選ぶ

英検 **3** | CEFR **A1**

過 chose[チョウズ] ー chosen[チョウズン]

▶ **choose** an interesting book （おもしろい本を選ぶ）

関連 **choice** 名 選択

260
tomorrow
トゥモーロウ[təmɔ́ːrou]

副 名 あす (は)

英検 **5** | CEFR **A1**

▶ **tomorrow** afternoon （あすの午後）

関連 **today** 副 名 きょう (は)　**yesterday** 副 名 きのう (は)

261
sister
スィスタァ[sístər]

名 姉, 妹

英検 **5** | CEFR **A1**

関連 **brother** 名 兄, 弟

262

job

チャーブ[dʒɑb]

名 仕事

英検 **5** CEFR **A1**

① find a **job** （仕事を見つける）
② **You did a good job.**
（よくやったね。）

②は単に，Good job!
と言うこともあるよ。

263

information

インファメイション[ìnfərméiʃən]

名 情報

英検 **4** CEFR **A1**

▶ get **information** on the internet
（インターネットで情報を得る）

an をつけないし，
複数形にもしないよ。

264

another

アナザァ[ənʌ́ðər]　発音

形 もう1つの

英検 **4** CEFR **A1**

▶ Will you show me **another** one?
（ほかのものを見せてくれますか。）

買い物のときに
使う表現。

✓ まとめてCHECK! one, another, some, other の使い方

one 〜 the other …
2つのとき「1つ」が one，「もう
1つ」が the other

one　　the other

one 〜 another …
3つ以上のとき「1つ」が one，
「ほかの1つ」が another

one　　another

one 〜 the others …
3つ以上のとき「1つ」が one，
「残りの全部」が the others

one　　the others

some 〜 others …
「いくつか」が some，「ほかのいくつか」が others

some　　　　　others

some 〜 the others …
「いくつか」が some，「残りの全部」が the others

some　　　　　the
　　　　　　　others

265
been
ビーン[biːn] 動 助 beの過去分詞

英検 3 / CEFR A2

① **Have** you ever **been to** Kyoto?
（あなたは今までに京都に**行ったことがあります**か。）

> **have been to ～** で「**～へ行ったことがある**」という意味。

② How long **have** you **been** in Japan?
（あなたは日本にどれくらい**います**か。）

🎀難関 I**'ve been waiting** here since 9 a.m.
（私は午前9時からここで**ずっと待っています**。）

> **have been ～ing** で「**(今まで)ずっと～している**」の意味（現在完了進行形）。

266
foreign ◀つづり
フォーリン[fɔ́ːrin] 形 外国の

英検 3 / CEFR A1

① a **foreign country** （**外国**）
② a **foreign language** （**外国語**）

267
cook
クック[kuk] 動 を料理する
名 料理人

英検 5 / CEFR A1

▶ He is **a good cook**. （彼は**料理がじょうず**です。）

268
train ◀つづり
トレイン[trein] 名 電車

英検 5 / CEFR A1

① **go** to Osaka **by train** （大阪へ**電車で行く**）
② **get off the train** （**電車を降りる**）

269
hour
アウアァ[áuər] （発音）

名 1時間

英検 **5** | CEFR **A1**

▶ watch TV for **an hour**
（**1時間**テレビを見る）

母音で始まる語なので、
「1時間」は **an hour**
と言うよ。

関連 **minute** 名 分　同音 **our** 代 私たちの

270
young （つづり）
ヤング[jʌŋ]

形 若い

英検 **5** | CEFR **A1**

▶ **young** people in Japan （日本の**若者**たち）

関連 **old** 形 年とった

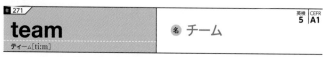

271
team
ティーム[tíːm]

名 チーム

英検 **5** | CEFR **A1**

▶ I'm on the soccer **team**.
（私はサッカー**部**に入っています。）

272
such
サチ[sʌtʃ]

形 そのような

英検 **3** | CEFR **A2**

① You shouldn't say **such a** thing.
（あなたは**そのような**ことを言うべきではありません。）

　a, an や形容詞は **such** のあとにくる。

② I like animals **such as** dogs and cats.
（私は犬やねこ**のような**動物が好きです。）

　such as ～で「（たとえば）～**のような**」の意味。

最重要レベル

273
festival
フェスティヴォゥ[féstəvəl]

名 祭り

英検 4 | CEFR A1

▶ the school **festival**（文化祭）

274
over
オウヴァァ[óuvər]

前 副 ～の上に

英検 5 | CEFR A2

① **all over the world**（世界中で）

② **over there**（むこうに，あそこに）

③ The game **was over**.（試合は終わっていました。）

> **be over** で「**終わる**」という意味になる。

④ **over** a hundred years ago（100 年よりも前に）

⑤ The ball flew **over** my head.
（ボールは私の頭を越えて飛んでいきました。）

基本レベル

275
even
イーヴン[í:vən] 発音

副 ～でさえ

英検 3 | CEFR B1

① The soccer games will be held **even if** it rains.
（たとえ雨が降っても，サッカーの試合は行われます。）

> **even if ～**は「**たとえ～だとしても**」という意味を表す。

② He works **even** on Sundays.（彼は日曜日でさえ働きます。）

標準レベル

高得点レベル

276
summer
サマァ[sʌ́mər]

名 夏

英検 5 | CEFR A1

▶ during **summer** vacation（夏休みの間に）

超ハイレベル

277
never 〈つづり〉
ネヴァァ[névər]

英検 3 CEFR A1

副 決して〜ない

① I **have never been** there.
（私は**一度も**そこに**行ったことがありません**。）

> **have never been to 〜** で「〜へ一度も行ったことがない」。

② I'll **never** forget him. （私は彼を**決して**忘れません。）

278
little 〈つづり〉
リトォ[lítl]

英検 5 CEFR A1

形 小さい, 少量の

比 less[レス] － least[リースト]

① I'm **a little** hungry. （私は**少し**おなかがすいています。）

> **a little** で「**少し**」という意味になる。

② have **a little** money （お金が**少し**ある）

> **little** だけでは「**ほとんどない**」という否定の意味になる。
> have **little** money （お金が**ほとんどない**）

数えられない
名詞に使うよ。

279
ago
アゴウ[əgóu]

英検 4 CEFR A1

副 （今から）〜前に

① three years **ago** （3年前）

② a long time **ago** （ずいぶん前に）

280
brother
ブラザァ[bráðər]

英検 5 CEFR A1

名 兄, 弟

関連 **sister** 名 姉, 妹

基本レベル

この章に収録されているのは，高校入試で数多く出ている基本単語です。リスニングや長文読解，英作文など，さまざまなジャンルの問題で頻出する単語ばかりですので，もれなく確実にマスターしましょう。

281
boy
ボイ[bɔi]
名 男の子

英検 5 | CEFR A1

関連 **girl** 名 女の子　**man** 名 男の人

282
however
ハウエヴァァ[hauévər]
副 しかしながら

英検 4 | CEFR A2

but と同じ意味だが，より形式ばった語。

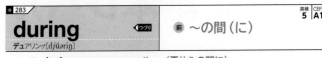

283
during
(つづり)
前 ～の間（に）

英検 5 | CEFR A1

デュアリング[djúəriŋ]

▶ **during** summer vacation （夏休みの間に）

「1 か月間」のように「**期間の長さ**」を表すときは **for** を使う。
for a month（1 か月**間**）

284
usually
(つづり)
副 ふつうは

英検 5 | CEFR A1

ユージュアリ[júːʒuəli]

▶ I **usually** get up at seven.
（私は**ふつう** 7 時に起きます。）

▶▶ 87ページ「頻度」を表す副詞

ふつう一般動詞の前，
be 動詞や助動詞の
あとにくるよ。

285
girl
ガ〜ッ[ɡəːrl]
(発音)
名 女の子

英検 5 | CEFR A1

関連 **boy** 名 男の子　**woman** 名 女の人

## 43

286

into

イントゥー[íntu:]

前 ～の中へ

英検 **4** | CEFR **A1**

▶ **go into** the house （家の**中へ**入っていく）

(反動) **out of** 熟 ～の外へ

287

night ◀つづり

ナイト[nait]

名 夜

英検 **5** | CEFR **A1**

① **at night** （夜に）

② **last night** （昨夜）

③ **all night (long)** （一晩中）

288

sometimes

サムタイムズ[sʌ́mtaimz]

副 ときどき

英検 **5** | CEFR **B1**

▶ I **sometimes** cook dinner.

（私は**ときどき**夕食をつくります。）

ふつう**一般動詞の前**、**be 動詞・助動詞のあと**にくる。

▶▶ 87ページ「頻度」を表す副詞

289

part

パート[pɑ:rt]

名 部分

英検 **4** | CEFR **A2**

① the last **part** of the story （物語の最後の**部分**）

② **(a) part of** our culture （私たちの文化の**一部**）

③ **take part in** a festival （祭りに**参加する**）

take part in ～ で「**～に参加する**」という意味。

最重要レベル

基本レベル

標準レベル

高得点レベル

超ハイレベル

290
bus
バス[bʌs]
　名 バス

英検 5 | CEFR A1

└ 複 buses

▶ go to school **by bus**（バスで学校に行く）

by bus の bus の
前には，a や the は
つけないから
注意しよう。

291
language
レァングウィヂ[lǽŋgwidʒ]　〈つづり〉
　名 言語

英検 4 | CEFR A1

▶ learn a foreign **language**（外国語を学ぶ）

292
second
セカンド[sékənd]　〈発音〉
　名 形 2番目（の）

英検 5 | CEFR A1

▶ a **second**-year student（2年生）

🔺 for a few **seconds**（数秒間）

　名詞で「秒」という意味もある。

🔗 minute 名 分　hour 名 1時間

▶▶ 20ページ「基数と序数」

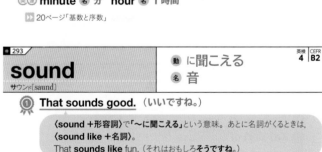

293
sound
サウンド[saund]
　動 に聞こえる
　名 音

英検 4 | CEFR B2

① **That sounds good.**（いいですね。）

　〈sound ＋形容詞〉で「～に聞こえる」という意味。あとに名詞がくるときは，
　〈sound like ＋名詞〉。
　That **sounds like** fun.（それはおもしろそうですね。）

② the **sound** of a piano（ピアノの音）

## 44

294

museum
ミューズィーアム[mjuːzíːəm] （発音）

名 博物館, 美術館

英検 4 | CEFR A2

▶ an art **museum** （美術館）

295

near
ニアァ[níər]

前 ～の近くに

英検 5 | CEFR B1

① He lives **near** my house.
（彼は私の家の**近く**に住んでいます。）

② **the nearest** bus stop （**いちばん近い**バス停）

形容詞で「**近い, 近くの**」という意味もある。

関連 **by** 前 ～のそばに

296

minute （つづり）
ミニト[mínit]

名 分

英検 5 | CEFR A1

① It takes ten **minutes** to the station from here.
（ここから駅まで 10 **分**かかります。）

② **Just a minute.／Wait a minute.**
（**ちょっと待ってください。**）

関連 **hour** 名 1 時間

297

money
マニ[mʌ́ni]

名 お金

英検 5 | CEFR A1

▶ a lot of **money** （たくさんの**お金**）

数えられない名詞なので, money に a をつけたり複数形にしたりしない。

298
restaurant
レストラント[réstərənt] 発音

名 レストラン

英検 5 | CEFR A1

▶ a Japanese **restaurant**（日本料理店）

299
parent
ペアレント[péərənt] 発音

名 親

英検 4 | CEFR A1

▶ my **parents**（私の両親）

関連 **father** 名 父　**mother** 名 母

300
five
ファイヴ[faiv]

名 形 5（の）

英検 5 | CEFR A1

▶▶ 20ページ「基数と序数」

301
win
ウィン[win]

動 に勝つ，
（賞など）を獲得する

英検 4 | CEFR B2

── 過 won[ワン]－ won　ing形 winning

① **win** the game（試合に勝つ）

② **win** first prize（1等賞をとる）

関連 **winner** 名 勝者　**lose** 動 ～に負ける

同音 【過去形・過去分詞 won】**one** 名 形 1（の）

302
flower
ゥラウァァ[fláuər]　つづり

名 花

英検 5 | CEFR A1

## 45

303
surprised
サプライズド[sərpráizd]

形 驚いた

英検 4 | CEFR A2

① I **was surprised to** hear that.
（私はそれを聞いて**驚き**ました。）

> **be surprised to ～**で「**～して驚く**」という意味。

② We **were surprised at** the news.
（私たちはそのニュースに**驚き**ました。）

> **be surprised at ～**は「**～に驚く**」という意味。

関連 **surprise** 動 ～を驚かせる 名 驚き

304
soccer
◀つづり
サーカァ[sákər]

名 サッカー

英検 5 | CEFR A1

305
smile
スマイゥ[smail]

動 ほほえむ
名 ほほえみ

英検 5 | CEFR A1

① She **smiled** at me.（彼女は私に**ほほえみ**ました。）

② **with a smile**（**ほほえん**で）

関連 **laugh** 動 （声を出して）笑う

306
favorite
◀つづり
フェイヴァリッ[féivərit]

形 いちばん好きな

英検 5 | CEFR A1

① my **favorite** subject （私の**いちばん好きな**教科）

② It's my **favorite**.（それは私の**お気に入り**です。）

> 名詞で「**お気に入りの物[人]**」という意味もある。

最重要レベル

基本レベル

標準レベル

高得点レベル

超ハイレベル

307

group ◀つづり

グループ[gruːp]

英検 **4** | CEFR **A1**

名 集団, グループ

▶ a **group** of children（子どもたちの**グループ**）

308

special

スペシャゥ[spéʃəl]

英検 **4** | CEFR **A1**

形 特別な

▶ a **special** gift from my friend（友達からの**特別な**贈り物）

309

car

カーァ[kɑːr]

英検 **5** | CEFR **A1**

名 車

310

move

ムーヴ[muːv]

英検 **4** | CEFR **A1**

動 引っ越す, を動かす

① **move** to Chicago（シカゴに**引っ越す**）

② I **was moved** by her words.

（私は彼女の言葉に感動しました。）

> **be moved** で「**感動する**」という意味になる。

③ **move** the table（そのテーブル**を動かす**）

311

dog

ドーグ[dɔːg]

英検 **5** | CEFR **A1**

名 犬

① **have a dog**（犬を飼っている）

② **a guide dog**（盲導犬）

最重要レベル

基本レベル

標準レベル

高得点レベル

超ハイレベル

 # 312

remember
リメンバァ[rimémbər]

英検 **4** | CEFR **A1**

動 を覚えている, 思い出す

🏅① I **remember** his name.
（私は彼の名前を覚えています。）

🥈② Now I **remember**!（ああ, 思い出した！）

関連 **forget** 動 ～を忘れる

 # 313

grow
グロウ[grou]

英検 **4** | CEFR **A1**

動 を育てる, 成長する

── 過 grew[グルー] ― grown[グロウン]

🏅① **grow** vegetables （野菜を育てる）

🥈② I **grew up** in Nagoya.（私は名古屋で育ちました。）

grow up で「**大きくなる, 大人になる**」という意味。

 # 314

hello
ハロウ[həlóu]

CEFR **A1**

間 やあ, こんにちは, （電話で）もしもし

🏅① **Hello**, everyone. （みなさん, こんにちは。）

🥈② **Hello.** This is Mike.
（もしもし。こちらはマイクです。）

電話で自分の名前を言うときの表現だよ。

 # 315

sport
スポート[spɔːrt]

英検 **5** | CEFR **A1**

名 スポーツ

▷ What's the most popular **sport** in your class?
（あなたのクラスでいちばん人気のある**スポーツ**は何ですか。）

117

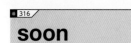

316

soon
スーン[suːn]

英検 5 | CEFR A1

副 すぐに

① **See you soon.**
（じゃあまたすぐに。）

> See you soon. は
> 別れるときのあいさつだよ。

② **As soon as** I got home, it began to rain.
（私が家に着くとすぐに，雨が降り始めました。）

> **as soon as 〜** で「〜するとすぐに」の意味を表す。

③ You'll **get well soon**.
（あなたは**すぐによくなります**よ。）

317

send
センド[send]

英検 4 | CEFR A2

動 を送る

— **過** sent[セント] — sent

① I'll **send** you a picture of my family.
（あなたに家族の写真**を送ります**。）

> 〈**send 物 to 人**〉の形に言いかえることができる。
> → I'll **send** a picture of my family **to** you.

② **send** an e-mail（メールを送る）

関連 **get, receive** **動** 〜を受け取る

318

worry
ワ〜リ[wə́ːri]

英検 4 | CEFR A1

動 心配する

— **3単現** worries **過** worried

▷ **Don't worry about** it.（それについて心配しないで。）

> **worry about 〜** で「〜について心配する」の意味。

## 47

319
culture ◀つづり

カッチャァ[kʌ́ltʃər]

英検 **3** CEFR **A1**

名 **文化**

▶ Japanese **culture**（日本文化）

関連 **cultural** 形 **文化的な**

320
America

アメリカ[əmérikə]

英検 **4** CEFR **A1**

名 **アメリカ**

「アメリカ合衆国」は正式には **the United States of America** という。
the U.S.A. や **the U.S.** と省略することもある。

▶▶ 293ページ「国・地域」

321
famous

フェイマス[féiməs] 発音

英検 **4** CEFR **A1**

形 **有名な**

比 more ～ － most ～

① visit **famous** places（**有名な**場所を訪れる）

② This park **is famous for** its beautiful flowers.

（この公園は美しい花々**で有名です**。）

be famous for ～ で「**～で有名だ**」の意味になる。

322
finish

フィニッシュ[fíniʃ]

英検 **4** CEFR **A1**

動 **を終える, 終わる**

① **finish** my homework（私の宿題**を終える**）

② **finish reading** the book（その本**を読み終える**）

finish ～ing で「**～し終える**」という意味になる。

最重要レベル　基本レベル　標準レベル　高得点レベル　超ハイレベル

 # 323

英検 **3** | CEFR **A2**

without
ウィザウト[wiðáut]

前 ～なしで

① We can't live **without** water.
（私たちは水なしで生きることはできません。）

② read an English book **without using** a dictionary
（辞書を使わないで英語の本を読む）

without ～ing で「～しないで」という意味になる。

関連 **with** 前 ～といっしょに

 # 324

英検 **5** | CEFR **A1**

Sunday
サンデイ[sándei]

つづり

名 日曜日

▶▶ 84ページ「曜日」

 # 325

英検 **5** | CEFR **A1**

those
ゾウズ[ðouz]

代 あれら
形 あれらの

① **those** countries （あれらの国々）

that の複数形。あとの名詞は複数形にする。

② **in those days** （そのころ，あのころ）

関連 **these** 代 これら 形 これらの　**that** 代 あれ 形 あの

 # 326

英検 **4** | CEFR **A1**

own
オウン[oun]

形 自分自身の

▷ learn about my **own** country
（私自身の国について学ぶ）

my, your などの
所有格のあとで使うよ。

## 48

327

volunteer

ヴァランティアァ[vὰləntíər]　**発音**

英検 **4** | CEFR **B2**

名 ボランティア

① do **volunteer** work[activities]
（**ボランティア**活動をする）

② work as a **volunteer**（**ボランティア**として働く）

328

still

ㇲﾃｨｯ[stil]

英検 **4** | CEFR **A1**

副 まだ

① I **still** remember that day.
（私は**まだ**その日を覚えています。）

ふつう一般動詞の前、be動詞や助動詞のあとにくるよ。

② It's **still** raining outside.（外は**まだ**雨が降っています。）

関連 **yet** 副（疑問文で）**もう**，（否定文で）**まだ**

329

color

つづり

カラァ[kʌ́lər]

英検 **5** | CEFR **A1**

名 色

▶ What **color** do you like?（あなたは何色が好きですか。）

330

internet

ｲﾝﾀﾈｯ[íntərnèt]

英検 **3** | CEFR **A1**

名 インターネット

① use **the internet**（**インターネット**を使う）

② buy books **on the internet**
（**インターネット**で本を買う）

Internetと大文字で書き始めることもあるよ。

on the internet で「**インターネット（上）で**」という意味。

関連 **website** 名 ウェブサイト

331
history
ヒストゥリ[hístəri]

英検 5 ｜ CEFR A1

名 歴史

▶ Japanese **history**（日本史）

332
hold
ホウゥド[hould]

英検 3 ｜ CEFR A1

動 を手に持つ, を開催する

過 held[ヘッド] ― held

① The party is going to **be held** next Saturday.
（そのパーティーは次の土曜日に**開かれる**予定です。）

② **hold** a camera（カメラ**を手に持つ**）

③ **Hold on, please.**
（〈電話を切らずに〉お待ちください。）

③は電話の応対で使う表現だね。

333
through
スルー[θru:]　発音

英検 3 ｜ CEFR B1

前 ～を通り抜けて

① go **through** the town （その町**を通り抜けて**行く）

② **get through** the exam（その試験を乗り切る）

　get through で「**～を乗り切る，通り抜ける**」の意味。

334
believe　⟨つづり⟩
ビリーヴ[bilí:v]

英検 3 ｜ CEFR A1

動 を信じる

① **I can't believe it.**（信じられません。）

② He **believes** that Santa will come on Christmas Day.
（彼はクリスマスにサンタが来ると**信じています**。）

## 49

335

easy
イーズィ[íːzi]

形 簡単な

英検 5 | CEFR A1

比 easier — easiest

▷ It's not **easy** for me to speak English.
（英語を話すことは私にとって簡単ではありません。）

関連 **easily** 副 簡単に　**difficult** 形 難しい

336

sorry
ソーリィ[sɔ́ːri]

形 すまなく思って

英検 5 | CEFR A1

① **I'm sorry** I'm late.
（遅れてごめんなさい。）

I'm sorry. には、**That's all right.**
（大丈夫です。）などと応じるよ。

② **I'm sorry to** hear that.（それを聞いて**気の毒に思います**。）

be sorry to ～で「**～して気の毒に思う**」という意味。

337

down
ダウン[daun]

副 下へ

英検 5 | CEFR B2

① **sit down** （すわる）

② go **down** this street （この通りにそって行く）

関連 **up** 副 上へ

338

activity
エァクティヴィティ[æktívəti]

名 活動

英検 3 | CEFR A1

▷ do **volunteer activities** （ボランティア活動をする）

関連 **active** 形 活動的な　**act** 動 行動する

最重要レベル　基本レベル　標準レベル　高得点レベル　超ハイレベル

339
yesterday
イエスタデイ[jéstərdei]

副 名 きのう (は)

英検 **4** CEFR **A1**

① What did you do **yesterday**?
（あなたは**きのう**何をしましたか。）

② **yesterday** morning （**きのうの**朝）

関連 **today** 副 名 きょう (は)　**tomorrow** 副 名 あす (は)

340
open
オウプン[óupən]

動 を開く
形 開いている

英検 **5** CEFR **A1**

① **open** the window （窓を**開ける**）

② Can I **open** it?
（それを**開けて**もいいですか。）

③ The door is **open**. （ドアは**開いています**。）

関連 **close** 動 〜を閉じる

③はプレゼントを
もらった場面で、
よく使われる
表現だよ。

341
Saturday
セアタデイ[sǽtərdei]

◀つづり

名 土曜日

英検 **5** CEFR **A1**

▶▶ 84ページ「曜日」

342
speech
スピーチ[spíːtʃ]

名 スピーチ, 演説

英検 **4** CEFR **A1**

① make [give] a **speech** （**スピーチ**をする）

② a **speech** contest （**スピーチ**コンテスト, 弁論大会）

関連 **speak** 動 〜を話す

## 50

343

sea
スィー[si:]

名 海

英検 5 / CEFR A1

▶ go swimming in the **sea**（海に泳ぎに行く）

同音 see 動 ～を見る

344

later
レイタァ[léitər]

副 あとで

英検 5 / CEFR B2

① a few days **later**（2, 3日後）

② See you **later**.（あとで会いましょう。）

派生 late 形 遅い 副 遅く　latest 形 最新の

345

shopping
シャーピング[ʃápiŋ]

名 買い物

英検 5 / CEFR A1

① **go shopping** with my mother（母と**買い物**に行く）

② bring my own **shopping** bag
（自分自身の**買い物**袋を持ってくる）

346

homework
ホウムワ〜ク[hóumwə:rk]

名 宿題

英検 5 / CEFR A1

① do my **homework**（私の**宿題**をする）

② I have a lot of **homework** to do.
（私にはするべきたくさんの**宿題**があります。）

③ Have you finished your **homework**?
（あなたは**宿題**を終わらせましたか。）

数えられない名詞
なので、aをつけたり、
複数形にしたり
しないよ。

最重要レベル

基本レベル

標準レベル

高得点レベル

超ハイレベル

 # 347

plan
プラァン[plæn]

名 計画
動 を計画する

英検 **4** | CEFR **A1**

過 planned　ing形 planning

❶ Do you have any **plans** for this weekend?
（あなたは，今週末は何か**予定**はありますか。）

❷ a **plan** to go skiing（スキーに行く**計画**）

❸ make a **plan**（**計画**を立てる）

 # 348

wear
ウェアァ[weər]

動 を身につけている

英検 **5** | CEFR **A1**

過 wore[**ウォ**ーァ]ー worn[**ウォ**ーン]

❶ **wear** a coat（コートを**着ている**）

❷ **wear** glasses（めがねを**かけている**）

関連 **put on** 熟 ～を身につける

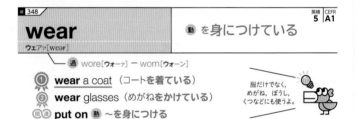

服だけでなく，
めがね，ぼうし，
くつなどにも使うよ。

 # 349

birthday
バ～スデイ[bə́ːrθdei]

◀つづり

名 誕生日

英検 **5** | CEFR **A1**

▶ My **birthday** is May 3.（私の**誕生日**は5月3日です。）

 # 350

large
ラ～ヂ[lɑːrdʒ]

形 大きい

英検 **5** | CEFR **A1**

比 larger ー largest

▶ the **largest** lake in Japan（日本で**いちばん大きな**湖）

関連 **big** 形 大きい　**small** 形 小さい

351
must
マスト[mʌst]

英検 4 | CEFR A1

助 ～しなければならない

1 I **must** go now. （私はもう行か**なくてはなりません**。）

2 You **must not** take pictures here.

（あなたはここで写真を撮っ**てはいけません**。）

must not ～ は「**～してはいけない**」という禁止を表す。

3 His story **must** be true. （彼の話は本当に**ちがいない**。）

352
course
コース[kɔːrs]

〈つづり〉

英検 3 | CEFR A1

名 コース, 進路

▶ Can you help me? − Yes, **of course**.

（手伝ってくれますか。− はい，**もちろん**です。）

of course で「**もちろん**」という意味。

353
bad
ベァド[bæd]

英検 4 | CEFR A1

形 悪い

── 比 worse[ワ～ズ] − worst[ワ～スト]

▶ **That's too bad.** （それは残念ですね。）

反連 **good** 形 よい

That's too bad. は
「それは残念」と軽い同情を
表すときの言い方だよ。

354
weekend
ウィーケンド[wíːkend]

英検 5 | CEFR A1

名 週末

▶ What are you going to do this **weekend**?

（あなたはこの**週末**何をする予定ですか。）

最重要レベル

基本レベル

標準レベル

高得点レベル

超ハイレベル

 # 355

drink

ドリンク[dríŋk]

英検 5 | CEFR A1

動 を飲む

— 過 drank[ドレアンク] — drunk[ドランク]

① Would you like **something to drink**?

（**何か飲むもの**はいかがですか。）

② **drink** tea（紅茶を飲む）

関連 **eat** 動 〜を食べる

 # 356

happen

ヘァプン[hǽpən]

英検 3 | CEFR A1

動 起こる

① **What happened?**（何があったの？／どうしましたか。）

② What will **happen** next?（次は何が**起こる**でしょうか。）

発展 I **happened to** see her at the park.

（私は公園で彼女に**偶然**会いました。）

happen to 〜 で「たまたま〜する」という意味。

 # 357

classmate

クレァスメイト[klǽsmeit]

英検 4 | CEFR A1

名 クラスメイト

▶ some of my **classmates**（私の**クラスメイト**の何人か）

 # 358

song

ソーング[sɔ́ːŋ]

英検 5 | CEFR A1

名 歌

▶ What's your favorite **song**?（あなたの大好きな**歌**は何ですか。）

関連 **sing** 動 〜を歌う　**singer** 名 歌手

## 52

359

wait
ウェイト[weit]

動 待つ

英検 **4** ／ CEFR **B2**

① Please **wait** in this room.
（この部屋で**待っていて**ください。）

② I'm **waiting for** him.（私は彼を**待っています**。）

> **wait for ～** で「**～を待つ**」という意味になる。

③ **I can't wait.**（待ちきれません。／楽しみです。）

360

bike
バイク[baik]

名 自転車

英検 **5** ／ CEFR **A1**

① go to school by **bike**
（**自転車**で学校に行く）

② ride a **bike**（**自転車**に乗る）

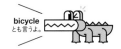

bicycle
とも言うよ。

361

away
アウェイ[əwéi]

副 離れて

英検 **4** ／ CEFR **A1**

① far **away** from here （ここから遠く**離れて**）

② **run away**（from ～）（〈～から〉**逃げる**）

③ **throw away** food（食べ物を**捨てる**）

362

dinner
ディナァ[dínər]

名 夕食

英検 **5** ／ CEFR **A1**

▶ What's for **dinner** tonight?
（今夜の**夕食**は何ですか。）

dinner は，1 日でいちばん豪華な食事
のことで，ふつうは「夕食」をさすよ。

 # 363

its

イッ[its]

代 それの

英検 5 | CEFR A1

it の所有格。

▶▶ 10ページ「代名詞」

 # 364

able

エイボゥ[éibl]

形 できる

英検 3 | CEFR B1

▶ You will **be able to** speak English better.

（あなたはもっとじょうずに英語を話**せる**ようになるでしょう。）

be able to ～で「**～できる**」の意味。

 # 365

hand

ヘァンド[hænd]

名 手

英検 5 | CEFR A1

① What do you have in your **hand**?

（あなたは**手**に何を持っていますか。）

② **on one hand ～, on the other hand …**

（**一方では～，また他方では[その一方で]…**）

🔺関連 He **handed** her a book.（彼は彼女に本を**手渡し**ました。）

動詞で「**～を手渡す**」という意味もある。

☑まとめて**CHECK!** 「手」「足」の使い分け

foot
（足首から先）

leg
（ももから足首）

arm（うで）　hand（手首から指先）

## 53

366
Australia
オーストレイリャ[ɔ:stréiljə] （発音）

名 オーストラリア

英検 5

▶▶ 293ページ「国・地域」

367
enough
イナッ[ináf] （発音）

形 十分な　副 十分に

英検 3 ｜ CEFR A2

① I don't have **enough** money.

（私は**十分な**お金を持っていません。）

② He was kind **enough to** carry my bag.

（彼は私のかばんを運んでくれる**ほど十分**親切でした。）

… enough to ～ で「～するのに十分…」という意味。

368
few
フュー[fju:]

形 （a fewで）少数の

英検 5 ｜ CEFR A2

① **a few** days later （**2, 3日後**）

　数えられる名詞の前で使う。あとの名詞は複数形にする。

② **only a few** people （ごく少数の人々）

発展 I have **few** friends in Tokyo.

（私は東京に友達は**ほとんどいません**。）

　few だけだと「**ほとんどない**」という否定的な意味になる。

369
four
（つづり）
フォーァ[fɔ:r]

名 形 4 （の）

英検 5 ｜ CEFR A1

▶▶ 20ページ「基数と序数」

 # 370

英検 4 | CEFR A1

wonderful
ワンダフォ [wʌ́ndərfl]

形 すばらしい

比 more 〜 ー most 〜

▶ I had a **wonderful** time in Australia.
（私はオーストラリアで**すばらしい**時間を過ごしました。）

 # 371

英検 3 | CEFR A1

person
パースン [pə́ːrsn]

名 人

▶ a nice **person**（親切な**人**）

関連 **people** 名 人々　**personal** 形 個人の

 # 372

英検 4 | CEFR A1

clothes
クロウズ [klouz]　発音

名 衣服

▶ change **clothes**（**衣服**を着替える）

関連 **cloth** 名 布　注意 **close** 動 〜を閉じる

 # 373

英検 4 | CEFR A1

anything
エニスィング [éniθiŋ]

代 （疑問文で）何か
（否定文で）何も（〜ない）

① He did**n't** say **anything**.（彼は**何も**言い**ません**でした。）

② Do you have **anything** to do tomorrow?
（あなたはあす**何か**することがありますか。）

難関 You can drink **anything** you like.
（あなたが好きなものを**何でも**飲んでいいですよ。）

肯定文では「**何でも**」という意味を表す。

 # 374

plant
プレァント[plænt]

英検 4 | CEFR A2

名 植物
動 を植える

① grow **plants** （植物を育てる）
② **plant** trees （木を植える）
関連 **animal** 名 動物

 # 375

true
トルー[truː]

英検 3 | CEFR A1

形 本当の

① That's **true**. （それは**本当**です。／その**通り**です。）
② Your dream will **come true**.
（あなたの夢は**実現する**でしょう。）

come true で「**(夢などが)実現する**」という意味になる。

 # 376

tree
トリー[triː]

英検 5 | CEFR A1

名 木

▶ under the **tree** （その**木**の下に）

 # 377

point
ポイント[point]

英検 3 | CEFR A1

名 点

① a good **point** （よい**点**，長所）
② a different **point** of view （違った**観点**[意見]）
③ She **pointed** to the building.
（彼女はそのビルを**指さし**ました。）

動詞として，**point to ～** で「**～を指さす**」という意味もある。

133

378

science 〔つづり〕

サイエンス[sáiəns]

名 理科, 科学

英検 5 | CEFR A1

▶ a **science** teacher（理科の先生）

関連 **scientist** 名 科学者　**scientific** 形 科学的な

379

front

フラント[frʌnt]　〔発音〕

名 前

英検 3 | CEFR A1

① meet **in front of** the station（駅の前で会う）

in front of ～ で「**～の前で**」という意味になる。

② the **front** door（正面玄関）

380

grandmother

グランマザァ[grǽndmʌðər]

名 祖母

英検 5 | CEFR A1

関連 **grandfather** 名 祖父　**mother** 名 母

381

lesson

レスン[lésn]

名 授業, レッスン, 教訓

英検 5 | CEFR A1

▶ take piano **lessons**（ピアノの**レッスン**を受ける）

382

computer

コンピューターァ[kəmpjúːtər]

名 コンピューター

英検 5 | CEFR A1

▶ use a **computer**（コンピューターを使う）

関連 **e-mail** 名 （電子）メール

383
grandfather
グレァンファーザァ[grǽndfɑ̀:ðər]

名 祖父

英検 5 | CEFR A1

関連 **grandmother** 名 祖母　**grandparents** 名 祖父母

384
mom
マーム[mɑm]

名 お母さん

英検 5 | CEFR A1

子どもが「お母さん」と呼びかけるときの言い方。

関連 **mother** 名 母　**dad** 名 お父さん

385
store
ストーア[stɔːr]

名 店

英検 5 | CEFR A1

▷ go to a **store** to buy something to eat

（何か食べるものを買いに**店**に行く）

関連 **shop** 名 店

386
sing
スィング[siŋ]

動 を歌う

英検 5 | CEFR A1

―― 過 sang[**セァ**ング] ― sung[**サ**ング]

▷ **sing** a song（歌**を歌う**）

✓まとめてCHECK! 動詞の語尾に -er をつけて「人」を表す語

teach（教える）	→ **teacher**（教師）	write（書く）	→ **writer**（作家）
play（する）	→ **player**（選手，演奏者）	drive（運転する）	→ **driver**（運転手）
sing（歌う）	→ **singer**（歌手）	paint（描く）	→ **painter**（画家）
dance（踊る）	→ **dancer**（ダンサー）	lead（導く）	→ **leader**（指導者）
run（走る）	→ **runner**（走者）	perform（演奏する）	→ **performer**（演奏者）
work（働く）	→ **worker**（働く人）	research（研究する）	→ **researcher**（研究者）

#387
between
ビトウィーン[bitwíːn] 発音

前 （2つ）の間に

英検 4 / CEFR A1

▶ differences **between** Japan **and** China
（日本と中国の間の違い）

between A and B で「**AとBの間に**」の意味。

関連 **among** 前 （3つ以上）の間に

#388
afternoon
アフタヌーン[æftərnúːn]

名 午後

英検 5 / CEFR A1

① **in the afternoon** （午後に）
② **this afternoon** （きょうの午後〈に〉）
③ **Good afternoon.** （こんにちは。）

#389
trip
トリップ[trip]

名 旅行

英検 5 / CEFR A1

▶ go on a school **trip**（修学旅行に行く）

#390
chance
チェアンス[tʃæns]

名 機会, チャンス

英検 3 / CEFR A2

① I **had a chance to** talk with Lisa.
（私はリサと話す機会がありました。）

have a chance to ～ で「**～する機会がある**」という意味。

② It was **a good chance** for me to practice English.
（それは私にとって，英語を練習する**よい機会**でした。）

 # 391

sleep
スリープ[slíːp]

動 眠る

英検 5 | CEFR B1

— 過 slept[スレプト] — slept

▶ Did you **sleep well** last night?（あなたは昨夜**よく眠り**ましたか。）

(関連) **sleepy** 形 眠い

 # 392

scientist
サイエンティスト[sáiəntist]

名 科学者

英検 3 | CEFR A1

▶ **Scientists** say that this is important.

（**科学者たち**はこれは重要だと言っています。）

 # 393

company
カンパニ[kʌ́mpəni]

名 会社

英検 4 | CEFR A2

— 複 companies

 # 394

fun
ファン[fʌ́n]

名 楽しいこと
形 楽しい, おもしろい

英検 4 | CEFR A1

① We **had a lot of fun**.（私たちは**大いに楽しみ**ました。）

have fun で「**楽しむ**」という意味。

② That **sounds like fun**!／That **sounds fun**!

（〈相手の話を受けて〉それは**おもしろそうですね**!）

③ How was the trip? — It was **fun**.

（旅行はどうでしたか。—**楽しかった**です。）

(関連) **funny** 形 おかしな, おもしろい

 # 395

sell

セッ[sel]

動 を売る

英検 **4** | CEFR **A1**

┗ 過 sold[ソウゥド] ― sold

▶ **sell** my old car（私の古い車を売る）

関連 **buy** 動 ～を買う

 # 396

ten

テン[ten]

名 形 10（の）

英検 **5** | CEFR **A1**

▶▶ 20ページ「基数と序数」

 # 397

both

ボウス[bouθ]

◀つづり

形 両方の　代 両方

英検 **4** | CEFR **A1**

① **Both** of them are tall.（彼らは**ふたりとも**背が高い。）

② study **both** English **and** Japanese
（英語と日本語**の両方**を勉強する）

> **both A and B** で「**AとBの両方とも**」という意味になる。

③ **both** hands（両手）

 # 398

lose

ルーズ[lu:z]

動 を失う, に負ける

英検 **4** | CEFR **A2**

① **I've lost** my bag.（私はかばん**をなくし**ました。）

② They **lost** the game.（彼らはその試合**に負け**ました。）

関連 **win** 動 ～に勝つ

 # 399

英検 **4** | CEFR **A1**

glad
グレァド[glæd]

形 うれしい

▷ **I'm glad to** hear that.

（私はそれを聞いて**うれしいです**。）

be glad to ～ で「**～してうれしい**」という意味。

図園 **sad** 形 悲しい

 # 400

英検 **5** | CEFR **A1**

mountain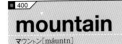
マウンテン[máuntn]

名 山

▷ climb a **mountain**（山に登る）

Mt. Fuji（富士山）のように、
山の名前の前には **Mt.** をつけるよ。

 # 401

英検 **3** | CEFR **A1**

build
ビゥド[bild]

動 を建てる

— 過 built[ビゥト] — built

① **build** a house（家を建てる）

② Our school **was built** 50 years ago.

（私たちの学校は 50 年前に**建てられました**。）

図園 **building** 名 建物

 # 402

英検 **4** | CEFR **A1**

dream
ドリーム[dri:m]

名 夢　動 夢を見る

▷ My **dream** is to be an English teacher.

（私の夢は英語の教師になることです。）

139

 # 403

reason

リーズン[ríːzn]

名 理由

英検 3 ｜ CEFR A1

▷ explain the **reason**（**理由**を説明する）

 # 404

close

動 クロウズ[klouz]　形 クロウス[klous]　（発音）

動 を閉じる, 閉まる
形 ごく近い

英検 5 ｜ CEFR A1

①　**close** the door
（ドア**を閉める**）

②　This library **closes** at six.
（この図書館は 6 時に**閉まります**。）

③　My house is **close** to the station.
（私の家は駅の**近く**にあります。）

> 動詞の close[クロウズ]は
> 形容詞の close[クロウス]
> と発音が異なるので
> 注意が必要だよ。

　この close は形容詞で, 動詞とは発音が異なる。

関連 **open** 動 ～を開く

 # 405

earth

アース[əːrθ]　（発音）

名 地球

英検 3 ｜ CEFR A2

▷ on the **earth**（**地球**上に）

　ふつう the をつけて使う。

関連 **sun** 名 太陽　**moon** 名 月

> **Earth** と大文字で
> 始めることもあるよ。

 # 406

party

パーティ[páːrti]

名 パーティー

英検 5 ｜ CEFR A1

▷ have a birthday **party**（誕生日**パーティー**を開く）

最重要レベル

基本レベル

標準レベル

高得点レベル

超ハイレベル

407

useful

ユースフォ[júːsfl]

英検 **4** | CEFR **A2**

形 役に立つ

比 more ～ ― most ～

▷ The internet is very **useful**.
（インターネットはとても役に立ちます。）

関連 **use** 動 ～を使う 名 使うこと

408

fish

フィシュ[fiʃ]

英検 **5** | CEFR **A1**

名 魚
動 釣りをする

複 fish

① **catch fish**（魚をとる）

② **go fishing**（釣りに行く）

複数形も **fish** で，単数形と同じ形だよ。

409

space

スペイス[speis]

英検 **3** | CEFR **A2**

名 宇宙

① **in space**（宇宙で）

② the International **Space** Station（= the ISS）
（国際宇宙ステーション）

410

swim

スウィム[swim]

英検 **5** | CEFR **A1**

動 泳ぐ

過 swam[スウェァム] ― swum[スワム] ing形 swimming つづり

① **swim** in the sea（海で泳ぐ）

② **go swimming**（泳ぎに行く）

411

table
テイボゥ[téibl]

名 テーブル

英検 5 | CEFR A1

▷ the cup on the **table**（テーブルの上のカップ）

関連 **desk** 名 机

412

traditional
トラディショナゥ[trədíʃənəl]

形 伝統的な

英検 3 | CEFR A2

▷ **traditional** Japanese culture（伝統的な日本文化）

関連 **tradition** 名 伝統

413

TV
ティーヴィー[tíːvíː]

名 テレビ

英検 5 | CEFR A1

▷ watch a soccer game **on TV**
（テレビでサッカーの試合を見る）

television を
省略した語だよ。

414

free
ッフリー[friː]

形 自由な, ひまな

英検 4 | CEFR A1

① Are you **free** next Saturday?
（次の土曜日は**ひま**ですか。）

② What do you do **in your free time**?
（あなたは**ひまなとき**は何をしますか。）

③ a **free** ticket（無料のチケット）

　「無料の, ただの」という意味もある。

関連 **busy** 形 忙しい

415

agree
アグリー[əgríː]

英検 3 | CEFR A1

動 同意する

① <u>I agree.</u>（同感です。）

② <u>I agree with you.</u>（あなたの意見に賛成です。）

例題 He **agreed** to join us.（彼は私たちに加わることに**同意しました**。）

関連 **disagree** 動 意見が合わない

416

tennis
テニス[ténis]

英検 5 | CEFR A1

名 テニス

① **play tennis**（テニスをする）

② play **table tennis**（卓球をする）

table tennis で「**卓球**」の意味になる。

417

while
ヮワイッ[hwail]

英検 3 | CEFR A2

接 ～する間に

① He visited some temples **while** he was in Nara.

（彼は奈良にいる**間に**いくつかのお寺を訪れました。）

② **for a while**（しばらくの間）

名詞で「**しばらくの間**」という意味になる。

③ **after a while**（しばらくして）

418

hospital
ハースピトゥ[háspitl]

英検 5 | CEFR A1

名 病院

▶ She **is** still **in the hospital**.（彼女はまだ**入院しています**。）

最重要レベル

基本レベル

標準レベル

高得点レベル

超ハイレベル

419

junior
デューニャ[dʒúːnjər]

形 （年齢や地位が）**下の**

英検 5 ｜ CEFR A2

▶ a **junior** high school （中学校）

関連 **senior** 形 （年齢や地位が）上の

420

someone
サムワン[sámwʌn]

代 **だれか**

英検 3 ｜ CEFR A1

▶ I'm looking for **someone** who can speak Chinese.
（私は中国語が話せる**だれか**をさがしています。）

単数扱いをする。ふつう**肯定文**で使う。否定文や疑問文では，**anyone**
を使うことが多い。

421

player
プレイァァ[pléiər]

名 **選手，プレーヤー**

英検 5 ｜ CEFR A1

▶ a good soccer **player** （じょうずなサッカー選手）

a good 〜 player は「じょうずに（スポーツ）をする人」という意味になる。

関連 **play** 動 （スポーツなど）をする，（楽器）を演奏する

422

break ◀ツづリ
ブレイク[breik]

動 **をこわす，こわれる**
名 **休けい**

英検 4 ｜ CEFR A2

— 過 broke[ブロウク] － broken[ブロウクン]

❶ My bike is **broken**. （私の自転車は**こわれ**ています。）

❷ She **broke** her leg. （彼女は足を**骨折**しました。）

❸ take a **break** （休けいする）

423

program
プロウグレァム[próugræm]

英検 4 | CEFR A1

名 番組, プログラム

① a TV **program** （テレビ番組）

② join a work experience **program**（職業体験**プログラム**に参加する）

424

excited
イク**サ**イティド[iksáitid]

英検 4 | CEFR A1

形 興奮した

① I **was excited** to see the game.

（私はその試合を見て**わくわくしました**。）

② **excited** fans （**興奮した**ファン）

関連 **exciting** 形 わくわくさせる

▶▶ 14ページ「形容詞として使われる-ing / -ed」

425

care
ケアァ[keər]

英検 4 | CEFR A1

名 注意, 世話

① **take care of** the flowers （その花の**世話をする**）

take care of 〜で**「〜の世話をする」**という意味。

② **Take care.**（気をつけてね。）

対related I don't **care**. （私は**気にしません**。）

動詞で**「〜を気にする」**という意味もある。

426

strong
ストローング[strɔːŋ]

英検 4 | CEFR A1

形 強い

関連 **weak** 形 弱い

最重要レベル

基本レベル

標準レベル

高得点レベル

超ハイレベル

427
sit
スィット[sit]

動 すわる

英検 5 | CEFR A1

過 sat[セァット] — sat　ing形 sitting

① **sit down**（すわる，腰を下ろす）
② **sit** on a chair（いすに**すわる**）
関連 **stand** 動 立つ

428
spend
スペンド[spend]

動 （お金）を使う，
（時間）を過ごす

英検 3 | CEFR A1

過 spent[スペント] — spent

① **spend** a lot of time（多くの時間を**過ごす**）
② How did you **spend** your vacation?
（あなたは休暇をどのように**過ごしました**か。）

429
vegetable
ヴェヂタボゥ[védʒtəbl]

名 野菜

英検 4 | CEFR A1

▶ grow **vegetables**（**野菜**を育てる）

430
message
メスィヂ[mésidʒ]

名 伝言，メッセージ

英検 4 | CEFR A1

① Can I **take a message**?
（**伝言**をお聞きしましょうか。）
② Would you like to **leave a message**?
（**伝言**を残しますか。）

電話の会話でよく
出る表現だよ。

146

431

rain
レイン[rein]

英検 5 | CEFR A1

 動 雨が降る 名 雨

① It's going to **rain** in the evening.
（夕方に**雨が降る**でしょう。）

② We had a lot of **rain** last week.
（先週，たくさんの**雨**が降りました。）

▷▷ 172ページ「天気に関する語」

432

street
ストリート[striːt]

英検 5 | CEFR A1

名 通り

▷ walk on the **street**（通りを歩く）

 類 road 名 道路

433

math
メァス[mæθ]

英検 5 | CEFR A1

名 数学

▷ study **math**（数学を勉強する）

mathematics
を縮めた形だよ。

434

twenty
トウェンティ[twénti]

英検 5 | CEFR A1

名 形 20（の）

▷▷ 20ページ「基数と序数」

435

basketball
ベァスキッボーゥ[bǽskitbɔːl]

英検 5 | CEFR A1

名 バスケットボール

最重要レベル

基本レベル

標準レベル

高得点レベル

超ハイレベル

436
forget
フォゲト[fərgét] 発音

動 を忘れる

英検 **4** | CEFR **A1**

過 forgot[フォガト] − forgotten[フォガトン] つづり /forgot
ing形 forgetting

① I'll never **forget** this trip.

（私は決してこの旅行のこと**を忘れ**ません。）

② Don't **forget to** turn off the light.

（明かりを消す**のを忘れ**ないでね。）

forget to 〜で「**〜することを忘れる**」という意味になる。

関連 **remember 動** 〜を覚えている，思い出す

437
travel
トレァヴェゥ[trǽvəl]

動 旅行する
名 旅行

英検 **4** | CEFR **A2**

▶ **travel** around the world （世界中を**旅行する**）

関連 **trip 名** 旅行

438
paper
ペイパァ[péipər]

名 紙

英検 **4** | CEFR **A1**

▶ a piece of **paper** （1枚の紙）

paper は数えられない名詞。**a piece of 〜** などの形で数える。

439
river
リヴァァ[rívər]

名 川

英検 **5** | CEFR **A1**

▶ go fishing in the **river** （川へ釣りをしに行く）

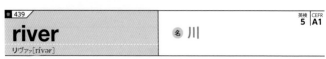

最重要レベル
基本レベル
標準レベル
高得点レベル
超ハイレベル

440

news
ニューズ[njuːz] 　発音

英検 4 ｜ CEFR A1

名 ニュース, 知らせ

▷ I have good **news**. （よい**知らせ**があります。）

> news は数えられない名詞。a をつけたり複数形にしたりしない。

441

share
シェアァ[ʃeər]

英検 3 ｜ CEFR A2

動 を分け合う, を共有する

▷ **share** ideas （考えを**共有する**）

442

easily
イーズィリ[íːzəli]

英検 3 ｜ CEFR A2

副 簡単に

── 比 more ～ ‐ most ～

▷ You can **easily** find the building.
（あなたは**簡単に**その建物を見つけられます。）

道案内でよく使うね。

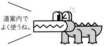

関連 **easy** 形 簡単な

443

body
バーディ[bɑ́di]

英検 3 ｜ CEFR A1

名 体

444

graph
グレアフ[ɡræf]

英検 2 ｜ CEFR B1

名 グラフ

▷ Which **graph** shows the answer to the question?
（どの**グラフ**がその質問の答えを示していますか。）

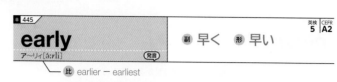

445

early
ア〜リィ[ə́ːrli]　発音

副 早く　形 早い

英検 5 | CEFR A2

比 earlier − earliest

▶ get up **early**（早く起きる）

「時間・時期的に早い」という意味で使う。

関連 **late** 副 遅く　形 遅い　**fast** 副 速く　形 速い

446

draw
ドロー[drɔː]　発音

動 （ペンで絵や図）を描く，（線）を引く

英検 4 | CEFR A2

過 drew[ドルー] − drawn[ドローン]

① **draw** a picture（絵を描く）
② **draw** a line（線を引く）

名詞で「引き分け」という意味もあるよ。

関連 **paint** 動 （絵の具で絵）を描く

447

area
エァリア[éəriə]

名 地域

英検 3 | CEFR A2

▶ a parking **area**（駐車区域）

448

letter
レタァ[létər]

名 手紙

英検 5 | CEFR A1

① **write a letter**（手紙を書く）
② **send a letter**（to 〜）（〈〜に〉手紙を送る）

難関 write in small **letters**（小文字で書く）

「文字」という意味もある。

 # 449

since
スィンス[sins]

英検 **3** | CEFR **B2**

前 接 **～以来（ずっと）**

① I've wanted to be a teacher **since** I was a child.

（私は子ども**のときから**教師になりたいと思っています。）

> 現在完了形（継続）の文でよく使われる。

② He has lived here **since** last year.

（彼は去年**以来**ここに住んでいます。）

 # 450

turn
ターン[tə:rn] （発音）

英検 **4** | CEFR **A1**

動 **曲がる**　名 **順番**

① **turn** left at the second corner
（２つ目の角を左に**曲がる**）

② **turn on** the TV
（テレビ**をつける**）

turn up ～は，
「（テレビなどのボリューム）を
上げる」という意味だよ。

③ Now, it's your **turn.**（さあ，あなたの番です。）

 # 451

contest
カーンテスト[kántest]

英検 **4** | CEFR **A1**

名 **コンテスト**

▶ a speech **contest**（スピーチコンテスト）

 # 452

piano
ピエァノウ[piǽnou] （発音）

英検 **5** | CEFR **A1**

名 **ピアノ**

▶ play the **piano**（ピアノを弾く）

（関連）**guitar** 名 **ギター**　**violin** 名 **バイオリン**

最重要レベル　基本レベル　標準レベル　高得点レベル　超ハイレベル

453
fast
フェアスト[fæst]

副 速く　形 速い

英検 **5** ｜ CEFR **A1**

▶ She runs **fast**. （彼女は**速く**走ります。）

同じ内容を次のように表すこともできる。
→ She is a **fast** runner.

関連 **early** 副 早く 形 早い　**slow** 形 遅い　**slowly** 副 ゆっくりと

454
light ◀つづり
ライト[láit]

名 光, 信号
形 明るい, 軽い

英検 **5** ｜ CEFR **A1**

① turn on the **light** （**明かり**をつける）

② turn right at the second **traffic light**
（2つ目の**信号**で右に曲がる）

③ a **light** lunch （**軽い**昼食）

関連 **dark** 形 暗い　**heavy** 形 重い

「信号」は **light** だけで
表すこともあるよ。

455
winter
ウィンタァ[wíntər]

名 冬

英検 **5** ｜ CEFR **A1**

▶ I like **winter** because I can go skiing.
（私はスキーに行けるので**冬**が好きです。）

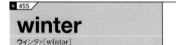

休みが長いから
summer（夏）も
好きだなぁ。

456
baseball
ベイスボーゥ[béisbɔːl]

名 野球

英検 **5** ｜ CEFR **A1**

① watch a **baseball** game （**野球**の試合を見る）

② play **baseball** （**野球**をする）

 # 457

英検 5 | CEFR A1

bird
バ〜ド[bəːrd]

名 鳥

 # 458

英検 4 | CEFR B1

welcome
ウェッカム[wélkəm]

形 歓迎される

間 ようこそ

① **You're welcome.**（どういたしまして。）

Thank you. に対する応答で使われる。

② **Welcome to** our school.（私たちの学校に**ようこそ**。）

Welcome to 〜. で「〜にようこそ」の意味。

③ a **welcome** party（**歓迎**パーティー）

 # 459

英検 5 | CEFR A1

dad
デァド[dæd]

名 お父さん

子どもが「お父さん」と呼びかけるときの言い方。

 # 460

英検 5 | CEFR A1

p.m.
ピーエム[píːém]

副 午後

▶ at 7 **p.m.**（午後 7 時に）

関連 **a.m.** 副 午前

p.m. は数字のあとに置く。
× p.m. 7 とは言わないよ。

 # 461

英検 5 | CEFR A1

newspaper
ニューズペイパァ[njúːzpeipər] 発音

名 新聞

▶ read the **newspaper**（**新聞**を読む）

最重要レベル

基本レベル

標準レベル

高得点レベル

超ハイレベル

462

off
オーフ[ɔːf]

副 前 **離れて**

英検 **5** | CEFR **A1**

① **get off** the bus （バスを降りる）

② **take off** my shoes （くつをぬぐ）

③ **turn off** the light （明かりを消す）

off の反対は **on**。
get on ～は
「～に乗る」の意味。

463

dance
ダンス[dæns]

名 **踊り** 動 **踊る**

英検 **5** | CEFR **A1**

464

warm
ウォーム[wɔːrm] （発音）

形 **暖かい, 温かい**

英検 **5** | CEFR **A1**

▶ It's sunny and **warm** today. （きょうは晴れて**暖かい**です。）

⏩ 172ページ「天気に関する語」

465

environment （つづり）
インヴァイランメント[inváirənmənt]

名 **環境**

英検 **3** | CEFR **B2**

▶ protect the **environment** （環境を守る）

関連 **environmental** 形 **環境の**

466

present
プレズント[prézNt]

名 **贈り物, プレゼント**

英検 **5** | CEFR **B1**

▶ buy a birthday **present** for her

（彼女に誕生日**プレゼント**を買う）

## 65

467
fall
フォーゥ[fɔːl]

名 秋
動 落ちる

英検 5 | CEFR B1

過 fell[フェゥ] — fallen[フォールン]

① in **fall** （秋に）
② **fall** down（倒れる）

468
waste
つづり

ウェイスト[weist]

名 むだ, 廃棄物
動 をむだにする

英検 3 | CEFR B1

① It's a **waste** of money. （それはお金の**むだ**です。）
② Don't **waste** food. （食べ物を**むだ**にしてはいけません。）
③ reduce **waste**（**むだ**[**廃棄物**]を減らす）

469
red
レッ[red]

名 形 赤（い）

英検 5 | CEFR A1

① wear a **red** dress （**赤い**ドレスを着ている）
② The traffic light turned **red**.
（信号が**赤**になりました。）

同音 read 動 read（読む）の過去形・過去分詞

470
carry
ケァリ[kǽri]

動 を運ぶ

英検 4 | CEFR A1

3単現 carries 過 carried

▷ Could you **carry** this box to the next room?
（この箱を**となり**の部屋に**運ん**でくださいませんか。）

最重要レベル

基本レベル

標準レベル

高得点レベル

超ハイレベル

155

471
human
ヒューマン[hjúːmən]
形 人間の

英検 3 ｜ CEFR A2

▶ a **human being**（人間）

472
floor
フローァ[flɔːr]
名 床，階

英検 5 ｜ CEFR A1

▶ the first **floor**（1 階）

473
sad
セァド[sæd]
形 悲しい

英検 4 ｜ CEFR A1

比 sadder － saddest

❶ I'm **sad to** hear that.（私はそれを聞いて**悲しい**です。）

be sad to ～ で「～して悲しい」という意味。

❷ He looked **sad**.（彼は**悲しそう**でした。）

関連 **happy，glad** 形 うれしい

474
until
アンティゥ[əntíl]
前 接 ～まで（ずっと）

英検 4 ｜ CEFR B1

❶ wait **until** tomorrow（あした**まで**待つ）

ある状態が継続していることを表す。

❷ Let's wait inside **until** the rain stops.

（雨がやむ**まで**中で待ちましょう。）

until ～の中では，未来のことでも**現在形**で表す。

関連 **by** 前 ～までに

## 66

475

third
サ～ド[θəːrd] 発音

名 形 3番目（の）

英検 5 | CEFR A2

▶▶ 20ページ「基数と序数」

476

finally
ファイナリ[fáinəli]

副 最後に，ついに

英検 3 | CEFR A2

▶ I've **finally** finished my homework.

（私は**ついに**宿題を終えました。）

関連 **final** 形 最後の　**at last** 熟 ついに，とうとう

477

almost
オーゥモウスト[ɔ́ːlmoust]

副 ほとんど，もう少しで

英検 4 | CEFR A1

① **almost** every day （ほとんど毎日）

② It's **almost** two o'clock. （もう少しで 2 時です。）

478

art
アート[ɑːrt]

名 芸術，美術

英検 5 | CEFR A1

関連 **artist** 名 芸術家

479

test
テスト[test]

名 テスト，試験

英検 5 | CEFR A1

▶ have a math **test** （数学の**テスト**がある）

関連 **exam** 名 試験　**quiz** 名 クイズ，小テスト

480

end
エンド[end]

名 終わり 動 終わる

英検 4 | CEFR A1

① **at the end of** the day （その日の終わりに）

② The movie will **end** at five.
（映画は 5 時に**終わる**でしょう。）

関連 **beginning** 名 始まり **begin, start** 動 始まる

481

pay
ペイ[pei]

動 を支払う

英検 3 | CEFR A1

— 過 paid[ペイド] — paid つづり

▶ **pay** 1,000 yen for the book （その本に 1,000 円を**支払う**）

482

building つづり
ビッディング[bíldiŋ]

名 建物

英検 5 | CEFR A1

関連 **build** 動 ～を建てる

483

clock
クラーク[klɑk]

名 （置き）時計

英検 5 | CEFR A1

関連 **watch** 名 腕時計

484

check
チェック[tʃek]

動 を調べる, を確認する

英検 4 | CEFR A1

▶ **check** the weather （天気を**調べる**）

485

doctor ◀つづり

ダークタァ[dáktər]

英検 5 / CEFR A1

名 医師

▶ see a **doctor** （医者にみてもらう）

関連 **hospital** 名 病院　**nurse** 名 看護師

486

stand

ステアンド[stænd]

英検 5 / CEFR A1

動 立つ

過 stood[ストゥド] － stood

① **stand up** （立ちあがる）

例文 I **can't stand** it. （私はそれをがまんできません。）

「〜をがまんする」という意味もある。

関連 **sit** 動 すわる

487

bed

ベド[bed]

英検 5 / CEFR A1

名 ベッド

① **go to bed** （寝る，床につく）

② She **is sick in bed**. （彼女は病気で寝ています。）

be sick in bed で「病気で寝ている」の意味になる。

488

quickly

クウィクリ[kwíkli]

英検 3 / CEFR A1

副 すばやく

比 more 〜 － most 〜

▶ move **quickly** （すばやく動く）

関連 **quick** 形 すばやい　**slowly** 副 ゆっくりと

最重要レベル

基本レベル

標準レベル

高得点レベル

超ハイレベル

 # 489

under 〈つづり〉

アンダァ[ʌ́ndər]

前 ～の下に

英検 5 | CEFR A1

▶ **under** the table （テーブル**の下に**）

(関連) **over** 前 ～の上に

 # 490

arrive

アライヴ[əráiv]

動 到着する

英検 4 | CEFR A1

① **arrive at** the station （駅に到着する）

　駅や建物など比較的せまい「地点」に到着するときは **arrive at ～** を使う。

② **arrive in** New York （ニューヨークに到着する）

　都市や国などに到着するときは **arrive in ～** を使う。

(関連) **get to ～** 熟 ～に着く　**reach** 動 ～に着く

 # 491

smartphone

スマートフォウン[smáːrtfoun]

名 スマートフォン

英検 3

▶ use a **smartphone** （スマートフォンを使う）

(関連) **cellphone** 名 携帯電話

 # 492

cold

コウゥド[kould] 〈発音〉

形 寒い, 冷たい
名 かぜ

英検 5 | CEFR A1

① It's very **cold** today. （きょうはとても寒いです。）

② I have a **cold**. （私はかぜをひいています。）

　have a cold で「かぜをひいている」という意味になる。

(関連) **hot** 形 暑い, 熱い

## 68

493
late
レイト[leit]

形 遅い, 遅れた
副 遅く

英検 5 | CEFR A1

① Don't **be late for** school.

（学校**に遅刻し**てはいけません。）

> **be late for 〜** で「**〜に遅れる**」という意味になる。

② study until **late** at night（夜遅**く**まで勉強する）

関連 **later** 副 あとで　**latest** 形 最新の

494
ever
エヴァァ[évər]

副 今までに

英検 3 | CEFR A2

▶ Have you **ever** been to Osaka?

（あなたは**今までに**大阪に行ったことがありますか。）

> 経験を表す**現在完了形**の疑問文でよく使われる。

関連 **never** 副 決して〜ない

495
collect
コレクト[kəlékt]

動 を集める

英検 4 | CEFR A1

▶ **collect** cans as volunteer work

（ボランティア活動として缶**を集める**）

関連 **collection** 名 収集

496
local
ロウカッ[lóukəl]

形 地元の, その地域の

英検 3 | CEFR A2

▶ **local** food（**地元**料理）

最重要レベル

基本レベル

標準レベル

高得点レベル

超ハイレベル

497

hot
ハート[hɑt]

形 暑い, 熱い

英検 5 | CEFR A1

比 hotter − hottest

① It was very **hot** yesterday. （きのうはとても暑かった。）

② **hot water**（お湯）

関連 **cold** 形 寒い, 冷たい

▶▶ 172ページ「天気に関する語」

498

rice
ライス[rais]

名 米, ご飯, 稲

英検 5 | CEFR A1

▶ a **rice ball**（おにぎり）

関連 **bread** 名 パン

499

borrow
バーロウ[bárou]

動 を借りる

英検 4 | CEFR A1

▶ Can I **borrow** your umbrella?

（あなたのかさを借りてもいいですか。）

関連 **lend** 動 ～を貸す

500

spring
スプリング[spriŋ]

名 春

英検 5 | CEFR A1

① **spring** vacation（春休み）

② a hot **spring**（温泉）

やったー! 500 語突破!
だんだん単語力がついてきているね。

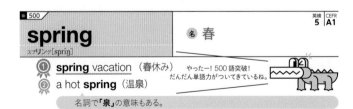

名詞で「**泉**」の意味もある。

## 69

501
cake
ケイク[keik]

英検 5 | CEFR A1

名 ケーキ

502
save
セイヴ[seiv]

英検 3 | CEFR A1

動 を救う, を節約する

① **save** the earth （地球を救う）

② **save** money （お金をためる）

503
e-mail
イーメイル[íːmeil]

英検 5 | CEFR A1

名 （電子）メール

① Thank you for your **e-mail**. （メールをありがとう。）

② get an **e-mail** （メールを受け取る）

関連 **text** 名 携帯メール 動 携帯メールを打つ

504
ride
ライド[raid]

英検 5 | CEFR A1

動 に乗る

過 rode[ロウド] － ridden[リドン]

▶ **ride** a bike （自転車に乗る）

505
meeting
ミーティング[míːtiŋ]

英検 4 | CEFR A1

名 会合, 会議

▶ have a soccer club **meeting** （サッカー部の会合を開く）

関連 **meet** 動 ～に会う

506
already ◀つづり
オーゥレディ[ɔ:lrédi]

英検 4 | CEFR A1

副 すでに, もう

① I've **already** finished my homework.
（私は**すでに**宿題を終えています。）

> 現在完了形(完了)の文でよく使う。

② It was **already** dark. （**もう**暗くなっていました。）

関連 **yet** 副 （疑問文で）**もう**, （否定文で）**まだ**

507
tired
タイアァド[táiərd]

英検 5 | CEFR A1

形 疲れた

① I was very **tired**. （私はとても**疲れ**ていました。）

② I'm **tired of** reading this book.
（私はこの本を読み**あきています**。）

> **be tired of ～** で「**～にあきている**」という意味。

508
outside
アウトサイド[autsáid]

英検 4 | CEFR B2

前 ～の外に 名 外側

▶ wait **outside** the classroom （教室**の外**で待つ）

関連 **inside** 前 ～の中に 名 内側

509
door
ドーァ[dɔ:r]

英検 5 | CEFR A1

名 ドア

▶ open the **door** （**ドア**を開ける）

関連 **window** 名 窓

510

six
スィクス[siks]

英検 5 CEFR A1

名 形 6 (の)

▶▶ 20ページ「基数と序数」

511

feeling
フィーリング[fíːliŋ]

英検 3 CEFR A1

名 気持ち, 感情

① show my **feelings** (自分の**感情**を外に出す)

② understand your **feelings** (あなたの**感情**を理解する)

関連 **feel** 動 感じる

512

actually
エァクチュアリ[ǽktʃuəli]

英検 3 CEFR A2

副 実際には

▶ **Actually** I don't like cats. (実は私はねこが好きではありません。)

513

vacation
ヴェイケイション[veikéiʃən] 発音

英検 4 CEFR A1

名 休暇

① during summer **vacation** (夏休みの間に)

② **How was your winter vacation?**
(冬休みはどうでしたか。)

関連 **holiday** 名 祝日, 休日

514

zoo
ズー[zuː]

英検 5 CEFR A1

名 動物園

最重要レベル

基本レベル

標準レベル

高得点レベル

超ハイレベル

165

515
busy
ビズィ[bízi] 〈つづり〉

形 忙しい

英検 4 ｜ CEFR A1

比 busier − busiest

① He was **busy** yesterday. （彼はきのう**忙し**かった。）

② My father **is** always **busy with** his work.
（父はいつも仕事で**忙しい**です。）

ひまだあ〜。

be busy with 〜 で「**〜で忙しい**」という意味になる。

関連 **free** 形 ひまな

516
bottle
バートォ[bátl]

名 びん

英検 4 ｜ CEFR A1

▶ a **plastic bottle** cap （ペットボトルのふた）

関連 **can** 名 缶

517
abroad
アブロード[əbrɔ́ːd] 〈つづり〉

副 外国に

英検 3 ｜ CEFR A2

① **study abroad** （留学する，外国で勉強する）

② go **abroad** （外国に行く）

関連 **foreign** 形 外国の

abroad の前に，
in や to などの
前置詞はつかないよ。

518
create
クリエイト[kriéit]

動 を創造する

英検 準2 ｜ CEFR A2

▶ **create** a new system （新しいシステムをつくりだす）

関連 **creative** 形 創造力のある，独創的な

519
goal
ゴウゥ[goul] （発音）

名 ゴール, 目標

英検 4 / CEFR A1

▶ reach the **goal**（**ゴール**に着く, **目標**を達成する）

520
produce
プロデュース[prədjúːs]

動 を生産する

英検 準2 / CEFR A2

▶ **produce** energy（エネルギー**を生産する**）

521
left
レフト[left]

副 左に　形 左の

英検 5 / CEFR A1

① turn **left**（**左に**曲がる）
② on your **left**（あなたの**左側**に）
(関連) **right** 副 右に　形 右の

leave（去る）の
過去形・過去分詞
と同じ形だよ。

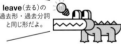

522
breakfast
ブレクファスト[brékfəst]

名 朝食

英検 5 / CEFR A1

▶ What do you usually have for **breakfast**?
（あなたはふだん**朝食**に何を食べますか。）

(関連) **lunch** 名 昼食　**dinner** 名 夕食

523
university
ユーニヴァ〜スィティ[juːnəvɚ́ːrsəti]

名 （総合）大学

英検 4 / CEFR A2

—— 複 universities　(関連) **college** 名 大学

最重要レベル

基本レベル

標準レベル

高得点レベル

超ハイレベル

524

eye
アイ[ai] ◀つづり

英検 **5** | CEFR **A1**

名 目

▶ open my **eyes** （目を開ける）

同音 I 代 私は[が]

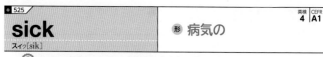

525

sick
スィック[sik]

英検 **4** | CEFR **A1**

形 病気の

① help **sick** people （病気の人たちを助ける）

② I **was sick in bed** all day.
（私は1日中病気で寝ていました。）

526

solve
サーウヴ[sɑlv]

英検 **準2** | CEFR **A1**

動 を解く, を解決する

▶ **solve** the problem （問題を解決する）

527

Canada
キャナダ[kǽnədə]

英検 **5**

名 カナダ

▶▶ 293ページ「国・地域」

528

tea
ティー[ti:]

英検 **5** | CEFR **A1**

名 紅茶, お茶

▶ a cup of **tea** （1杯の紅茶）

関連 **coffee** 名 コーヒー

 # 529

blue ◀つづり

ブルー[bluː]

名 形 青（い）

英検 **5** ｜CEFR **A1**

▶ a **blue** sky（青空）

 # 530

classroom

クレアスルーム[klǽsruːm]

名 教室

英検 **5** ｜CEFR **A1**

▶ clean the **classroom**（教室をそうじする）

関連 **class** 名 授業，クラス　**classmate** 名 クラスメイト

 # 531

opinion

アピニョン[əpínjən]

名 意見

英検 **3** ｜CEFR **A2**

 in my **opinion**（私の意見では）

I have a different **opinion**.（私は違った意見を持っています。）

express my **opinion**（自分の意見を表明する）

 # 532

shirt

シャ〜ト[ʃəːrt]

名 シャツ

英検 **5** ｜CEFR **A1**

▶ This **shirt** is too big for me.

（このシャツは私には大きすぎます。）

 # 533

American

アメリカン[əmérikən]

形 アメリカの
名 アメリカ人

英検 **3**

 293ページ「国・地域」

534
thirty
サーティ [θə́ːrti]

名 形 30（の）

英検 **5** CEFR **A1**

▶▶ 20ページ「基数と序数」

535
improve
インプルーヴ [imprúːv]

動 を改良する，を上達させる

英検 **準2** CEFR **A2**

 **improve** my English（私の英語**を上達させる**）

② I think AI will **improve** our lives.
（AI［人工知能］は私たちの生活**をよりよくする**と思います。）

536
office
オーフィス [ɔ́ːfis]

名 事務所

英検 **5** CEFR **A1**

▶ the nurse's **office**（保健室）

537
support
サポート [səpɔ́ːrt]

動 を支援する，を支持する
名 支援

英検 **2** CEFR **A2**

▶ **support** a volunteer group
（ボランティアのグループ**を支援する**）

538
continue
コンティニュー [kəntínjuː]

動 を続ける

英検 **3** CEFR **A2**

▶ **continue to** study English（英語を勉強し続ける）

 **continue to 〜 / continue 〜ing で「〜し続ける」。**

## 73

539

protect
プロテクト[prətékt]

動 を保護する

① **protect** nature （自然を守る）

② **protect** ourselves in an emergency（緊急時に自分たちの身を守る）

540

guitar
ギターァ[gitá:r]　(発音)

名 ギター

▶ play the **guitar** （ギターを弾く）

541

concert
カーンサート[kánsə:rt]

名 コンサート

▶ have [give] a **concert** （コンサートを開く）

542

piece
ピース[pi:s]

名 1つ, かけら

① **a piece of** paper （1 枚の紙）

② **two pieces of** advice （2 つの忠告）

熟語 break into **pieces** （こなごなにこわれる）

同音 peace **名** 平和

a piece of ~は,
数えられない名詞
を数えるときに
使うんだね。

543

subject
サブヂェクト[sʌ́bdʒekt]

名 教科, （メールなどの）件名

▶ my favorite **subject** （私の大好きな教科）

544
project
プラーヂェクト[prάdʒekt]

名 計画

英検 **4** | CEFR **B2**

545
die
ダイ[dai]　（発音）

動 死ぬ

英検 **3** | CEFR **A2**

ing形 dying （つづり）

▶ The elephant **died** in 2000.（そのゾウは 2000 年に**死**にました。）

関連 **dead** 形 死んでいる　**death** 名 死

546
worker
ワ〜カァ[wə́ːrkər]

名 働く人

英検 **3** | CEFR **A1**

▶ an office **worker**（会社員 ← 会社で働く人）

547
weather　（つづり）
ウェザァ[wéðər]

名 天気

英検 **5** | CEFR **A1**

① **How's the weather** today?
（きょうの**天気**はどうですか。）

② The **weather** was bad yesterday.
（きのうの**天気**は悪かったです。）

☑ まとめてCHECK! 天気に関する語

太陽	sun	晴れた	sunny	暑い	hot
雲	cloud	くもりの	cloudy	暖かい	warm
雨が降る	rain	雨の	rainy	すずしい	cool
雪が降る	snow	雪の	snowy	寒い	cold

## 74

548

village ◀つづり

ヴィリッヂ[vílidʒ]

英検 4 / CEFR A2

名 村

▶ people in the **village**（その村の人たち）

[関連] **town** 名 町　**city** 名 都市, 市

549

drive

ドライヴ[draiv]

英検 4 / CEFR A1

動 を運転する, 車で行く

— 過 drove[ドロウヴ] － driven[ドリヴン]

▶ **drive** a car（車を運転する）

[関連] **driver** 名 運転手

550

white

フワイト[hwait]

英検 5 / CEFR A1

名 形 白(い)

[関連] **black** 名 形 黒(い)

551

card

カード[kɑːrd]

英検 4 / CEFR A1

名 カード, はがき

▶ write a Christmas **card**
（クリスマス**カード**を書く）

play cards は「トランプをする」
という意味になるよ。

552

machine ◀つづり

マシーン[məʃíːn]

英検 3 / CEFR A1

名 機械

▶ a vending **machine**（自動販売機）

# 553 **cat** ケァト[kæt]	名 ねこ

英検 5 / CEFR A1

# 554 **season** 〈つづり〉 スィーズン[síːzn]	名 季節

英検 4 / CEFR B1

① **Which season do you like the best?**
（あなたはどの季節がいちばん好きですか。）

② **the best season to** go there
（そこへ行くのにいちばんよい季節）

# 555 **everything** エヴリスィング[évriθiŋ]	代 あらゆること

英検 4 / CEFR A1

① Thank you for **everything**.
（いろいろとありがとうございます。）

everything が主語の
ときは、動詞の形に
注意が必要。

② **Everything** was new to me.
（あらゆることが私には新しかったです。）

everything が主語のときは **3 人称単数扱い**にする。

# 556 **realize** リーアライズ[ríːəlaiz]	動 をさとる、に気づく、 を実現する

英検 準2 / CEFR A2

① I **realized** that I was wrong.
（私は自分が間違っていると気づきました。）

② **realize** my dream（自分の夢を実現する）

関連 **real** 形 本当の、現実の

## 75

557
beach
ビーチ[biːtʃ]

名 浜辺

英検 4 | CEFR A1

558
catch
ケァチ[kætʃ]

動 をつかまえる

英検 4 | CEFR A1

過 caught[コート] − caught 〈つづり〉

① **catch** fish （魚をとる）

② **catch** a cold （かぜをひく）

難問 **catch** the train （その電車に間に合う）

「かぜをひいている」という状態は、**have a cold** だよ。

「(乗り物)に間に合う」という意味もある。

関連 **miss** 動 〜をのがす，(乗り物)に乗り遅れる

559
health 〈つづり〉
ヘッス[helθ]

名 健康

英検 準2 | CEFR A1

▶ good for our **health** （私たちの健康によい）

560
ice
アイス[ais]

名 氷

英検 5 | CEFR A1

▶ **ice** cream （アイスクリーム）

ice は数えられない名詞。an をつけないし，複数形もないよ。

561
Friday 〈つづり〉
フライデイ[fráidei]

名 金曜日

英検 5 | CEFR A1

▶▶ 84ページ「曜日」

562

performance
パフォーマンス[pərfɔ́ːrməns]

名 演技, 演奏

英検 3 | CEFR A2

▶ Your **performance** was great.

（あなたの**演技**はすばらしかったです。）

関連 **perform** 動 上演する, 演奏する

563

maybe
メイビ[méibi]

副 もしかしたら（〜かもしれない）

英検 5 | CEFR A1

▶ **Maybe** he is right. （**もしかしたら**彼が正しい**かもしれません**。）

確信がないとき（半分以下の確率のとき）に使う。

関連 **probably** 副 たぶん　**perhaps** 副 もしかしたら（〜かもしれない）

564

necessary
ネセセリ[nésəseri]

形 必要な

英検 3 | CEFR A2

比 more 〜 − most 〜

▶ It is **necessary** for us to reduce energy use.

（私たちはエネルギーの使用を減らすことが**必要**です。）

565

face
フェイス[feis]

名 顔

英検 5 | CEFR A1

① There was a smile on his **face**.

（彼の**顔**にほほえみが浮かんでいました。）

② talk **face to face** （向かい合って話す）

face to face で「向かい合って」という意味。

 # 566

garden

ガードン[gá:rdn]

英検 5 | CEFR A1

名 庭園

▶ a vegetable **garden** （菜園, 野菜畑）

 # 567

desk

デスク[desk]

英検 5 | CEFR A1

名 机

▶ the bag on the **desk** （机の上のかばん）

 # 568

August ◀つづり

オーガスト[ɔ́:gəst]

英検 5 | CEFR A1

名 8月

▶▶ 99ページ「月」

 # 569

once ◀つづり

ワンス[wʌns]

英検 4 | CEFR A1

副 1回, かつて

① **once** a week （週に 1 回）

② at **once** （すぐに）

③ My father **once** told a story.
（私の父は**かつて**ある話をしました。）

④ try **once** more （もう一度やってみる）

⚡発展 **once** upon a time （むかしむかし）

once a week の
a は「1 つの〜につき」
という意味だよ。

☑ **まとめてCHECK!** 回数を表す語句

1 回	once	3 回	three times
2 回	twice	4 回	four times
「3 回」以上は, 〜 times		何回も	many times

570
report
リポート[ripɔ́ːrt]

英検 4 | CEFR A2

名 報告, レポート

① write a **report** about volunteer work
（ボランティア活動について**レポート**を書く）

② the **weather report**（**天気予報**）

571
follow
ファーロウ[fálou]

英検 3 | CEFR A2

動 について行く, に従う

① Please **follow** me.（私についてきてください。）

② **follow** the rules（規則**に従う**）

572
dish
ディシュ[diʃ]

英検 4 | CEFR A1

名 皿, 料理

① wash the **dishes**（**食器**を洗う）

② Japanese **dishes**（**日本料理**）

573
host
ホウスト[houst]

英検 4 | CEFR A2

名 主人

▶ my **host family**（私の**ホストファミリー**）

ホームステイ先の
家族のことだよ。

574
customer
カスタマァ[kʌ́stəmər]

英検 4 | CEFR A2

名 （店などの）客, 顧客

 # 575

sign ◀つづり

サイン[sain]

英検 3 | CEFR A1

名 標識, 看板, 記号

① What does that **sign** mean?（あの標識はどういう意味ですか。）

② **sign language**（手話）

「合図，身ぶり」という意味もある。

sign の g は
発音しないよ。

 # 576

short

ショート[ʃɔːrt]

英検 5 | CEFR A1

形 短い，（背が）低い

▶ for a **short** time（短い間）

関連 **long** 形 長い　**tall** 形（背が）高い

 # 577

ball

ボーゥ[bɔːl]

英検 5 | CEFR A1

名 ボール

▶ hit a **ball**（ボールを打つ）

 # 578

product

プラーダクト[prάdəkt]

英検 準2 | CEFR A2

名 製品

関連 **produce** 動 ～を生産する

 # 579

research

リーサ〜チ[ríːsəːrtʃ]

英検 準2 | CEFR A2

名 調査，研究

▶ do **research** on whales（クジラに関する調査を行う）

関連 **researcher** 名 研究者

最重要レベル

基本レベル

標準レベル

高得点レベル

超ハイレベル

---

shoe ◀つづり

シュー[ʃuː]

英検 5 | CEFR A1

名 くつ

▶ a pair of **shoes**（1足の**くつ**）

2つで1足なので、
ふつう複数形にするよ。

---

throw

スロウ[θrou]

英検 3 | CEFR A1

動 を投げる

過 threw[スルー] － thrown[スロウン]

① **throw away** a lot of food（たくさんの食べ物を**捨てる**）

throw away ~で「**~を捨てる**」。

② **throw** a ball（ボール**を投げる**）

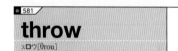

「それを捨てる」は throw
it away の語順になるよ。

---

website

ウェブサイト[wébsait]

英検 3 | CEFR A2

名 ウェブサイト

---

pass

パァス[pæs]

英検 3 | CEFR A2

動 を手渡す，（時が）たつ

① Would you **pass** me the salt, please?

（塩**を取って**くださいますか。）

② Two years have **passed** since we moved here.

（私たちがここに引っ越してから2年が**たちました**。）

③ **pass** the test（テスト**に合格する**）

「（試験など）に合格する」という意味もある。

## 78

584
snow
スノウ[snou]

名 雪　動 雪が降る

英検 5 | CEFR A1

▶ We had a lot of **snow** last night.

（昨夜たくさんの雪が降りました。）

▶▶ 172ページ「天気に関する語」

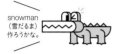

snowman
（雪だるま）
作ろうかな。

585
map
メアプ[mæp]

名 地図

英検 4 | CEFR A1

▶ a world **map**（世界地図）

586
technology
テクナーラデ[teknάlədʒi]

名 科学技術

英検 3 | CEFR A1

▶ modern **technology**（現代の科学技術）

587
box
バークス[bɑks]

名 箱

英検 5 | CEFR A1

588
mistake
ミステイク[mistéik]

名 誤り　動 を誤解する

英検 3 | CEFR A2

過 mistook[ミストゥク] － mistaken[ミステイクン]

▶ Don't be afraid of **making mistakes**.

（**間違えること**をおそれてはいけません。）

make a mistake で「間違える」という意味。

最重要レベル

基本レベル

標準レベル

高得点レベル

超ハイレベル

181

 # 589

phone
フォウン[foun]

名 電話

英検 **5** | CEFR **A1**

① talk **on the phone** （電話で話す）

② **answer the phone** （電話に出る）

③ get a **phone call** from my mother
（母から電話がある）

> telephone を省略した語。
> 話し言葉でとてもよく使われるよ。

関連 **smartphone** 名 スマートフォン　**cellphone** 名 携帯電話

 # 590

black
ブレァク[blæk]

名 形 黒（い）

英検 **5** | CEFR **A1**

関連 **white** 名 形 白（い）

 # 591

evening
イーヴニング[íːvniŋ]

名 夕方

英検 **5** | CEFR **A1**

▶ in the **evening** （夕方に）

 # 592

exciting
イクサイティング[iksáitiŋ]

形 わくわくさせる

英検 **4** | CEFR **A1**

└ 比 more ～ － most ～

▶ The movie was very **exciting**.
（その映画はとても**わくわくさせる**ものでした。）

関連 **excited** 形 興奮した

▶▶ 14ページ「形容詞として使われる-ing / -ed」

## 79

593

design
ディザイン[dizáin]

名 デザイン
動 を設計する

英検 3 | CEFR A1

▶ change the **design**（**デザイン**を変える）

594

tall
トーゥ[tɔːl]

形 （背が）高い

英検 5 | CEFR A1

① I'm **taller** than Ann.（私はアンより**背が高い**です。）

② a **tall** man（**背が高い**男の人）

関連 **short** 形 （背が）低い　**high** 形 （山などが）高い

595

a.m.
エイエム[éiém]

副 午前

英検 5 | CEFR A1

▶ at 10:30 **a.m.**（**午前**10時30分に）

関連 **p.m.** 副 午後

596

yen
イェン[jen]

名 円（日本の通貨単位）

英検 5

▶ five thousand **yen**（5,000円）

yen に **s** はつかないよ。

597

lake
レイク[leik]

名 湖

英検 4 | CEFR A2

▶ **Lake** Biwa（琵琶湖）

関連 **pond** 名 池

598
power
パウアァ [páuər]

名 力
英検 3 | CEFR A2

▶ solar **power**（太陽エネルギー）

599
field
〈つづり〉
フィーゥド [fíːld]

名 畑, 野原
英検 3 | CEFR A1

▶ a **rice field**（田んぼ）

600
laugh
〈つづり〉
レアッ [lǽf]

動 （声を出して）笑う
英検 3 | CEFR B1

▶ Everyone **laughed**.（みんなが笑いました。）

🌟 難関 **laugh at** me（私をばかにして笑う）

　laugh at ～で「～を見て[聞いて]笑う, ～をばかにして笑う」。

関連 **smile** 動 ほほえむ

601
temple
テンポゥ [témpl]

名 寺
英検 3 | CEFR A1

関連 **shrine** 名 神社

602
age
エイヂ [éidʒ]

名 年齢
英検 4 | CEFR A1

▶ **at the age of** 14（14歳のときに）

　at the age of ～で「～歳のときに」という意味になる。

603

born
ボーン[bɔ́ːrn]

形 (be bornで) 生まれる

英検 **3** | CEFR **A2**

▶ I **was born** in Kobe. （私は神戸で**生まれました**。）

604

ticket
ティキト[tíkit]

名 切符, チケット

英検 **5** | CEFR **A1**

▶ buy a **ticket** for a baseball game
（野球の試合の**チケット**を買う）

605

center
センタァ[séntər]

名 中心, センター

英検 **4** | CEFR **A2**

▶ **at the center of** the city （その都市**の中心で**）

606

China
チャイナ[tʃáinə]

名 中国

英検 **4**

▶▶ 293ページ「国・地域」

607

excuse
イクスキューズ[ikskjúːz]

動 を許す

英検 **5** | CEFR **A1**

▶ **Excuse me.** （失礼します。／すみません。）

知らない人に声をかけるときなどに使う。

関 think of a good **excuse** （うまい**言い訳**を考える）

名詞で「**言い訳**」という意味もある。

608
reduce
リデュース[ridjúːs]

英検 準2 | CEFR B1

動 を減らす

▶ **reduce** waste（ごみを減らす）

609
tourist
トゥリスト[túərist]

英検 3 | CEFR A2

名 観光客

▶ **tourists** from the U.S.（アメリカからの**観光客**）

関連 **tour** 名 旅行

610
farmer
ファーマァ[fáːrmər]

英検 4 | CEFR A1

名 農場経営者，農家の人

関連 **farm** 名 農場

611
hundred　つづり
ハンドレッド[hándred]

英検 5 | CEFR A2

名 形 100（の）

① **two hundred** yen（200 円）

② **hundreds of** people（何百もの人々）

hundreds of ～で「何百もの～」の意味。

hundreds of ～
以外では，hundred
は複数形にしないよ。

▶▶ 20ページ「基数と序数」

612
tour　つづり
トゥアァ[tuər]

英検 4 | CEFR A2

名 旅行

関連 **trip** 名 旅行　**travel** 名 動 旅行（する）

## 81

613

delicious

ディリシャス[dilíʃəs] （発音）

英検 **4** CEFR **A1**

形 とてもおいしい

▷ This pizza looks **delicious**.

（このピザは**とてもおいし**そうです。）

614

green

グリーン[gri:n]

英検 **5** CEFR **A1**

名 形 緑色（の）

▷ **green** tea（緑茶, 日本茶）

615

seven

セヴン[sévən]

英検 **5** CEFR **A1**

名 形 7（の）

▷▷ 20ページ「基数と序数」

616

nervous （つづり）

ナ～ヴァス[nə́ːrvəs]

英検 **3** CEFR **A2**

形 緊張している

▷ I'm very **nervous**.

（私はとても**緊張しています**。）

617

safe

セイフ[seif]

英検 **3** CEFR **A2**

形 安全な

▷ feel **safe**（**安全**だと感じる, 安心する）

関連 **dangerous** 形 危険な

最重要レベル 基本レベル 標準レベル 高得点レベル 超ハイレベル

618
air ◀つづり
エアァ[eər]

名 空気

英検 4 / CEFR A2

▶ **air** pollution（**大気**汚染）

619
angry
エアングリ[ǽŋgri]

形 怒った

英検 4 / CEFR A1

▶ **get angry** with him（彼に対して腹を立てる）

関連 anger 名 怒り

620
Monday ◀つづり
マンデイ[mʌ́ndei]

名 月曜日

英検 5 / CEFR A1

▶▶ 84ページ「曜日」

621
sun ◀つづり
サン[sʌn]

名 太陽

英検 4 / CEFR A1

ふつう the をつけて使う。

関連 **earth** 名 地球　**moon** 名 月

同音 **son** 名 息子

622
nature
ネイチャァ[néitʃər]

名 自然

英検 3 / CEFR A2

▶ protect **nature**（**自然**を守る）

関連 **natural** 形 自然の

## 82

623

fruit ◀つづり

フルート[fru:t]

名 果物

英検 5 | CEFR A1

関連 **vegetable** 名 野菜

624

system

スィステム[sístəm]

名 組織, 制度

英検 3 | CEFR A2

625

voice

ヴォイス[vɔis]

名 声

英検 3 | CEFR A2

▶ in a loud **voice**（大声で）

626

coffee

コーフィ[kɔ́ːfi]

名 コーヒー

英検 5 | CEFR A1

関連 **tea** 名 紅茶, お茶

627

afraid

アフレイド[əfréid]

形 こわがって

英検 3 | CEFR A1

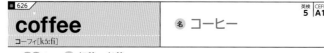 Don't **be afraid of** making mistakes.

（間違えること**をおそれては**いけません。）

be afraid of 〜で「〜をこわがる」という意味になる。

 **I'm afraid** I can't come tomorrow.

（残念です**が**，あすは来られません。）

I'm afraid（that）〜で「残念ながら〜と思う」。

 # 628

stadium

ステイディアム[stéidiəm] （発音）

英検 4 | CEFR A2

名 スタジアム, 競技場

▶ see a soccer game at the **stadium**

（競技場でサッカーの試合を見る）

 # 629

camera

キャメラ[kǽmərə]

英検 5 | CEFR A1

名 カメラ

 # 630

eight

エイト[eit] （つづり）

英検 5 | CEFR A1

名 形 8 (の)

▶▶ 20ページ「基数と序数」

 # 631

alone

アロウン[əlóun]

英検 3 | CEFR A2

副 ひとりで

① live **alone** （ひとりで暮らしている）

② I was **alone** in my room then.

（そのとき私は部屋に**ひとり**でいました。）

alone は「〜だけ」の意味で, 2 人以上のときに使うこともあるよ。

難関 **Leave** me alone. （ひとりにしておいてください。）

leave 〜 alone で「〜をそのままにしておく」。

 # 632

elementary

エレメンタリ[eləméntəri]

英検 準2 | CEFR A1

形 初級の

▶ an **elementary school** （小学校）

## 83

633
line
ライン[lain]

名 線, 電車の路線

英検 4 | CEFR A1

① take the Chuo **Line** （中央線に乗る）

② the starting **line** （スタートライン）

634
low
ロウ[lou]

形 低い

英検 5 | CEFR A2

▶ in a **low** voice（低い声で, 小さい声で）

位置, 声, 価格などが「低い」と言うときに使う。「背が低い」は short。

反意 **high** 形 高い

635
mind
マインド[maind]

名 心, 精神
動 をいやがる

英検 3 | CEFR A1

① in my **mind** （私の心の中で）

② **make up** my **mind** （決心する）

③ I've **changed** my **mind**. （私は気が変わりました。）

頻出 **Would you mind** opening the window?

（窓を開けて**いただけませんか**。）

Would you mind ～ing? は「あなたは～するのをいやがりますか」→「していただけませんか」という意味になる。

636
nine
ナイン[nain]

名 形 9 (の)

英検 5 | CEFR A1

▶▶ 20ページ「基数と序数」

最重要レベル

基本レベル

標準レベル

高得点レベル

超ハイレベル

637
video
ヴィーディオウ[vídiou]

名 動画

英検 3 | CEFR A1

① play **video** games （テレビゲームをする）

② make a **video** about our school
（私たちの学校についての**動画**を作る）

a TV game とは言わないよ。

638
wrong
ローング[rɔːŋ] つづり

形 間違った, 悪い

英検 4 | CEFR A1

▶ **What's wrong?** （どうしたのですか。）

会話 There's something **wrong** with my computer.
（私のコンピューターはどこか**調子が悪い**です。）

関連 **right** 形 正しい

639
among
アマング[əmʌ́ŋ]

前 （3つ以上）の間に

英検 5 | CEFR A2

▶ This song is popular **among** young girls.
（この歌は若い女の子たち**の間で**人気があります。）

関連 **between** 前 （2つ）の間に

640
expensive
イクスペンスィヴ[ikspénsiv] 発音

形 高価な

英検 4 | CEFR A1

比 more ～ − most ～

▶ It's too **expensive** for me. （それは私には**高価**すぎます。）

関連 **cheap** 形 安い

標準レベル

この章に収録されているのは，高校入試対策として
おさえておきたい標準レベルの単語です。
すべての受験生が，最低でもこの章の単語まではマ
スターしておく必要があります。

641

yet
イェット[jet]

英検 **4** | CEFR **A1**

副 （疑問文で）**もう**
（否定文で）**まだ**

1. Have you finished your homework **yet**?
   – No, not **yet**.
   （あなたは**もう**宿題を終えましたか。 －いいえ，**まだ**です。）

2. I have**n't** decided **yet**.
   （私は**まだ**決めていません。）

疑問文と否定文で意味が
違うよ。気をつけよう。

not ～ yet の形で「**まだ～ない**」という意味。

関連 **already** 副 （肯定文で）**すでに，もう**　**still** 副 （肯定文で）**まだ**

642

online
アーンライン[ɑːnláin]

英検 **準2** | CEFR **A2**

形 **オンラインの**
副 **オンラインで**

1. take **online** classes at home
   （家で**オンライン**授業を受ける）

2. buy books **online** （**ネット上で**本を買う）

「**インターネット上で**」という意味でも使われる。

643

forest
フォーリスト[fɔ́ːrist]

英検 **3** | CEFR **A2**

名 **森**

▶ walk in the **forest** （**森**の中を歩く）

644

rule
ルーゥ[ruːl]

英検 **3** | CEFR **A1**

名 **規則**　動 **を支配する**

▶ follow the **rules** （**規則**に従う）

## 85

645
though
ゾウ[ðou] 　**発音**

英検 3 ｜ CEFR B2

接 ～だけれども

▶ **Even though** he was tired, he tried again.

（彼は疲れていた**けれども**，もう一度やってみました。）

> even though で「～ではあるが，たとえ～だとしても」の意味。

関連 **although** 接 ～だけれども

646
especially
イスペシャリ[ispéʃəli]

英検 2 ｜ CEFR A2

副 特に

▶ I **especially** like elephants. （私は**特に**ゾウが好きです。）

647
skill
スキゥ[skil]

英検 2 ｜ CEFR A1

名 技能

▶ language **skills** （語学**力**）

648
dangerous
デインヂャラス[déindʒərəs]

英検 3 ｜ CEFR A2

形 危険な

└ **比** more ～ – most ～

関連 **safe** 形 安全な

649
son
サン[sʌn]

英検 4 ｜ CEFR A1

名 息子

関連 **daughter** 名 娘　　同音 **sun** 名 太陽

650
increase （つづり）
インクリース[inkríːs]

英検 準2 | CEFR B1

動 増える、を増やす

▶ The number of people who join volunteer activities is **increasing**.

（ボランティア活動に参加する人の数が**増え**ています。）

関連 **decrease** 動 減る、〜を減らす

651
introduce
イントロデュース[intrədjúːs]

英検 3 | CEFR A1

動 を紹介する、を導入する

▶ Let me **introduce myself**.

（**自己紹介**させてください。）

▶ **introduce** Japanese culture **to** other countries

（ほかの国々に日本の文化を**紹介する**）

introduce A to B で「**AをBに紹介する**」という意味。

652
communicate
コミューニケイト[kəmjúːnəkeit]

英検 準2 | CEFR A2

動 意思を伝え合う、通信する

▶ **communicate** with each other

（おたがいに**意思を伝え合う**）

関連 **communication** 名 コミュニケーション

653
situation
スィチュエイション[sitʃuéiʃən]

英検 2 | CEFR A2

名 状況、事態

▶ change the **situation**（**状況**を変える）

## 86

654

AI
エイアイ[éiái]

名 人工知能

英検 3

artificial（人工的な）intelligence（知能・知性）の略。

▶ Do you think **AI** will make our lives better?

（あなたは**人工知能**が私たちの生活をよりよくすると思いますか。）

655

presentation
プレゼンテイション[prezəntéiʃən]

名 発表

英検 準2 | CEFR B1

▶ give a **presentation**

（プレゼン[発表]をする）

656

side
サイド[said]

名 側面

英検 3 | CEFR A1

① on **the other side** of the street （通りの**反対側**に）

② on **the left side** （**左側**に）

657

ready
レディ[rédi]

形 準備ができた

英検 5 | CEFR A1

① **Are** you **ready to** leave?

（あなたは出発する**準備ができ**ていますか。）

be ready to ～で「**～する準備ができている**」の意味。

② We**'re ready for** the trip.

（私たちは旅行の**準備ができ**ています。）

be ready for ～で「**～の準備ができている**」。

どこ行くの？

658

visitor
ヴィズィタァ[vízitər]

英検 **3** ／ CEFR **A2**

名 訪問者, 観光客

▶ **visitors** to Japan（日本への**訪問者**）

関連 **visit** 動 〜を訪問する

659

type
タイプ[taip]

英検 **3** ／ CEFR **A1**

名 型, タイプ
動 (キーボードを) 打つ

① There are many **types** of comic books.
（いろいろな**タイプ**のまんが本があります。）

② I **typed** "Hello."
（私は "Hello." と入力しました。）

660

fly
フライ[flai]

英検 **5** ／ CEFR **A1**

動 飛ぶ, 飛行機で行く

過 flew[フルー] − flown[フロウン]　3単現 flies

▶ **fly** to New York（ニューヨークへ**飛行機で行く**）

関連 **flight** 名 飛行, 飛行機の便

661

difference
ディファレンス[dífərəns]

英検 **3** ／ CEFR **A1**

名 違い

▶ the **difference between** these two computers

（これら 2 台のコンピューターの違い）

difference between 〜で「**(2つ)の間の違い**」という意味。

関連 **different** 形 違った

## 87

662
robot
ロウバト[róubət] （発音）

英検 3 | CEFR B1

名 ロボット

▶ **Robots** can do a lot of things that humans can't.
（**ロボット**は，人間にはできない多くのことができます。）

663
several
セヴラッ[sévərəl]

英検 3 | CEFR A2

形 いくつかの

▶ I've visited Canada **several times**.
（私はカナダを**何度か**訪れたことがあります。）

664
energy
エナヂ[énərdʒi] （発音）

英検 準2 | CEFR B2

名 エネルギー

▶ save **energy** （**エネルギー**を節約する）

665
July
デュライ[dʒulái] （つづり）

英検 5 | CEFR A1

名 7月

 99ページ「月」

666
wash
ワーシュ[wɑʃ]

英検 5 | CEFR A1

動 を洗う

3単現 washes

① **wash the dishes** （**食器を洗う**）

② **wash my hands** （**手を洗う**）

家に帰ったら手を洗おう。

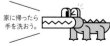

199

667

milk
ミゥク[milk]

名 牛乳

英検 5 ｜ CEFR A1

▶ a glass of **milk**（コップ 1 杯の**牛乳**）

668

develop
ディヴェラゥプ[divéləp]

動 を発達させる, 発展する

英検 準2 ｜ CEFR A2

▶ **developing countries**（発展途上国〈←発展している国〉）
▶ **developed countries**（先進国〈←発展した国〉）

関連 **development** 名 発展, 発達

669

sweet
スウィート[swi:t]

形 あまい

英検 3 ｜ CEFR A1

▶ smell **sweet**（あまい香りがする）

670

along
アローング[əlɔ́:ŋ]

前 ～に沿って

英検 5 ｜ CEFR A1

① walk **along** the river（川に沿って歩く）
② get **along** with him（彼とうまくやっていく）

get along with ～で「～とうまくやっていく」。

関連 **across** 前 ～を横切って

671

poster
ポウスタァ[póustər]

名 ポスター

英検 4 ｜ CEFR A1

## 88

672

order
オーダァ[ɔ́ːrdər]

英検 4 | CEFR A1

名 注文
動 を注文する

① May I take your **order**?

（**注文**をおうかがいしてよろしいですか。）

② He went to Italy **in order to** study art.

（彼は美術を勉強する**ために**イタリアへ行きました。）

in order to ～で「**～するために**」という目的を表す。

難関 the right word **order**（正しい語順）

名詞で「**順序**」という意味がある。

難関 **order** him **to** go home（彼に家に帰る**ように命令する**）

〈**order 人 to ～**〉で「**(人)に～するように命令する**」。

673

pick
ピク[pik]

英検 4 | CEFR B1

動 をつむ, を選ぶ

▶ **pick** tea leaves（お茶の葉**をつむ**）

▶ **pick up** cans（缶**を拾う**）

pick up ～で「**～を拾い上げる**」。

pick up ～には
「(人)を(車で)迎えに
行く」という意味もあるよ。

674

road
ロウド[roud] （発音）

英検 4 | CEFR A2

名 道路

▶ at the side of the **road**（道端に）

675

window
ウィンドウ[wíndou]

英検 5 | CEFR A1

名 窓

最重要レベル

基本レベル

標準レベル

高得点レベル

超ハイレベル

676
camp
キャンプ[kǽmp]

英検 **5** ｜ CEFR **A1**

名 キャンプ
動 キャンプをする

▶ **go camping**（キャンプに行く）

677
recycle
リーサイクッ[riːsáikl]

英検 **3** ｜ CEFR **A2**

動 をリサイクルする

▶ **recycle** paper（紙を**リサイクルする**）

関連 **reuse** 動 ～を再利用する

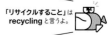

「リサイクルすること」は
recycling と言うよ。

678
leader
リーダァ[líːdər]

英検 **3** ｜ CEFR **A1**

名 指導者, リーダー

▶ the **leader** of the chorus club（合唱部の**リーダー[部長]**）

679
myself
マイセッフ[maisélf]

英検 **3** ｜ CEFR **A2**

代 私自身

▶ I **said to myself**, "What should I do?"

（私は「どうしたらいいのだろう？」と**心の中で思い**ました。）

say to myself で**「心の中で思う」**という意味。

▶▶ 243ページ「～self の代名詞」

680
uncle
アンコッ[ʌ́ŋkl]

つづり

英検 **5** ｜ CEFR **A1**

名 おじ

関連 **aunt** 名 おば

## 89

681

else

エゥス[els]

英検 3 | CEFR A1

副 そのほかに

① **Anything else?**

（何かほかにありますか。）

② What **else** should I do?

（私は**ほかに**何をするべきですか。）

①は飲食店では
「ご注文は以上ですか。」
という意味で使われるよ。

682

fact

フェアクト[fækt]

英検 3 | CEFR A2

名 事実

▶ **In fact**, this is a very big problem.

（**実は**，これは非常に大きな問題です。）

in fact で「**実は，実のところ**」という意味。

683

half 〈つづり〉

ヘアフ[hæf]

英検 4 | CEFR B1

名 半分　形 半分の

— 複 halves[ヘアヴズ] 発音

① **half** of the water （その水の**半分**）

② for **half** an hour （**30分**間）

684

fine

ファイン[fain]

英検 5 | CEFR A1

形 けっこうな，元気な

① **I'm fine, thank you.** （**元気**です，ありがとう。）

② That's **fine**. （それで**けっこう**です。）

③ The weather will be **fine** tomorrow. （あすの天気は**晴れ**でしょう。）

685

cut

カト[kʌt]

動 を切る

英検 **5** | CEFR **B1**

過 cut － cut　ing形 cutting

▶ **cut down** a tree（木を切り倒す）

cut down 〜で「〜を切り倒す」という意味。

686

communication

コミューニケイション[kəmjuːnəkéiʃən]

名 コミュニケーション

英検 **3** | CEFR **A2**

▶ **communication** skills
（コミュニケーション能力）

関連 **communicate** 動 意思を伝え合う

-tion で終わる語は
その前の母音に
アクセントがあるんだよ。

687

memory

メモリ[méməri]

名 記憶, 思い出

英検 **3** | CEFR **A1**

複 memories

688

imagine

イマァヂン[imǽdʒin]

動 を想像する

英検 **2** | CEFR **A1**

▶ I can't **imagine** life without my smartphone.

（私はスマートフォンのない生活は想像できません。）

689

tomato

トメイトウ[təméitou]　発音

名 トマト

英検 **5** | CEFR **A1**

690
carefully
ケアフリ[kéərfli]

副 注意深く

英検 3 | CEFR A1

比 more 〜 − most 〜

▶ listen **carefully**（注意深く聞く）

691
apple
エアポゥ[ǽpl]

名 りんご

英検 5 | CEFR A1

692
March（つづり）
マーチ[mɑːrtʃ]

名 3月

英検 5 | CEFR A1

▶▶ 99ページ「月」

小文字で始まる **march** は動詞で「**行進する**」という意味だよ。

693
nothing
ナスィング[nʌ́θiŋ]（発音）

代 何も〜ない

英検 3 | CEFR A1

▶ I have **nothing** to do today.

（私はきょう**何も**することがあり**ません**。）

not がなくても
否定の意味になるよ。

not 〜 anything の形に言いかえることができる。
→ I **don't** have **anything** to do today.

694
race
レイス[reis]

名 競走, 人種

英検 3 | CEFR B1

▶ win the **race**（その競走に勝つ）

695
shall
シェァっ[ʃæl]

助 (Shall I ~? / Shall we ~? で)

～しましょうか。

英検 **4** | CEFR **A2**

① **Shall we** have lunch? – Sounds good.
(昼食を食べましょうか。 – いいですね。)

> **Shall we ~?** は「(いっしょに)～しましょうか」の意味。

② **Shall I** carry your bag? – Yes, please.
(かばんを運びましょうか。 – はい，お願いします。)

> **Shall I ~?** は「(私が)～しましょうか」。

③ What time **shall we** meet?
(何時に会いましょうか。)

696
electricity
イレクトリスィティ[ilektrísəti]

名 電気

英検 **2** | CEFR **B1**

▶ use **electricity** (電気を使う)

関連 **electric** 形 電気の

697
amazing
アメイズィング[əméiziŋ]

形 驚くべき，すばらしい

英検 **3** | CEFR **B1**

▶ an **amazing** story (驚くような話)

698
influence
インフルエンス[ínfluəns]

名 影響
動 に影響を与える

英検 **準2** | CEFR **A2**

▶ **have an influence on** our health (私たちの健康に影響を及ぼす)

▶ I **was influenced** by the book. (私はその本に影響を受けました。)

hall

ホーゥ[hɔːl]

名 会館, ホール

英検 4 | CEFR A1

▶ a concert **hall**（コンサート**ホール**）

700
inside

インサイド[insáid]

前 〜の中に　名 内側

英検 4 | CEFR B2

▶ stay **inside** the library（図書館の**中に**とどまる）

関連 **outside** 前 〜の外に　名 外側

701
kid

キッド[kid]

名 子ども（childのくだけた言い方）

動 からかう

英検 3 | CEFR A1

▶ **Are you kidding?**（**からかっているの**？）

702
according

アコーディング[əkɔ́ːrdiŋ]

副 （according toで）

〜によれば

英検 準2 | CEFR B1

▶ **according to** this newspaper（この新聞に**よれば**）

703
less

レス[les]

形 より少ない

英検 3 | CEFR A2

▶ **less than** 10% of the students

（生徒の10%**未満**）

less は little の
比較級。最上級は
least だよ。

less than 〜で「**〜未満の**」という意味になる。

関連 **more** 形 もっと多くの

207

RANK

704

cool
クーゥ[kuːl]

英検 5 ｜ CEFR A1

形 すずしい

▶ It's **cool** and quiet in the building.
（建物の中は**すずしくて**静かです。）

▶▶ 172ページ「天気に関する語」

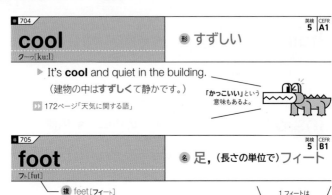

「かっこいい」という
意味もあるよ。

705

foot
フト[fut]

英検 5 ｜ CEFR B1

名 足，（長さの単位で）フィート

└ 複 feet[フィート]

① 100 **feet** long （100フィートの長さ）
② go to school **on foot** （歩いて学校に行く）

on foot で「**歩いて**」という意味。

▶▶ 130ページ「手」「足」の使い分け

1 フィートは
約30cmだよ。

706

natural
ネァチュラゥ[nǽtʃərəl]

英検 3 ｜ CEFR A2

形 自然の

└ 比 more 〜 − most 〜

▶ the **natural** environment （**自然**環境）

関連 **nature** 名 自然

707

poor
プアァ[puər]　つづり　発音

英検 3 ｜ CEFR A1

形 貧しい，かわいそうな

▶ **poor** children （**貧しい**子どもたち）

関連 **rich** 形 金持ちの

 # 708

hotel

ホウテッ[houtél]　　（発音）

名 ホテル

英検 **4** ｜ CEFR **A1**

▶ stay at a **hotel**（ホテルに泊まる）

 # 709

notebook

ノウトブク[nóutbuk]

名 ノート

英検 **5** ｜ CEFR **A1**

（関連）**note** 名 メモ，覚え書き

 # 710

nurse

ナ〜ス[naːrs]　　（発音）

名 看護師

英検 **5** ｜ CEFR **A1**

（関連）**doctor** 名 医師

 # 711

explain

イクスプレイン[ikspléin]

動 を説明する

英検 **3** ｜ CEFR **A2**

▶ **explain** these words in English

（これらの単語を英語で**説明する**）

（関連）**explanation** 名 説明

 # 712

instead

インステド[instéd]　　（発音）

副 （その）代わりに

英検 **3** ｜ CEFR **A2**

▶ I walked **instead of** taking the bus.

（私はバスに乗る**代わりに**歩きました。）

instead of 〜 で「〜の代わりに」。

713
result
リザゥト[rizʌ́lt]

名 結果

英検 準2 | CEFR A1

▶ **As a result**, he passed the exam.

（結果として，彼は試験に合格しました。）

as a result で「結果として」という意味。

714
date
デイト[deit]

名 日付

英検 5 | CEFR A1

▶ **What's the date today?**（きょうは何日ですか。）

715
dictionary
ディクショネリ[díkʃəneri]

名 辞書

英検 5 | CEFR A1

複 dictionaries

▶ use a **dictionary**（辞書を使う）

716
far
ファーァ[fa:r]

副 遠くに

英検 4 | CEFR B2

比 farther[ファーザァ] − farthest[ファーゼスト] つづり

① Do your grandparents live **far away**?

（あなたの祖父母は遠くに住んでいるのですか。）

far away で「はるか遠くに，遠くへ」という意味になる。

② Brazil is **far** from Japan.（ブラジルは日本から遠いです。）

③ **How far is it** from here to the station?

（ここから駅までどのくらい遠いですか。）

 # 717

head

ヘッド[hed]

英検 5 | CEFR A1

名 頭

> 首から上の部分全体をさし，顔をふくむ。

 # 718

Olympic

アリンピック[əlímpik]

英検 3 | CEFR A2

形 オリンピックの

名 (the Olympicsで)オリンピック大会

▶ **the Olympic Games**（オリンピック大会）

 # 719

brain

ブレイン[brein]

英検 2 | CEFR A1

名 脳，頭脳

▶ a part of the **brain**（脳の一部分）

 # 720

cry

クライ[krai]

英検 3 | CEFR A1

動 泣く，さけぶ

3単現 cries　**過** cried

▶ The baby began to **cry**.（赤ちゃんが泣き始めました。）

難関 She **cried out**.（彼女は大声を出しました。）

> **cry out** で「大声を出す」という意味になる。

 # 721

hungry

ハングリ[hʌ́ŋgri]

つづり

英検 5 | CEFR A1

形 空腹の

▶ I'm very **hungry**.（私はとてもおなかがすいています。）

関連 **hunger** 名 飢え　**thirsty** 形 のどのかわいた

722

cup
カァ[kʌp]

名 カップ, 茶わん

英検 5 | CEFR A1

▶ **a cup of** tea （1 杯の紅茶）

a cup of ～で「**カップ 1 杯の～**」という意味。

関連 **a glass of ～** 熟 コップ 1 杯の～

723

dollar
つづり
ダーラァ[dálər]

名 ドル

英検 5 | CEFR A1

▶ five **dollars** （5 ドル）

関連 **cent** 名 セント（1 ドルの 100 分の1）

アメリカなどの
通貨単位だよ。

724

baby
ベイビ[béibi]

名 赤ちゃん

英検 4 | CEFR A1

複 babies

725

star
スターァ[stɑːr]

名 星, スター

英検 4 | CEFR A1

▶ a movie **star** （映画**スター**）

726

advice
アドヴァイス[ədváis]

名 助言, アドバイス

英検 3 | CEFR A2

▶ Thank you for your **advice**. （助言をありがとう。）

数えられない名詞なので, a をつけず, 複数形にしない。

## 94

727
mine
マイン[main]

代 私のもの

英検 5 | CEFR B2

▶ The book on the desk is **mine**. （机の上の本は私のです。）

▶▶ 10ページ「代名詞」

728
guess
ゲス[ges]

動 を推測する，
を言い当てる

英検 3 | CEFR B1

▶ **guess** what it is （それが何か当てる）

729
land
レァンド[lænd]

名 陸地，土地

英検 3 | CEFR B1

▶ live on **land** （陸上で生活する）

発展 **land** on the moon （月面に着陸する）

動詞で**「着陸する」**という意味もある。

関連 **sea** 名 海

730
top
タープ[tɑp]

名 頂上

英検 3 | CEFR B1

▶ the **top** of the mountain （その山の頂上）

731
Tuesday
テュー ズデイ[tjúːzdei]

つづり

名 火曜日

英検 5 | CEFR A1

▶▶ 84ページ「曜日」

732

aunt
エァント[ǽnt]

名 おば

英検 5 | CEFR A1

関連 uncle 名 おじ

733

Chinese
チャイニーズ[tʃainíːz]

形 中国の
名 中国人, 中国語

英検 5 | CEFR

▶▶ 293ページ「国・地域」

734

forward
フォーワァ[fɔ́ːrwərd]

副 前方へ

英検 3 | CEFR

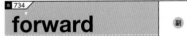 I'm **looking forward to** seeing you.

(あなたに会うことを楽しみにしています。)

look forward to ~で「~を楽しみに待つ」という意味。

move forward（前進する）

735

government つづり
ガヴァメント[gʌ́vərnmənt]

名 政府

英検 準2 | CEFR A2

▶ the Japanese **government**（日本政府）

736

real
リーアゥ[ríːəl]

形 本当の, 現実の

英検 3 | CEFR A1

▶ in **real** life（現実の生活で）

関連 really 副 本当に　reality 名 現実

## 95

737
ground
グラウンド[graund]

英検 5 | CEFR A1

名 地面

▶ on the **ground**（地面の上に）

738
writer ◀つづり
ライタァ[ráitər]

英検 4 | CEFR A1

名 作家

▶ a famous **writer**（有名な作家）

関連 **author** 名 著者

739
community
コミューニティ[kəmjú:nəti]

英検 3 | CEFR B2

名 地域社会

└─ 複 communities

▶ a **community** center（公民館）

740
June ◀つづり
デューン[dʒu:n]

英検 5 | CEFR A1

名 6月

▶▶ 99ページ「月」

741
friendly
フレンドリ[fréndli]

英検 3 | CEFR B2

形 友好的な, 気さくな

▶ They are very **friendly** and kind.
（彼らはとても**気さく**で親切です。）

関連 **friend** 名 友達

最重要レベル

基本レベル

標準レベル

高得点レベル

超ハイレベル

215

742
fan
フェァン[fæn]

英検 3 | CEFR A1

名 ファン, うちわ

① a big **fan** of yours （あなたの大**ファン**）

② a Japanese **fan** （日本の**うちわ[扇子]**）

「扇子」は
a folding fan
（折りたたむうちわ）
とも言うよ。

743
prepare
プリペァァ[pripéər]

英検 準2 | CEFR A2

動 準備する, の準備をする

① We need to **prepare for** disasters.
（私たちは災害**に備える**必要があります。）

prepare for ~ で「**~の準備をする, ~に備える**」。

② **prepare** lunch （昼食の準備をする）

744
bicycle　◀つづり
バイスィクォ[báisikl]

英検 5 | CEFR A1

名 自転車

関連 **bike** 名 自転車

745
heavy　◀つづり
ヘヴィ[hévi]

英検 4 | CEFR A1

形 重い

比 heavier – heaviest

① carry **heavy** things （**重い**物を運ぶ）

② because of the **heavy** rain （**激しい**雨[大雨]が原因で）

「**(雨・雪などが)激しい**」という意味もある。

関連 **light** 形 軽い

## 96

最重要レベル

746
pet
ペト[pet]

英検 5 CEFR A1

名 ペット

▶ Do you have any **pets**?
（あなたは何か**ペット**を飼っていますか。）

747
return
リター~ン[ritə́ːrn]

英検 3 CEFR A2

動 戻る, を返す

基本レベル

① **return** to Japan （日本に**戻る**）

② **return** a book to the library （図書館に本を**返す**）

748
state
ステイト[steit]

英検 準2 CEFR B2

名 州

▶ the United **States** （〈アメリカ〉合衆国）

▶ the **state** of California （カリフォルニア**州**）

標準レベル

749
sunny
サニ[sʌ́ni]

つづり

英検 5 CEFR A1

形 明るく日のさす

▶ It will be **sunny** tomorrow. （あすは**晴れ**でしょう。）

▷▷ 172ページ「天気に関する語」

高得点レベル

750
guide
ガイド[gaid]

つづり

英検 3 CEFR B1

名 案内人　動 を案内する

▶ a **guide** dog （盲導犬）

超ハイレベル

751
stone
ストウン[stoun] 発音
名 石

英検 3 | CEFR A1

関連 rock 名 岩   sand 名 砂

752
meaning
ミ ーニング[mí:niŋ]
名 意味

英検 3 | CEFR A2

▶ know the **meaning** of the word
（その単語の意味を知っている）

関連 mean 動 ～を意味する

753
amount
アマウント[əmáunt]
名 量, 額

英検 準2 | CEFR B1

▶ the **amount** of water
（水の量）

amount は, ふつう
数えられない名詞に使うよ。

754
April つづり
エイプリゥ[éiprəl]
名 4月

英検 5 | CEFR A1

▶▶ 99ページ「月」

755
cause
コーズ[kɔːz]
動 を引き起こす
名 原因

英検 準2 | CEFR B2

▶ The accident **was caused** by strong wind.
（その事故は強風によって引き起こされました。）

## 97

756
million
ミリョン[míljən]

名 形 100万（の）

英検 3 | CEFR A2

▶ There are **two million** people in this city.

（この市には **200万**の人がいます。）

関連 **billion** 名 形 10億（の）

757
suddenly
サドンリ[sʌ́dnli]

副 突然

英検 3 | CEFR B1

▶ **Suddenly** it started raining. （**突然**雨が降り出しました。）

758
Wednesday ◀つづり
ウェンズデイ[wénzdei]

名 水曜日

英検 5 | CEFR A1

▶▶ 84ページ「曜日」

曜日や月のつづりは
確実に覚えよう。

759
century
センチュリ[séntʃəri]

名 世紀

英検 3 | CEFR A2

▶ the 19th **century** （19世紀）

19th は nineteenth と読む。

760
various
ヴェァリアス[véəriəs]

形 さまざまな

英検 準2 | CEFR B1

▶ **various** kinds of plants （**さまざまな**種類の植物）

761
bread ◀つづり
ブレッド[bred]

名 パン

英検 5 | CEFR A1

▶ I had **bread** for breakfast.
（私は朝食に**パン**を食べました。）

数えられない名詞のため，a をつけたり，複数形にしたりしない。

762
view
ヴュー[vju:]

名 ながめ，物の見方

英検 3 | CEFR A2

① the **view** from here （ここからの**ながめ**）
② a different **point of view** （違った観点［見方］）

763
garbage
ガービヂ[gɑ́ːrbidʒ]　　発音

名 生ごみ

英検 3 | CEFR A1

① pick up **garbage** （ごみを拾う）

数えられない名詞のため，a をつけたり，複数形にしたりしない。

② collect **garbage** （ごみを集める）
関連 **trash** 名 ごみ，くず

764
touch ◀つづり
タチ[tʌtʃ]

動 にさわる

英検 4 | CEFR A1

① Let's **keep in touch**. （連絡を取り合いましょう。）

keep in touch（with ～）で「（～と）連絡を取り合う」。

② Don't **touch** the paintings.
（絵に**さわって**はいけません。）

98

765

bridge 〈つづり〉

プリヂ[bridʒ]

英検 5 | CEFR A1

名 橋

▶ build a **bridge** （橋をつくる）

つづりの d を忘れないでね。

766

full

フっ[ful]

英検 4 | CEFR A1

形 いっぱいの

① The hall **was full of** people.
（ホールは人でいっぱいでした。）

I'm hungry.
（おなかすいたなあ。）

be full of ～で「～でいっぱいである」という意味。

② **I'm full.** （私はおなかがいっぱいです。）

反対 **empty** 形 空の

767

juice 〈つづり〉

ヂュース[dʒuːs]

英検 5 | CEFR A1

名 ジュース

▶ orange **juice** （オレンジジュース）

果汁100%のものをさすよ。

768

percent

パセント[pərsént]

英検 3 | CEFR

名 パーセント

▶ forty **percent** of the students （生徒たちの 40 **パーセント**）

769

cow

カウ[kau] 〈発音〉

英検 2 | CEFR A1

名 牛

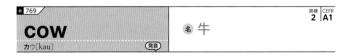

770
price
プライス[práis]

名 値段

英検 3 | CEFR A1

▶ the **price** of food（食品の値段）

771
receive ◀つづり
リスィーヴ[risíːv]

動 を受け取る

英検 4 | CEFR A2

▶ **receive** a letter（手紙を受け取る）

(関連) **send** 動 ～を送る

772
farm
ファーム[fɑːrm]

名 農場

英検 4 | CEFR A1

▶ work on a **farm**（農場で働く）

(関連) **farmer** 名 農場経営者, 農家の人　**farming** 名 農業

773
past
ペアスト[pǽst]

名 過去　形 過去の
前 ～を過ぎて

英検 準2 | CEFR B1

① in the **past**（過去に，昔は）
② the **past** ten years（過去10年間）
③ walk **past** a hotel（ホテルの前を歩いて通り過ぎる）

(関連) **present** 名 現在　**future** 名 未来

774
yellow
イエロウ[jélou]

名 形 黄色（い）

英検 5 | CEFR A1

## 99

775
pizza
ピーツァ[píːtsə]　(発音)

英検 5 ｜ CEFR A1

名 ピザ

776
relax
リラァクス[rilǽks]

英検 3 ｜ CEFR A2

動 くつろぐ，
をくつろがせる

▶ **relax** in a bath（おふろで**くつろぐ**）

▶ I really **feel relaxed**.

（私は本当に**くつろいだ気分です**。）

feel relaxed で「くつろいだ気分になる」という意味。

777
textbook
テクストブク[tékstbuk]

英検 5 ｜ CEFR A2

名 教科書

▶ Open your **textbooks** to page 10.

（**教科書**の 10 ページを開いてください。）

778
Thursday　(つづり)
サ～ズデイ[θə́ːrzdei]

英検 5 ｜ CEFR A1

名 木曜日

▶▶ 84ページ「曜日」

779
perfect
パ～フェクト[pə́ːrfekt]

英検 4 ｜ CEFR A2

形 完全な，最適の

▶ It's a **perfect** day for hiking.

（ハイキングに**最適**の日です。）

最重要レベル

基本レベル

標準レベル

高得点レベル

超ハイレベル

780
elevator
エレヴェイタァ[éləveitər]　発音

名 エレベーター

英検 3 ｜ CEFR A2

781
exercise　つづり
エクササイズ[éksərsaiz]

名 運動　動 運動する

英検 3 ｜ CEFR A2

▶ do **exercise**（運動をする）

▶ You need to **exercise** 30 minutes a day.
（あなたは1日30分間運動する必要があります。）

782
kitchen　つづり
キチン[kítʃin]

名 台所

英検 5 ｜ CEFR A1

783
September　つづり
セプテンバァ[septémbər]

名 9月

英検 5 ｜ CEFR A1

▶▶ 99ページ「月」

784
supermarket
スーパマーキッ[súːpərmɑːrkit]

名 スーパーマーケット

英検 5 ｜ CEFR A1

785
enter
エンタァ[éntər]

動 に入る

英検 3 ｜ CEFR A2

▶ **enter** high school（高校に入学する）

## 100

786
orange
オーリンヂ[ɔ́ːrindʒ]

英検 5 | CEFR A1

名 オレンジ
形 オレンジ色の

▶ **orange** juice（**オレンジ**ジュース）

787
prize
プライズ[praiz]

英検 3 | CEFR B1

名 賞

▶ win first **prize**（1 等**賞**をとる）

788
careful
ケアフ₊[kéərfəl]

英検 4 | CEFR A1

形 注意深い

比 more ～ – most ～

▶ Be **careful** when you use a knife.
（ナイフを使うときは**注意し**なさい。）

789
daily
デイリ[déili]

英検 3 | CEFR A2

形 日常の

▶ **daily** life（**日常**生活）= everyday life

790
slowly
スロウリ[slóuli]

英検 4 | CEFR A2

副 ゆっくりと

比 more ～ – most ～

▶ speak more **slowly**（もっと**ゆっくり**話す）

関連 **slow** 形 遅い **fast** 副 速く 形 速い **quickly** 副 すばやく

791
himself
ヒムセッフ[himsélf]

英検 3 | CEFR A2

代 彼自身

▶▶ 243ページ「〜selfの代名詞」

792
comic
カーミク[kámik]

英検 準2 | CEFR A2

名 まんが

▶ **comic** books (=**comics**) （まんが本）

793
wall
ウォーゥ[wɔ:l]

英検 5 | CEFR A1

名 壁

▶ a picture on the **wall** （壁にかかっている絵）

794
researcher
リサ〜チャァ[risə́:rtʃər]

英検 2 | CEFR B1

名 研究者

関連 **research** 名 調査, 研究

795
seem
スィーム[si:m]

英検 準2 | CEFR A2

動 〜のように思われる

▶ It **seems** to be true.
（それは本当のようです。）

この to be は
よく省略されるよ。

▶ Sam **seems to** like her.
= **It seems that** Sam likes her.
（サムは彼女のことが好きなようです。）

## 101

796

thousand ◀つづり

サウザンド[θáuzənd]

名 形 1000 (の)

英検 5 | CEFR A2

① This pencil case was **two thousand** yen.

（この筆箱は 2000 円でした。）

② **thousands of** people （何千もの人々）

thousands of ～で「何千もの～」という
意味。

thousands of ～
以外では、
thousand は
複数形にしないよ。

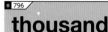

同連 **million** 名 形 100 万 (の)

▶▶ 20ページ「基数と序数」

797

attention

アテンション[ətén∫ən]

名 注意

英検 4 | CEFR A2

▶ **pay attention to** his words （彼の言葉に**注意する**）

pay attention to ～で「～に注意を払う」という意味。

798

painting

ペインティング[péintiŋ]

名 絵

英検 5 | CEFR A1

▶ a **painting** of Paris （パリの**絵**）

同連 **picture** 名 写真, 絵

799

U.K.

ユーケイ[jú:kéi]

名 (theをつけて)
イギリス

英検 3

▶ people in **the U.K.** （**イギリス**の人々）

United Kingdom（連合王国）の略。ピリオドなしで **UK** ともつづる。

最重要レベル

基本レベル

標準レベル

高得点レベル

超ハイレベル

 # 800

castle ◀つづり
ケアスゥ[kǽsl]

名 城

英検 準2 ｜ CEFR A2

▶ the wall of the **castle** （その城の壁）

 # 801

cute
キュート[kju:t]

形 かわいい

英検 5 ｜ CEFR A1

▶ Your red hat is very **cute**.

（あなたの赤いぼうしはとても**かわいい**。）

 # 802

meat
ミート[mi:t]

名 肉

英検 5 ｜ CEFR A1

同音 meet 動 ～に会う

 # 803

quiet
クワイエト[kwáiət]

形 静かな

英検 4 ｜ CEFR A1

▶ Please be **quiet**.

（静かにしてください。）

関連 quietly 副 静かに　noisy 形 さわがしい

quite（かなり，まったく）
との違いに
気をつけてね。

 # 804

action
エアクション[ǽkʃən]

名 行動, 動作

英検 3 ｜ CEFR A1

▶ take **action** （行動を起こす）

関連 act 動 行動する 名 行為

805

fifteen
フィフティーン[fiftíːn] （発音）

名 形 15 (の)

英検 5 | CEFR A1

▶▶ 20ページ「基数と序数」

806

invite
インヴァイト[inváit]

動 を招待する

英検 3 | CEFR A2

▶ Ken **was invited to** her house.

（ケンは彼女の家に**招待されました**。）

invite A to B で「**A を B に招待する**」という意味。

807

main （つづり）

形 おもな, 主要な

英検 3 | CEFR B1

メイン[mein]

▶ the **main** reason（おもな理由）

808

ocean
オウシャン[óuʃən]

名 大洋, 海

英検 4 | CEFR B1

▶ the Pacific **Ocean**（太平洋）

ふつう **the** をつけて使うよ。

809

set
セト[set]

動 を置く, (太陽が)**沈む**
名 一組, セット

英検 準2 | CEFR A2

―― 過 set － set　ing形 setting

① a **set** of books（1 **セット**の本）

② The sun **sets** in the west.（太陽は西に**沈みます**。）

右側タブ：最重要レベル／基本レベル／標準レベル／高得点レベル／超ハイレベル

810
shape
シェイプ[ʃeip]

名 形

英検 3 | CEFR A2

▶ the **shape** of an egg（卵の形）

811
similar
スィミラァ[símələr]

形 同じような, 似ている

英検 準2 | CEFR A2

▶ Your idea **is similar to** mine.

（あなたの考えは私の**と似ています**。）

> **be similar to ～**で「**～と同じような，～と似ている**」という意味。

812
volleyball
ヴァーリボーゥ[válibɔːl]

名 バレーボール

英検 5 | CEFR A1

▶ I'm on the **volleyball** team.

（私は**バレーボール**チームに所属しています。）

813
behind
ビハインド[biháind]　　発音

前 ～の後ろに

英検 3 | CEFR A1

▶ I sat **behind** him.（私は彼**の後ろに**すわりました。）

 反連 **in front of ～** 熟 ～の前に

814
eleven　　つづり
イレヴン[ilévn]

名 形 11（の）

英検 5 | CEFR A1

 20ページ「基数と序数」

815
international
インタナショナゥ[ìntərnǽʃənəl]

英検 3 | CEFR A2

形 国際的な

▶ an **international** city (国際都市)

関連 **national** 形 国の, 国民の

816
lucky
ラキ[lʌ́ki]

英検 4 | CEFR A1

形 幸運な

比 luckier − luckiest

関連 **luck** 名 運

817
ski
スキー[skíː]

英検 5 | CEFR A2

動 スキーをする
名 スキー板

▶ go **skiing** (スキーに行く)

818
sky
スカイ[skái]

英検 4 | CEFR A1

名 空

▶ in the **sky** (空に)

ふつう the をつけて使う。

819
U.S.
ユーエス[júːés]

英検 5

名 (theをつけて)
アメリカ合衆国

United States の略。ピリオドなしで **US** ともつづる。

▶▶ 293ページ「国・地域」

231

820
toy
トイ[tɔi]

名 おもちゃ

英検 4 | CEFR A1

821
twice
トワイス[twais]

副 2回, 2倍

英検 4 | CEFR A2

▶ **twice** a day（1日に2回）

▶ This TV is **twice** as large as that one.
（このテレビはあれより2倍大きい。）

関連 **once** 副 1回, かつて

▶▶ 177ページ「回数を表す語句」

822
article
アーティクゥ[áːrtikl]

名 記事

英検 準2 | CEFR A1

▶ write an **article**（記事を書く）

「品物」という
意味もあるよ。

823
boat
ボウト[bout] 発音

名 ボート, 船

英検 4 | CEFR A1

関連 **ship** 名 船

824
hair
ヘアァ[heər] つづり

名 髪の毛

英検 5 | CEFR A1

▶ a girl with long **hair**（長い髪の少女）

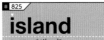

 # 825

英検 **3** | CEFR **A1**

island

アイランド[áilənd] （発音）

名 島

 # 826

英検 **4** | CEFR **A1**

moon

ムーン[muːn]

名 月

▶ walk on the **moon**（月の上を歩く）

関連 **sun** 名 太陽　**earth** 名 地球

ふつう the を
つけるよ。

 # 827

英検 **3** | CEFR **B2**

united

ユーナイティド[juːnáitid]

形 連合した，団結した

① **the United States**（〈アメリカ〉合衆国）

本来「連合した州」という意味。

② **the United Nations**（国際連合）

本来「連合した国家」という意味。

③ **the United Kingdom**（〈イギリス〉連合王国）

 # 828

英検 **4** | CEFR **A1**

anyone

エニワン[éniwʌn]

代 （疑問文で）だれか
　（否定文で）だれも（～ない）

① Does **anyone** know the answer?
（だれか答えを知っていますか。）

② I won't tell **anyone**.（私はだれにも言いませんよ。）

難関 **Anyone** can join our club.

（だれでも私たちのクラブに参加することができます。）

肯定文では「だれでも」という意味を表す。

829

gym
チム[dʒim]

名 体育館

英検 5 | CEFR B1

▶ play basketball in the **gym**
（**体育館**でバスケットボールをする）

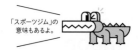

「スポーツジム」の
意味もあるよ。

830

cream
クリーム[kriːm]

名 クリーム

英検 5 | CEFR A2

▶ ice **cream**（アイス**クリーム**）

831

effort
エフォト[éfərt]

名 努力

英検 準2 | CEFR A2

▶ **make an effort**（努力する）

832

fishing
フィシング[fíʃiŋ]

名 魚釣り, fish の ing 形

英検 5 | CEFR A1

▶ I **went fishing** in the river.（私は川へ釣りに行きました。）

go fishing で「釣りに行く」。

833

miss
ミス[mis]

動 に乗り遅れる, をのがす,
がいなくてさびしい

英検 3 | CEFR A1

① I **missed** the bus.（私は**バスに乗り遅れ**ました。）
② Don't **miss** this chance.（この機会を**のがさ**ないで。）
③ I **miss** you.（私はあなた**がいなくてさびしい**。）

834
ring
リング[riŋ]

動 鳴る　名 輪, 指輪

英検 4 | CEFR A2

過 rang[レァング] — rung[ラング]

▶ The phone is **ringing**.（電話が鳴っています。）

835
rest
レスト[rest]

名 休息

英検 3 | CEFR B1

① **take a rest**（休息をとる）

② **the rest of** my life（私の人生の残り）

名詞で「**残り**」という意味もある。

836
yourself
ユアセゥフ[juərsélf]

代 あなた自身

英検 3 | CEFR A1

243ページ「〜self の代名詞」

837
dark
ダーク[dɑːrk]

形 暗い

英検 4 | CEFR A1

▶ It's **getting dark** outside.（外は暗くなってきました。）

反意 **light** 形 明るい, 軽い

838
egg
エッグ[eg]

名 卵

英検 5 | CEFR A1

▶ a boiled **egg**（ゆで卵）

839

Mrs.
ミスィズ[mísiz]

英検 **5** | CEFR **A1**

名 ～さん，～先生

既婚の女性の敬称。姓，または〈名＋姓〉の前につける。未婚・既婚の区別なく使える **Ms.** が好まれることが多い。

▶ **Mr. and Mrs.** Brown（ブラウン夫妻）

関連 **Mr.** 名 （男性に対して）～さん，～先生

Ms. 名 （女性に対して）～さん，～先生

840

runner
ラナァ[rʌ́nər]

英検 **準2** | CEFR **A2**

名 走る人，ランナー

▶ She is the fastest **runner** in her class.

（彼女はクラスでいちばん速く**走る人**です。）

関連 **run** 動 走る

841

step
ステプ[step]

英検 **3** | CEFR **A2**

名 歩み

① **the first step**（第1歩）

② **step by step**（1歩1歩）

842

trouble
トラブ[trʌ́bl]

つづり

英検 **3** | CEFR **A2**

名 困ること，困難

▶ I'm **in trouble**.

（私は**困った**ことになっています。）

be in trouble で「困っている，トラブルに巻き込まれている」という意味。

106

 # 843

yours

ユアァズ[juərz]

代 あなたのもの,
あなたたちのもの

英検 5 | CEFR A1

▶ My idea is a little different from **yours**.

（私のアイディア[考え]は**あなたのもの**とは少し違います。）

▷▷ 10ページ「代名詞」

 # 844

across

アクロース[əkrɔ́ːs]

前 ～を横切って

英検 3 | CEFR A2

▶ **walk across** the street（通り**を歩いて横切る**）

関連 **along** 前 ～に沿って

 # 845

business

ビズニス[bíznis]

名 仕事

英検 3 | CEFR A1

▶ **on business**（**仕事で**）

関連 **busy** 形 忙しい

 # 846

character

ケアラックタァ[kǽrəktər]

名 性格, 登場人物

英検 準2 | CEFR A1

▶ the main **characters** of the story（その物語の主要**人物**）

 # 847

France

フレアンス[fræns]

名 フランス

英検 4

▷▷ 293ページ「国・地域」

 # 848

healthy
ヘゥスィ[hélθi]

英検 3 | CEFR A1

形 健康な, 健康的な

▶ **healthy** food（健康的な食べ物）

(関連) **health** 名 健康

 # 849

meter
ミータァ[míːtər]　発音

英検 5 | CEFR A2

名 メートル

▶ 30 **meters** tall（30メートルの高さ）

 # 850

October　つづり
アクトウバァ[aktóubər]

英検 5 | CEFR A1

名 10月

▶▶ 99ページ「月」

 # 851

respect
リスペクト[rispékt]

英検 準2 | CEFR B1

動 を尊敬する
名 尊敬, 敬意

▶ It's important to **respect** each other.

（おたがいを尊敬[尊重]することは大切です。）

▶ show **respect**（敬意を見せる）

 # 852

seat
スィート[siːt]

英検 4 | CEFR A1

名 座席

▶ give my **seat** to an elderly woman

（年配の女性に席をゆずる）

## 107

853
smell
スメゥ[smel]

動 〜なにおいがする
名 におい

英検 3 | CEFR A1

▶ It **smells** good.（おいしそうなにおいがします。）

関連 **taste** 動 〜な味がする 名 味

854
strange
ストレインヂ[streindʒ]

形 奇妙な

英検 4 | CEFR A1

▶ a **strange** sound（奇妙な音）

関連 **stranger** 名 見知らぬ人

855
temperature
テンプラチャァ[témpərətʃər]

名 温度

英検 準2 | CEFR A2

▶ the **temperature** of the room（その部屋の温度）

856
wood
ウド[wud]

名 木材,（複数形で）森

英検 3 | CEFR A2

▶ This table is made of **wood**.

（このテーブルは**木**でできています。）

857
tonight
トゥナイト[tənáit]

つづり

副 名 今夜（は）

英検 5 | CEFR A1

▶ I'll call you **tonight**.（**今夜**あなたに電話します。）

関連 **today** 副 名 きょう（は）

858
bookstore
ブクストーア[búkstɔːr]

名 書店

英検 5　CEFR A1

859
helpful
ヘゥプフォ[hélpfəl]

形 役に立つ

英検 3　CEFR A2

▶ **helpful** information（役に立つ情報）

関連 **help** 動 ～を手伝う, 助ける

860
heart　◀つづり
ハート[hɑːrt]

名 心, 心臓

英検 3　CEFR A1

▶ in my **heart**（心の中で）

861
January　◀つづり
チェアニュエリ[dʒǽnjueri]

名 1月

英検 5　CEFR A1

▶▶ 99ページ「月」

862
paint
ペイント[peint]

動 （絵の具で絵）を描く, にペンキを塗る

英検 5　CEFR A1

▶ **paint** a picture（絵を描く）

▶ a box of **paints**（絵の具の箱）

名詞で**「絵の具, ペンキ」**の意味もある。

関連 **painting** 名 絵

draw 動 （ペンで絵や図）を描く, （線）を引く

## 108

最重要レベル

863
adult
アダット[ədʌ́lt]

英検 3 ／ CEFR A2

名 大人 形 大人の

▶ become an **adult** （大人になる）

関連 **child** 名 子ども

基本レベル

864
tool
トゥーゥ[tuːl]

英検 準2 ／ CEFR A1

名 道具

▶ new communication **tools**

（新しいコミュニケーションの道具）

標準レベル

865
trash
トレァシュ[træʃ]

英検 3 ／ CEFR B1

名 ごみ, くず

▶ a **trash** can （ごみ箱, ごみ入れ）

関連 **garbage** 名 生ごみ

ふつう garbage（生ごみ）以外のごみをさすよ。

高得点レベル

866
straight ◀つづり
ストレイト[streit]

英検 3 ／ CEFR A2

副 まっすぐに

▶ Go **straight**. （まっすぐ行ってください。）

超ハイレベル

867
uniform
ユーニフォーム[júːnəfɔːrm]

英検 4 ／ CEFR A2

名 制服

▶ wear a school **uniform**

（学校の制服を着ている）

 # 868

elephant
エレファント[éləfənt]

名 ゾウ

英検 3　CEFR A2

 # 869

wish
ウィシュ[wiʃ]

動 願う　名 願い

英検 3　CEFR A1

▶ **wish for** peace（平和を願う）

🔥熟語 **I wish** I were rich.（私がお金持ちならいいのに。）

> wish のあとの動詞を現在のことでも過去形にすることで，「～であればいいのに」という意味になり，現実とは違う願望を表す（仮定法過去）。このとき，be 動詞の過去形は，was の代わりに **were** を使うことが多い。

 # 870

elderly
エゥダリ[éldərli]

形 年配の

英検 準2　CEFR A2

▶ help **elderly people**
（お年寄り[年配の人々]を手助けする）

 # 871

India
インディア[índiə]

名 インド

英検 3

▶▶ 293ページ「国・地域」

 # 872

strawberry
ストローベリ[strɔ́:beri]

名 いちご

英検 4　CEFR B1

複 strawberries

## 109

873
climb ◀つづり
クライム[klaim]

動 を登る

英検 3 / CEFR A1

▶ **climb** a mountain（山に**登る**）

 climb の最後の b は発音しないよ。

874
disaster
ディ**ザ**スタァ[dizǽstər] （発音）

名 大災害, 大惨事

英検 2 / CEFR B1

▶ natural **disasters**（自然**災害**）

875
size
サイズ[saiz]

名 大きさ

英検 4 / CEFR A1

▶ the **size** of a room（部屋の**大きさ**）

876
themselves
ゼム**セ**ッヴズ[ðəmsélvz]

代 彼ら自身, 彼女ら自身, それら自身

英検 3 / CEFR A2

▶ They made dinner **by themselves**.

（彼らは**自分たちで**夕食を作りました。）

by ～self[～selves]で「自分で, だれの力も借りずに」という意味。

☑ まとめてCHECK! ～self の代名詞

私自身	myself	私たち自身	ourselves
あなた自身	yourself	あなたたち自身	yourselves
彼自身	himself	彼ら自身	
彼女自身	herself	彼女ら自身	themselves
それ自身	itself	それら自身	

最重要レベル

基本レベル

標準レベル

高得点レベル

超ハイレベル

 # 877

control
コントロウッ[kəntróul]

動 をコントロールする, を管理する   英検 **3**   CEFR **A2**
名 コントロール

過 controlled   **ing形** controlling

▶ This robot **is controlled** by a computer.

（このロボットはコンピューターによって**制御されています**。）

 # 878

photo
フォウトウ[fóutou]   **発音**

名 写真   英検 **3**   CEFR **A1**

▶ take a **photo**（写真を撮る）

関連 **picture** 名 写真, 絵

photograph を
省略した形だよ。

 # 879

sand
セァンド[sænd]

名 砂   英検 **2**   CEFR **B1**

 # 880

college
カーリヂ[kálidʒ]

名 大学   英検 **5**   CEFR **A1**

▶ go to **college**（大学に行く）

関連 **university** 名 （総合）大学

 # 881

February
フェブルエリ[fébrueri]

名 2月   英検 **5**   CEFR **A1**

▶▶ 99ページ「月」

882
lead
リード[li:d]

過 led[レド] — led

動 を導く，
(lead toで)につながる

英検 2 | CEFR B1

▶ **lead to** success（成功につながる）

883
marathon
メァラサーン[mǽrəθɑn]

名 マラソン

英検 3 | CEFR B2

▶ a **marathon** runner
（マラソンランナー）

884
Mt.
マウント[maunt]

名 ～山

英検 3 | CEFR B1

▶ **Mt.** Fuji（富士山）

関連 **mountain** 名 山

Mount の略で，山の
名前の前につけるよ。

885
south
サウス[sauθ]

名 形 南（の）

英検 3 | CEFR A2

▶▶ 268ページ「方位を表す語」

886
Africa
エァフリカ[ǽfrikə]

名 アフリカ

英検 3

▶▶ 293ページ「国・地域」

最重要レベル
基本レベル
標準レベル
高得点レベル
超ハイレベル

887
convenience
カンヴィーニェンス[kənvíːniəns]

名 便利さ

英検 準2 | CEFR A2

① a **convenience store** （コンビニエンスストア）

② Technology brings us **convenience**.
（テクノロジーは私たちに便利さをもたらします。）

関連 **convenient** 形 便利な

888
forty
フォーティ[fɔ́ːrti] 〔つづり〕

名 形 40（の）

英検 5 | CEFR A1

▶▶ 20ページ「基数と序数」

889
leg
レグ[leg]

名 足（足首から上の部分をさす）

英検 5 | CEFR A1

▶▶ 130ページ「手」「足」の使い分け

890
luck
ラク[lʌk]

名 運

英検 4 | CEFR A1

▶ **Good luck.** （幸運を祈ります。／がんばって。）

関連 **lucky** 形 幸運な

891
Europe
ユアラプ[júərəp] 〔つづり〕

名 ヨーロッパ

英検 3

▶▶ 293ページ「国・地域」

最重要レベル

基本レベル

標準レベル

高得点レベル

超ハイレベル

892

serious

スィァリアス[síəriəs]

比 more 〜 — most 〜

英検 準2 | CEFR B1

形 深刻な, 真剣な

▶ a **serious** problem（深刻な問題）

893

taste

テイスト[teist]

英検 3 | CEFR B1

動 〜な味がする　名 味

▶ It **tastes** good.（おいしいです。← おいしい味がします。）

関連 **smell** 動 〜なにおいがする　名 におい

894

topic

タピック[tápik]

英検 準2 | CEFR A1

名 話題

▶ the **topic** of conversation（〈会話の〉話題）

895

wave

ウェイヴ[weiv]

英検 準2 | CEFR A2

名 波　動 手を振る, を振る

▶ **radio waves**（電波）

▶ I **waved** to her.（私は彼女に手を振りました。）

896

police

ポリース[políːs]

英検 3 | CEFR A2

名 警察

▶ a **police officer**（警察官）

the police は警察全体を表すので, 複数扱いをするよ。

897
reach
リーチ[riːtʃ]

動 に着く, に届く

英検 3 | CEFR B1

▶ **reach** the top of the mountain
（山頂に着く）

「〜に着く」という意味なので, あとに前置詞はつけないよ。

関連 **get to ~, arrive at[in] ~** 熟 ～に着く

898
dear
ディアァ[diər]

形 （手紙で）親愛なる～様

英検 4 | CEFR A1

▶ **Dear** Mr. Smith,（親愛なるスミス様）

899
simple
スィンポゥ[símpl]

形 簡単な, 質素な

英検 4 | CEFR A2

▶ a **simple** question（簡単な質問）

900
stage
ステイヂ[steidʒ]

名 舞台

英検 3 | CEFR A1

▶ on the **stage**（舞台の上で）

901
spread
スプレッド[spred]

1つづり

動 広がる, を広げる

英検 3 | CEFR A2

過 spread － spread

▶ The news **spread** quickly.
（そのニュースはすぐに広まりました。）

902
staff
ステァフ[stæf]

名 職員, スタッフ

英検 3 / CEFR A2

▶ one of the **staff members**（スタッフの1人）

> staff はふつう単数形で使い，集合的に職員全体をさす。1人1人のスタッフのことは a staff member と言う。

903
French
フレンチ[frentʃ]

形 フランスの
名 フランス語, フランス人

英検 5

▶▶ 293ページ「国・地域」

904
plane
プレイン[plein]

名 飛行機

英検 5 / CEFR A1

▶ go there by **plane**
（**飛行機**でそこへ行く）

関連 **ship** 名 船　**train** 名 電車

airplane を
省略した語だよ。

905
period
ピリアド[píəriəd]

名 時代, 期間

英検 2 / CEFR A1

▶ the Edo **period**（江戸時代）

「ピリオド(.)」の
意味もあるよ。

906
teammate
ティームメイト[tíːmmeit]

名 チームメイト

英検 3 / CEFR B1

最重要レベル

基本レベル

標準レベル

高得点レベル

超ハイレベル

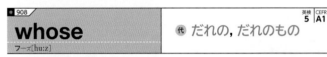

907
rich
リチ[rit∫]

英検 4 | CEFR A1

形 金持ちの, 豊かな

▶ a **rich** family（金持ちの家族）

関連 **poor** 形 貧しい

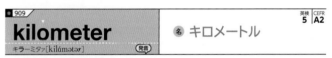

908
whose
フーズ[hu:z]

英検 5 | CEFR A1

代 だれの, だれのもの

▶ **Whose** notebook is this?

（これは**だれの**ノートですか。）

909
kilometer
キラーミタァ[kilámətər]　発音

英検 5 | CEFR A2

名 キロメートル

▶ ten **kilometers**（10 **キロメートル**）

関連 **meter** 名 メートル

910
cap
ケァプ[kæp]

英検 5 | CEFR A1

名 ぼうし, キャップ

関連 **hat** 名 （ふちのある）ぼうし

911
daughter
つづり
ドータァ[dó:tər]　発音

英検 4 | CEFR A1

名 娘

関連 **son** 名 息子

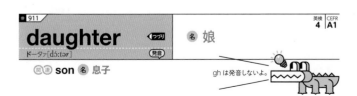

gh は発音しないよ。

250

912

December  つづり

ディセンバァ[disémbər]

名 12月

英検 5 / CEFR A1

▶▶ 99ページ「月」

913

hit

ヒト[hit]

動 を打つ

英検 4 / CEFR B1

過 hit - hit ing形 hitting

① **hit** a ball （ボールを**打つ**）

② He **was hit** by a car.（彼は車に**はねられました**。）

「～にぶつかる」という意味もある。

914

insect

インセクト[ínsekt]

名 昆虫

英検 準2 / CEFR A2

▶ catch an **insect**（**昆虫**をつかまえる）

915

record

名 レカド[rékərd] 動 リコード[rikɔ́ːrd]

名 記録 動 を記録する

英検 準2 / CEFR B1

▶ make a new **record**

（新**記録**を作る）

名詞と動詞で
発音・アクセントが違うよ。

916

site

サイト[sait]

名 用地, ウェブサイト

英検 2 / CEFR A1

▶ a **World Heritage site**（**世界遺産**〈の地〉）

917 might ◀つづり

マイト[mait]

英検 準2 | CEFR A2

助 〜かもしれない

▶ That **might** be true. （それは本当**かもしれません**。）

might は may（〜かもしれない）の過去形で，may よりも可能性が低い場合に使う。

918 society

ソサイエティ[səsáiəti]　　発音

英検 準2 | CEFR A2

名 社会

▶ problems in our **society** （私たちの**社会**における問題）

関連 **social** 形 社会の

919 percentage

パセンティヂ[pərséntidʒ]

英検 2 | CEFR B2

名 パーセンテージ, 割合

▶ the **percentage** of people who like dogs （犬好きな人の**割合**）

920 climate

クライミト[kláimət]　　発音

英検 準2 | CEFR B1

名 気候

▶ **climate** change （気候変動）

関連 **weather** 名 （一時的な）天気

921 fifty ◀つづり

フィフティ[fífti]

英検 5 | CEFR A1

名 形 50（の）

▶▶ 20ページ「基数と序数」

最重要レベル

基本レベル

標準レベル

高得点レベル

超ハイレベル

 # 922

fight
ファイト[fait]

動 戦う **名** 戦い

英検 3 | CEFR A1

過 fought[フォート] ― fought **くつづり**

▶ **fight** for my country
（自分の国のために**戦う**）

fight against ～は
「～と戦う」という意味だよ。

 # 923

perform
パフォーム[pərfɔ́ːrm]

動 (を)上演する，
(を)演奏する

英検 3 | CEFR A2

▶ **perform** a play （劇を**上演する**）

この play は名詞で「劇，芝居」という意味。

関連 **performance** **名** 演技, 演奏

 # 924

social
ソウシャゥ[sóuʃəl]

形 社会の

英検 3 | CEFR A1

▶ **social** problems （**社会**問題）

▶ in **social** studies class （**社会**科の授業で）

social studies で「社会科」の意味。

関連 **society** **名** 社会

 # 925

someday
サムデイ[sámdei]

副 (未来の)いつか

英検 4 | CEFR A2

▶ **Someday** I want to visit Italy.

（**いつか**私はイタリアを訪れたいです。）

関連 **somewhere** **副** どこかに

926
patient
ペイシェント[péiʃənt] 【発音】

英検 準2 CEFR B1

名 患者　形 がまん強い

▶ help **patients**（患者を助ける）
▶ **Be patient.**（がまんしなさい。）

927
lion
ライアン[láiən]

英検 3 CEFR A1

名 ライオン

928
relationship
リレイションシプ[riléiʃənʃip]

英検 準2 CEFR B1

名 関係

▶ have a good **relationship** with others
（ほかの人とよい**関係**を築いている）

929
case
ケイス[keis]

英検 5 CEFR A1

名 場合，容器

▶ in that **case**（その**場合**には）
▶ a pencil **case**（えんぴつ**入れ**，筆箱）

930
cover
カヴァァ[kʌ́vər]

英検 3 CEFR A1

動 をおおう

▶ The mountain **is covered with** snow.
（その山は雪で**おおわれています**。）

be covered with ～で「**～でおおわれている**」という意味になる。

254

931
chocolate
チャーコレト[tʃákələt] 　発音

英検 5 ｜ CEFR A1

名 チョコレート

932
probably
プラーバブリ[prábabli]

英検 3 ｜ CEFR A2

副 たぶん, おそらく

▶ He will **probably** come here.

（彼は**たぶん**ここに来るでしょう。）

　maybe よりも高い可能性を表す。

関連 **maybe, perhaps** 副 もしかしたら（〜かもしれない）

933
grade
グレイド[greid]

英検 4 ｜ CEFR A1

名 学年, 等級

▶ I'm in the ninth **grade**. （私は 9 年生［中学 3 年生］です。）

　アメリカではふつう，学年を小 1（1 年）から高 3（12 年）まで通しで数える。

934
meal
ミーゥ[miːl]

英検 3 ｜ CEFR A1

名 食事

▶ eat three **meals** every day （毎日 3 食食べる）

935
salt
ソーゥト[sɔːlt]

英検 4 ｜ CEFR A2

名 塩

▶ Could you pass me the **salt**, please?

（塩を取っていただけますか。）

最重要レベル

基本レベル

標準レベル

高得点レベル

超ハイレベル

 # 936

war

ウォー▸[wɔːr]　発音

名 戦争

英検 3 | CEFR A1

▶ World **War** Ⅱ（第二次世界大戦）

同意 **peace** 名 平和

World War Two
と読むよ。

 # 937

chair

つづり

チェア▸▸[tʃeər]

名 いす

英検 5 | CEFR A1

 # 938

possible

パースィボゥ[pásəbl]

形 可能な, ありうる

英検 3 | CEFR A2

▶ It is **possible** to reduce cost.（費用を減らすことは**可能**です。）

▶ **as** soon **as possible**（できるだけ早く）

 # 939

common

カーモン[kámən]

形 共通の, ありふれた

英検 3 | CEFR A2

比 more ～ － most ～ または -er － -est

▶ English as a **common** language（**共通**語としての英語）

▶ Smith is a **common** family name.

（スミスは**よくある**名字です。）

 # 940

whole

ホ ワゥ[houl]

形 全体の

英検 3 | CEFR A2

▶ the **whole** world（**全**世界）

## 116

941
encourage ◀つづり
インカ〜リヂ[inkə́:ridʒ]

英検 準2 CEFR A2

動 を勇気づける

▶ Her words **encouraged** me.

（彼女の言葉は私を勇気づけました。）

関連 **courage** 名 勇気

最重要レベル

942
driver
ドライヴァァ[dráivər]

英検 5 CEFR A1

名 運転手

▶ a **driver's license**（運転免許）

関連 **drive** 動 ～を運転する，車で行く

基本レベル

943
owner
オウナァ[óunər]

英検 3 CEFR A1

名 所有者

関連 **own** 動 ～を所有する 形 自分自身の

標準レベル

944
theater
スィアタァ[θíətər]

英検 4 CEFR A1

名 劇場，映画館

▶ a **movie theater**（映画館）

高得点レベル

945
condition
コンディション[kəndíʃən]

英検 2 CEFR A2

名 状態，（複数形で）状況

▶ This car is in good **condition**.（この車は状態がいい。）

▶ under difficult **conditions**（困難な状況下で）

超ハイレベル

257

946
fresh
フレッシュ[freʃ]

英検 3 | CEFR A2

形 新鮮な

▶ eat **fresh** vegetables（新鮮な野菜を食べる）

947
grandma
グレアンマー[grǽnmɑː]

英検 5 | CEFR A1

名 おばあちゃん

関連 **grandpa** 名 おじいちゃん

948
holiday
ハーリデイ[hɑ́lədei]

英検 4 | CEFR A1

名 祝日, 休日

949
May
メイ[mei]

英検 5 | CEFR A1

名 5月

▶▶ 99ページ「月」

950
pollution
ポルーション[pəlúːʃən]

英検 3 | CEFR A1

名 汚染

▶ air **pollution**（大気汚染）

951
leaf
リーフ[liːf]

英検 準2 | CEFR A1

名 葉

複 leaves[リーヴズ]

## 117

952
tooth
トゥース[tu:θ]

名 歯

英検 5 | CEFR A1

複 teeth[ティース]

▶ brush my **teeth**（歯をみがく）

953
airport
エアポート[éərpɔ:rt]

名 空港

英検 5 | CEFR A1

954
hole
ホウゥ[houl]

名 穴

英検 3 | CEFR A1

▶ a **hole** in the wall（壁の**穴**）

955
middle
ミドゥ[mídl]

名 真ん中　形 真ん中の

英検 3 | CEFR A1

▶ in the **middle** of June（6月の**中**ごろに）

in the middle of ～で「**～の中ごろに，～の真ん中に**」という意味になる。

956
notice
ノウティス[nóutis]

動 に気づく
名 通知, 掲示

英検 4 | CEFR A2

① I **noticed** that he wasn't listening to me.
（彼が私の言うことを聞いていないことに**気づきました**。）

② look at a **notice** on the wall（壁の**掲示**を見る）

類語 **realize** 動 ～をさとる，～に気づく，～を実現する

957
page
ペイヂ[peidʒ]

英検 5 | CEFR A1

名 ページ

958
November つづり
ノウヴェンバァ[nouvémbər]

英検 5 | CEFR A1

名 11月

▶▶ 99ページ「月」

959
schedule つづり
スケヂューゥ[skédʒuːl]

英検 3 | CEFR A2

名 予定（表）

▶ a **class schedule**（時間割）

960
wild
ワイゥド[waild]

英検 3 | CEFR A2

形 野生の

▶ **wild** animals（**野生**動物）

961
Christmas つづり
クリスマス[krísməs]

英検 4

名 クリスマス

962
express
イクスプレス[iksprés]

英検 4 | CEFR A2

動 を表現する，を述べる

▶ **express** my opinion（自分の意見を述べる）

関連 **expression** 名 表現

## 118

963

cookie
クキィ[kúki]

名 クッキー

英検 5 | CEFR A1

964

medicine
メドスン[médsən]

名 薬

英検 3 | CEFR A1

▶ **Take** this **medicine.**（この薬を飲みなさい。）

　薬を「飲む」と言うときは **take** を使う。

関連 **medical** 形 医学の

965

proud
プラウド[praud]

形 誇りをもっている

英検 準2 | CEFR B1

▶ I'm **proud** of you.（私はあなた**を誇りに思います。**）

　be proud of ～ で「**～を誇りに思う**」。

966

astronaut
エァストロノート[æstrənɔ:t]

名 宇宙飛行士

英検 3 | CEFR A2

▶ I want to be an **astronaut.**

（私は**宇宙飛行士**になりたいです。）

967

corner
コーナァ[kɔ́:rnər]

名 角^{かど}

英検 4 | CEFR A1

▶ turn left at the second **corner**

（2つ目の**角**を左に曲がる）

 # 968

shock
シャーック[ʃɑk]

動 にショックを与える
名 衝撃, ショック

英検 3 ／ CEFR A2

▶ I **was shocked** to hear that.

（私はそれを聞いて**ショックを受けました**。）

 # 969

tournament
トゥアナメント[túərnəmənt]

名 トーナメント,
勝ち抜き戦

英検 3 ／ CEFR B1

 # 970

distance
ディスタンス[dístəns]

名 距離, 遠距離

英検 3 ／ CEFR B1

▶ a long **distance**（長距離）

 # 971

repair
リペァァ[ripéər]　(発音)

動 を修理する

英検 準2 ／ CEFR A2

▶ **repair** a bike（自転車を修理する）

 # 972

tunnel
タナゥ[tánəl]

名 トンネル

英検 準2 ／ CEFR B2

▶ go through the **tunnel**（**トンネル**を通り抜ける）

 # 973

violin
ヴァイアリン[vaiəlín]　(発音)

名 バイオリン

英検 5 ／ CEFR A2

## 119

974
wind
ウィンド[wind]

名 風

英検 4 | CEFR A1

▶ **wind** power（風力）

関連 **windy** 形 風の強い

975
artist
アーティスト[ɑ́ːrtist]

名 芸術家

英検 4 | CEFR B1

関連 **art** 名 芸術, 美術

976
cheap ◀つづり▶
チープ[tʃíːp]

形 安い

英検 3 | CEFR A2

▶ This shirt was **cheap**.（このシャツは**安**かった。）

関連 **expensive** 形 高価な

977
ballet ◀発音▶
バレイ[bæléi]

名 バレエ

英検 3 | CEFR B2

▶ take **ballet** lessons（**バレエ**のレッスンを受ける）

978
connect
コネクト[kənékt]

動 をつなぐ

英検 準2 | CEFR B1

▶ This printer **is connected** to a computer.

（このプリンターはコンピューターに**接続**されています。）

関連 **connection** 名 つながり, 関係

最重要レベル

基本レベル

標準レベル

高得点レベル

超ハイレベル

979
drama
ドラーマ[dráːmə]

英検 4 ｜ CEFR A1

名 演劇, ドラマ

▶ the **drama** club（演劇部）

関連 **comedy** 名 喜劇

980
cloth
クロース[klɔːθ]

英検 3 ｜ CEFR A1

名 布

▶ a piece of **cloth**（1枚の**布**）

> a をつけず，複数形にしない。数えるときは a piece of ～の形を使う。

▶ a bag made with kimono **cloth**

（着物の**生地**で作られたバッグ）

関連 **clothes** 名 衣服

981
o'clock
アクラーク[əklák]

英検 5 ｜ CEFR A1

副 ～時

▶ at six **o'clock** in the morning

（朝の6時に）

時刻が「～時ちょうど」と言うときに使うよ。

982
cherry
チェリ[tʃéri]

英検 4 ｜ CEFR B2

名 さくらんぼ, 桜

複 cherries

▶ You can see beautiful **cherry blossoms** in spring.

（春には美しい**桜の花**を見ることができます。）

▶ a **cherry tree**（桜の木）

## 120

983
gate
ゲイト[geit]

名 門

英検 3 | CEFR A2

▶ at the **school gate**（**校門**で）

▶ in front of the **ticket gate**（**改札口**の前で）

最重要レベル

984
level
レヴェゥ[lévəl]

名 レベル, 程度

英検 準2 | CEFR B1

▶ the **level** of pollution（汚染の**レベル**）

▶ 1,000 meters **above sea level**（海抜1,000メートル）

above sea level で「**海抜（〜メートル）**」という意味になる。

基本レベル

985
sandwich
セアンドウィチ[sǽndwitʃ]

名 サンドイッチ

英検 5 | CEFR A1

複 sandwiches

標準レベル

986
soup
スープ[su:p]

つづり

名 スープ

英検 5 | CEFR A1

▶ have **soup**（**スープ**を飲む）

スプーンを使って飲むときは eat soup とも言う。

高得点レベル

987
drum
ドラム[drʌm]

名 太鼓, ドラム

英検 4 | CEFR A1

▶ play the **drums**（**ドラム**をたたく）

超ハイレベル

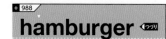

 # 988

hamburger ◀つづり

ヘァンバガァ[hǽmbəːrgər]

名 ハンバーガー

英検 5 | CEFR A1

▶ a **hamburger** shop（ハンバーガー店）

 # 989

hurt

ハ〜ト[həːrt] 発音

動 を傷つける, 痛む

英検 3 | CEFR B1

過 hurt − hurt

① **get hurt**（けがをする）

② **hurt** her feelings
（彼女の気持ちを**傷つける**）

原形・過去形・過去分詞が
すべて同じ形!

 # 990

marry

メァリ[mǽri]

動 と結婚する

英検 3 | CEFR A2

3単現 marries 過 married

▶ My cousin **got married** last month.

（私のいとこが先月結婚しました。）

get married で「結婚する」。

▶ Will you **marry** me?（私と結婚してくれませんか。）

 # 991

match

メァチ[mǽtʃ]

名 試合

英検 4 | CEFR A1

複 matches

▶ a tennis **match**（テニスの**試合**）

関連 game 名 ゲーム, 試合

## 121

992
pen
ペン[pen]

名 ペン

英検 5 | CEFR A1

関連 **pencil** 名 えんぴつ

993
brown
ブラウン[braun]

名 形 茶色（の）

英検 5 | CEFR A1

▶ He has **brown** eyes.（彼は**茶色の**目をしています。）

994
burn
バ〜ン[bə:rn]

動 を燃やす, 燃える

英検 準2 | CEFR A2

▶ **burn** oil（石油を**燃やす**）

▶ The candle was still **burning**.（ろうそくはまだ**燃えて**いました。）

995
disease ◀つづり
ディズィーズ[dizí:z]

名 病気

英検 準2 | CEFR B1

▶ heart **disease**（心臓病）

▶ a serious **disease**（深刻な**病気**）

996
glass
グレァス[glæs]

名 コップ, ガラス

英検 5 | CEFR A1

① **a glass of** water
（コップ1杯の水）

複数形 glasses で
「めがね」の意味もあるよ。

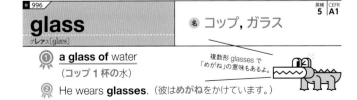

② He wears **glasses**.（彼は**めがね**をかけています。）

出るランク **C** 997 位 ▶ 1000 位

997
engineer
◀つづり
エンヂニァ[endʒiníər]

英検 準2 | CEFR A1

名 技師

▶ I want to be an **engineer** and make robots.

（私は**技師**になってロボットを作りたいです。）

998
hometown
ホウムタウン[houmtáun]

英検 3 | CEFR A1

名 ふるさとの町, 故郷

▶ I'm proud of my **hometown**.

（私は自分の**ふるさとの町**を誇りに思っています。）

999
traffic
トレァフィク[trǽfik]

英検 3 | CEFR A2

名 交通

① a **traffic** light（**交通**信号）
② a **traffic** accident（**交通**事故）
③ a **traffic** jam（**交通**渋滞）

1000
north
ノース[nɔːrθ]

英検 3 | CEFR A2

名 形 北（の）

1000 語到達
おめでとう!!

☑ まとめてCHECK! 方位を表す語

```
                        north(北)
 direction               ↑
 (方位)    west(西) ────────┼──────── east(東)
                         ↓
                        south(南)
```

高得点レベル

この章に収録されているのは，都道府県立などの公立高校の共通入試で高得点をねらうための単語です。公立独自入試を受ける人や，難関私立・国立をめざす人も学習しておく必要があります。この章に取り組むことで，ほかの受験者と差をつけられます。

# 1001 **allow** アラウ[əláu]　【発音】	英検 準2 / CEFR A2 **動** を許可する ▶ Ms. Brown **allowed** us **to** use our dictionaries.（ブラウン先生は私たち**が**辞書を使う**のを許しました**。） **allow ～ to …** で「～が…するのを許す」。
# 1002 **challenge** チェアリンヂ[tʃǽlindʒ]	英検 準2 / CEFR A2 **名** 挑戦　**動** （人）に挑戦する ▶ That's a big **challenge** for me.（それは私にとって大きな**挑戦**です。）
# 1003 **choice** チョイス[tʃɔis]	英検 準2 / CEFR A2 **名** 選択 **関連** **choose** **動** ～を選ぶ
# 1004 **clear** クリアァ[klíər]	英検 3 / CEFR A2 **形** 明白な, 晴れた ▶ a **clear** difference（**明白な**違い） ▶ the **clear** sky（**晴れた**空）
# 1005 **east** イースト[iːst]	英検 3 / CEFR A2 **名 形** 東（の） **関連** **eastern** **形** 東の　**west** **名 形** 西（の） ▶▶ 268ページ「方位を表す語」
# 1006 **horse**　【つづり】 ホース[hɔːrs]	英検 4 / CEFR A1 **名** 馬 ▶ ride a **horse**（**馬**に乗る）
# 1007 **rainy** レイニ[réini]	英検 5 / CEFR A1 **形** 雨降りの ▶ the **rainy** season（雨季, 梅雨） rain（雨）に y がついた形だよ。 ▶▶ 172ページ「天気に関する語」

# 1008 **rock** ラーック[rɑk]	英検 4 / CEFR A2
	名 岩, (音楽の)ロック
	▶ **rock** music (**ロック**音楽)

# 1009 **wake** ウェイク[weik]	英検 4 / CEFR A1
	動 (wake upで)目を覚ます, を起こす
	過 woke[**ウォウク**] − woken[**ウォウクン**]
	▶ **Wake up.**(**起きなさい。**)

# 1010 **accident** エァクスィデント[ǽksədənt]	英検 3 / CEFR A2
	名 事故
	▶ There was a car **accident**.
	(自動車**事故**がありました。)

# 1011 **act** エァクト[ækt]	英検 3 / CEFR A2
	動 行動する 名 行為
	▶ **act** as a guide(案内人として**行動する**)
	▶ a kind **act**(親切な**行為**)
	関連 action 名 行動, 動作

# 1012 **against** アゲンスト[əgénst]	英検 4 / CEFR A2
	前 ～に反対して, ～に対抗して
	▶ I am **against** his idea.
	(私は彼の案**に反対**です。)

# 1013 **arm** アーム[ɑːrm]	英検 4 / CEFR A1
	名 腕
	肩から手首までの部分をさす。
	▶▶ 130ページ「手」「足」の使い分け

# 1014 **attract** アトレァクト[ətrǽkt]	英検 準2 / CEFR B1
	動 (興味など)を引きつける
	▶ The festival **attracts** many tourists.
	(その祭りはたくさんの旅行者**を引きつけます。**)
	関連 attractive 形 魅力的な

最重要レベル
基本レベル
標準レベル
高得点レベル
超ハイレベル

#1015
bright ◀つづり

ブライト[brait]

英検 3 | CEFR A1

形 かがやいている, 明るい
▶ a **bright** color（**明るい**色）

#1016
chicken

チキン[tʃíkin]

英検 4 | CEFR A1

名 ニワトリ, とり肉

#1017
emergency

イマ〜ヂェンスィ[imə́ːrdʒənsi]

英検 準2 | CEFR A2

名 非常事態
▶ things we need in an **emergency**
（**非常時**に私たちに必要なもの）

#1018
fire

ファイアァ[fáiər]

英検 4 | CEFR A1

名 火, 火事
▶ make a **fire**（**火**をおこす）

#1019
gift

ギフト[gift]

英検 4 | CEFR A1

名 贈り物
▶ a birthday **gift**（誕生日の**贈り物**）

関連 **present** 名 贈り物, プレゼント

#1020
invent

インヴェント[invént]

英検 準2 | CEFR A2

動 を発明する
▶ What **was invented** in the 18th century?
（18 世紀には何が**発明されました**か。）

#1021
moment

モウメント[móumənt]

英検 4 | CEFR A1

名 ちょっとの間, 瞬間
▶ think **for a moment**
（**ちょっとの間**考える）
▶ She's out **at the moment**.
（彼女は**ただいま**外出しています。）

## 124

1022

loss
ロース[lɔːs]

英検 準2 | CEFR B1

名 失うこと，喪失

▶ **loss** of data（データの**喪失**）

関連 lose 動 ～を失う，～に負ける

1023

slow
スロウ[slou]

英検 5 | CEFR A1

形 （スピードが）遅い，ゆっくりした

動 （slow downで）速度を落とす

▶ a **slow**, deep breath
（**ゆっくりした**深呼吸）

関連 slowly 副 ゆっくりと

fast 形 速い 副 速く

1024

band
ベアンド[bænd]

英検 5 | CEFR A1

名 バンド

▶ a **brass band**
（ブラスバンド，吹奏楽団）

1025

farming
ファーミング[fɑ́ːrmiŋ]

英検 準2 | CEFR B1

名 農業

▶ find good land for **farming**
（**農業**に適した土地を見つける）

関連 farm 名 農場

farmer 名 農場経営者，農家の人

1026

cafe
キャフェイ[kæféi]

英検 4 | CEFR A1

名 カフェ，喫茶店

フランス語が起源。café と書くこともある。

1027

conversation
カンヴァセイション[kɑnvərséiʃən]

英検 準2 | CEFR A1

名 会話

▶ have a **conversation** with her
（彼女と**会話**をする）

# 1028		英検 5 / CEFR A1
grandpa グ**レァ**ンパー[grǽnpɑː]	名 おじいちゃん	

grandfather のくだけた言い方。

関連 **grandma** 名 おばあちゃん

# 1029		英検 3 / CEFR A1
interview インタヴュー[íntərvjuː]	動 面接, インタビュー 動 を面接する, にインタビューする	

▶ **interview** some students
（何人かの生徒に**インタビューする**）

※ 名「面接, インタビュー」

# 1030		英検 5 / CEFR B2
jump **チャ**ンプ[dʒʌmp]	動 とぶ, ジャンプする	

▶ **jump** out of bed
（ベッドから**とび出す**）

# 1031		英検 5 / CEFR A1
magazine ◀つづり メァガズィーン[mǽgəziːn]	名 雑誌	

最後の e を
忘れないでね。

# 1032		英検 3 / CEFR A2
national **ネァ**ショナっ[nǽʃənəl]	形 国の, 国民の	

▶ a **national** holiday（**国民の**祝日）
▶ a **national** park（**国立**公園）

関連 **international** 形 国際的な

# 1033		英検 3
shrine シュ**ラ**イン[ʃrain]	名 神社	

▶ visit a **shrine**（**神社**を訪れる）

関連 **temple** 名 寺

# 1034		英検 5 / CEFR A1
twelve ◀つづり トゥ**ウェ**っヴ[twelv]	名 形 12 (の)	

▶▶ 20ページ「基数と序数」

# 1035 **bee** ビー[biː]	英検 準2 / CEFR A1 名 ミツバチ
# 1036 **terrible** テリブゥ[térəbl]	英検 3 / CEFR A1 形 ひどい, おそろしい ▶ a **terrible** storm（**ひどい**嵐）
# 1037 **wonder** ワンダァ[wʌ́ndər]	英検 準2 / CEFR B1 動 を不思議に思う 名 不思議さ, 驚き ▶ **I wonder** who will come here. （だれがここに来る**のだろうか**。） **I wonder 〜**で「**〜かと思う**」という意味になる。 対義 It's **no wonder**. （何の不思議もありません。） 関連 **wonderful** 形 すばらしい
# 1038 **exchange** イクス**チェ**インヂ[ikstʃéindʒ]	英検 3 / CEFR A2 名 交換　動 を交換する ▶ an **exchange** student（**交換**留学生） ▶ **exchange** e-mails （メール**をやり取りする**）
# 1039 **expression** イクスプ**レ**ション[ikspréʃən]	英検 準2 / CEFR A2 名 表現 ▶ learn English **expressions** （英語の**表現**を覚える） 関連 **express** 動 〜を表現する, 〜を述べる
# 1040 **final** ファイヌゥ[fáinl]	英検 準2 / CEFR A2 形 最後の 関連 **finally** 副 最後に, ついに

最重要レベル

基本レベル

標準レベル

高得点レベル

超ハイレベル

 # 1041

kill

キッ[kil]

英検 3 | CEFR A1

動 を殺す

▶ They **were killed** in the war.

（彼らはその戦争で**死にました**。）

be killed で「（事故・戦争などで）死ぬ」という意味。

 # 1042

speed

スピード[spi:d]

英検 3 | CEFR A2

名 速度

▶ at a **speed** of 90 kilometers per hour

（時速 90 キロメートルの**速さ**で）

 # 1043

factory

フェアクトリ[fæktəri]

英検 3 | CEFR A1

名 工場

複 factories

▶ a recycling **factory**（リサイクル**工場**）

 # 1044

football

フトボーゥ[fútbɔːl]

英検 5 | CEFR A1

名 フットボール

アメリカではふつうアメリカンフットボールをさし、イギリスではおもにサッカーをさす。

関連 **soccer** **名** サッカー

 # 1045

post

ポウスト[poust]

英検 準2 | CEFR A1

名 郵便

動 （ネット上に）を掲示する, 投稿する

▶ a **post** office（**郵便**局）

▶ **post** a new picture

（新しい写真**を投稿[公開]する**）

関連 **mail** **名** 郵便

「郵便物」の意味で post を使うのはおもにイギリス。アメリカではふつう mail を使う。

		英検	CEFR
		5	A1

1046
salad
セァラド[sǽləd]

名 サラダ

1047
bank
ベァンク[bæŋk]

英検 5　CEFR A1

名 銀行
▶ work at a **bank**
（**銀行**で働く）

「（川などの）土手」という意味もあるよ。

1048
cloudy
クラウディ[kláudi]

英検 5　CEFR A1

形 くもりの
関連 cloud 名 雲
▶▶ 172ページ「天気に関する語」

1049
drill
ドリゥ[dril]

英検 2　CEFR A2

名 （工具の）ドリル, 訓練
▶ a fire **drill**（火災避難**訓練**）

1050
firework
ファイアワ〜ク[fáiərwəːrk]

英検 3　CEFR B1

名 花火
ふつう fireworks と複数形で使う。

1051
matter
メァタァ[mǽtər]

英検 3　CEFR A1

名 事がら, 問題
▶ What's the matter?
（どうしたの？）

相手の体調が悪そうなときなどにたずねる言い方。What's wrong? と同じだね。

1052
raise
レイズ[reiz]

英検 3　CEFR A2

動 を上げる, を育てる
▶ **Raise** your hand.（手を**あげて**。）

1053
service
サ〜ヴィス[sə́ːrvis]

英検 3　CEFR B1

名 サービス
関連 serve 動 （食事）を出す, （人）に給仕する

最重要レベル

基本レベル

標準レベル

高得点レベル

超ハイレベル

#1054

successful

サクセスフォ[səksésfəl]

形 成功した

英検 準2 CEFR A1

▶ I was **successful** on the exam.
（私は試験で**うまくいき**ました。）

関連 **succeed** 動 成功する

success 名 成功

#1055

umbrella ◀つづり

アンブレラ[ʌmbrélə]

名 かさ

英検 5 CEFR A1

▶ take an **umbrella**
（**かさ**を持っていく）

#1056

add

エアド[æd]

動 を加える

英検 3 CEFR A1

▶ **add** salt to the soup
（そのスープに塩**を加える**）

#1057

although ◀つづり

オーゥゾウ[ɔːlðóu]

接 ～だけれども

英検 3 CEFR A2

関連 **though** 接 ～だけれども

although と though はほぼ同じ意味。

#1058

average

エァヴェリヂ[ævəridʒ]

名 平均（値）

英検 準2 CEFR A2

▶ sleep for seven hours **on average**
（**平均**で 7 時間寝ている）

on average で「**平均して**」という意味。

#1059

department

ディパートメント[dipά:rtmənt]

名 部門

英検 準2 CEFR B1

▶ **department store**（デパート）

もともと「部門（売り場）が分かれている店」という
意味。depart だけでは「デパート（百貨店）」の
意味にはならない。

#1060 **experiment** イクスペリメント[ikspérəmənt]	英検 準2 / CEFR B1 名 実験 ▶ do an **experiment**（**実験**を行う）
#1061 **key** キー[ki:]	英検 4 / CEFR A1 名 かぎ ▶ the **key** to success（成功の**かぎ**）
#1062 **material** マテアリアゥ[mətíəriəl]	英検 準2 / CEFR A2 名 材料, 物質
#1063 **straw** ストロー[stro:]	英検 準2 / CEFR B1 名 わら, ストロー ▶ a **straw** hat（**麦わら**ぼうし） ▶ a plastic **straw**（プラスチック製**ストロー**）
#1064 **unique** 〈つづり〉 ユーニーク[ju:ní:k]	英検 準2 / CEFR B1 形 独特の ▶ have a **unique** culture（**独特の**文化がある）
#1065 **accept** アクセプト[əksépt]	英検 準2 / CEFR A2 動 を受け入れる
#1066 **chart** チャート[tʃɑ:rt]	英検 準2 / CEFR A2 名 図表 ▶ Look at **Chart** B on page 5.（5 ページの**図表** B を見てください。）
#1067 **chorus** 〈つづり〉 コーラス[kɔ́:rəs]	英検 3 名 合唱 ▶ have a **chorus** contest（**合唱**コンクールを開く）

最重要レベル

基本レベル

標準レベル

高得点レベル

超ハイレベル

#1068
pie
パイ[pai]

英検 **5** ／ CEFR **B1**

名 パイ

▶ an apple **pie**（アップル**パイ**）

▶ a **pie** chart（**円グラフ**）

> パイの形をしていることから。

#1069
chef
シェフ[ʃef]

英検 **3** ／ CEFR **A2**

名 料理長, シェフ

▶ work as a sushi **chef**
（すし**職人**として働く）

#1070
circle
サ〜コゥ[sə́ːrkl]

英検 **3** ／ CEFR **A1**

名 円

> 動詞で「〜を丸で囲む」という意味もあるよ。

#1071
damage
デァミヂ[dǽmidʒ]

英検 **2** ／ CEFR **B1**

名 損害　動 に損害を与える

▶ cause serious **damage** to society
（社会に深刻な**損害**をもたらす）

▶ The heavy rain **damaged** the roads.
（大雨が道路**に損傷を与えました**。）

#1072
drop
ドラーブ[drɑp]

英検 **4** ／ CEFR **A2**

動 を落とす, 落ちる　名 しずく

過 dropped　ing形 dropping

▶ **drop** a pen（ペン**を落とす**）

#1073
noon
ヌーン[nuːn]

英検 **5** ／ CEFR **A2**

名 正午

▶ at **noon**（**正午**に）

#1074
aquarium
アクウェァリアム[əkwéəriəm]　発音

英検 **3**

名 水族館

# 1075		英検 準2	CEFR A2
athlete 〈つづり〉	名 運動選手		
エァスリート[金θliːt]			

# 1076		英検 4	
chopsticks	名 (食事用の)はし		
チャープスティクス[tʃɑ́pstiks]	▶ a pair of **chopsticks** (1膳の**はし**)		

# 1077		英検 準2	CEFR A2
earthquake 〈つづり〉	名 地震		
ア〜スクウェイク[ə́ːrθkweik]	▶ We had an **earthquake** yesterday. (きのう，**地震**がありました。)		

# 1078		英検 準2	CEFR A2
education	名 教育		
エデュケイション[edʒukéiʃən]			

# 1079		英検 準2	CEFR A2
oil	名 油, 石油		
オイゥ[ɔ́il]			

# 1080		英検 5	CEFR A1
pencil	名 えんぴつ		
ペンスゥ[pénsl]			

# 1081		英検 5	CEFR A2
racket	名 ラケット		
レァキット[rǽkit]	▶ buy a **racket** (**ラケット**を買う)		

# 1082		英検 2	CEFR B2
solar	形 太陽の		
ソウラァ[sóulər]	▶ **solar** energy (**太陽**エネルギー)		

# 1083		英検 5	CEFR A2
curry	名 カレー		
カ〜リ[kə́ːri]	▶ **curry** and rice (**カレー**ライス)		

最重要レベル / 基本レベル / 標準レベル / 高得点レベル / 超ハイレベル

#1084

effect

イフェクト[ifékt]

英検 準2 CEFR A2

名 影響, 効果

▶ have a bad **effect** on animals
（動物に悪**影響**を与える）

#1085

positive

パーズィティヴ[pázətiv]

英検 準2 CEFR B1

形 前向きな, 肯定的な

比 more ～ － most ～

▶ try to be more **positive**
（もっと**前向き**になろうとする）

関連 **negative** 形 否定的な, 消極的な

#1086

professional　◀つづり

プロフェショナゥ[prəféʃənəl]

英検 4 CEFR A2

形 プロの, 専門的な

▶ a **professional** player（**プロの**選手）

#1087

speaker

スピーカァ[spíːkər]

英検 準2 CEFR A2

名 話す人, 演説者

▶ a good **speaker** of Chinese
（中国語をじょうずに**話す人**）

#1088

weak　◀つづり

ウィーク[wíːk]

英検 3 CEFR A2

形 弱い

▶ a **weak** voice（**弱々しい**声）

反意 **strong** 形 強い　同音 **week** 名 週

#1089

decrease

ディクリース[dikríːs]

英検 準2 CEFR B1

動 減る, を減らす

反意 **increase** 動 増える, ～を増やす

#1090

funny　◀つづり

ファニ[fʌ́ni]

英検 4 CEFR A1

形 おかしな, おもしろい

比 funnier － funniest

▶ a **funny** story（**おもしろおかしい**話）

## 129

1091
original
オリヂナっ[ərídʒənəl]

英検 準2 | CEFR A2

名 もとの, 独創的な

▶ The **original** plan was different.
（**もとの**計画は違っていました。）

▶ create an **original** dance
（**独創的な**ダンスを創作する）

関連 **origin** 名 起源　**originally** 副 もともと

1092
potato
ポテイトウ[pətéitou]

英検 5 | CEFR A1

名 じゃがいも

複 potatoes

1093
push
プシュ[puʃ]

英検 3 | CEFR B1

動 を押す

▶ **push** a button（ボタン**を押す**）

関連 **pull** 動 ～を引く, 引っ張る

1094
ship
シプ[ʃip]

英検 5 | CEFR A1

名 船

▶ travel by **ship**（**船**で旅行する）

1095
symbol　つづり
スィンボっ[símbəl]

英検 3 | CEFR A2

名 象徴

▶ a **symbol** of peace（平和の**象徴**）

1096
toward
トード[tɔ́:rd]

英検 準2 | CEFR A2

前 ～の方へ

▶ I walked **toward** him.
（私は彼**の方へ**歩いていきました。）

1097
wife
ワイフ[waif]

英検 4 | CEFR A1

名 妻

複 wives

関連 **husband** 名 夫

最重要レベル

基本レベル

標準レベル

高得点レベル

超ハイレベル

#1098

banana

バネァナ[bənǽnə]

名 バナナ

英検 **5** / CEFR **A1**

#1099

cafeteria

キャフェティァリア[kæfətíəriə]

名 カフェテリア, （学校の）食堂

英検 **5** / CEFR **A2**

#1100

convenient

コンヴィーニェント[kənvíːnjənt]

形 便利な

英検 **準2** / CEFR **A2**

#1101

discover

ディスカヴァァァ[diskʌ́vər]

動 を発見する

▶ **discover** a new species
（新種**を発見する**）

関連 **discovery** 名 発見

英検 **準2** / CEFR **A2**

#1102

herself

ハセゥフ[hərsélf]

代 彼女自身

▶▶ 243ページ「～selfの代名詞」

英検 **3** / CEFR **A2**

#1103

hide

ハイド[haid]

動 をかくす, かくれる

過 hid[ヒド] ー hidden[ヒドン] / hid

英検 **準2** / CEFR **A1**

#1104

movement

ムーヴメント[múːvmənt]

名 動き, （社会的な）運動

▶ the **movement** of air （空気の**動き**）

関連 **move** 動 引っ越す, ～を動かす

英検 **準2** / CEFR **B1**

#1105

Spanish

スペァニシュ[spǽniʃ]

形 スペインの　名 スペイン語

▶ speak **Spanish** （**スペイン語**を話す）

▶▶ 293ページ「国・地域」

英検 **4**

 # 1106

bite

バイト[bait]

英検 準2 | CEFR A2

動 をかむ

名 一口（分）, かむこと
ひとくち

過 bit[ビト] ー bitten[ビトン] **つづり**

 # 1107

bye

バイ[bai]

英検 5 | CEFR A1

間 さようなら

goodbye のくだけた言い方。

 # 1108

cousin

カズン[kʌ́zn]　**発音**

英検 4 | CEFR A1

名 いとこ

 # 1109

either

イーザァ[íːðər]

英検 3 | CEFR A1

副 ～もまた（…ない）

▶ I can't swim.
　ー I can't, **either**.

（私は泳げません。ー 私**も**です。）

否定文で「～も（…ない）」
というときに使うよ。

▶ **either** rice **or** bread（ご飯**か**パン**か**）

either A or B で「**A か B** のどちらか」。

 # 1110

importance

インポータンス[impɔ́ːrtəns]

英検 準2 | CEFR A2

名 重要性

関連 **important** 形 重要な

 # 1111

injure

インヂャァ[índʒər]　**発音**

英検 準2 | CEFR A2

動 を傷つける

▶ I **got injured** in the accident.
（私はその事故で**けがをしました**。）

get injured で「**けがをする**」という意味。

 # 1112

lady

レイディ[léidi]

英検 5 | CEFR A1

名 女の人

複 ladies

woman のていねいな
言い方だよ。

# 1113			英検 **3**	CEFR **A1**
list リスト[list]	名 リスト ▶ a **list** of words（単語の**リスト**）			

# 1114			英検 **3**	CEFR **A2**
planet プラァニット[plǽnit]	名 惑星 ▶ our **planet** （私たちの**惑星** ［= the earth］）	地球や火星，木星など，太陽のまわりを回っている星のことだよ。		

# 1115		英検 **準2**	CEFR **A2**
population パピュレイション[pɑpjuléiʃən]	名 人口		

# 1116		英検 **準2**	CEFR **A1**
role ロウッ[roul]	名 役割, 役 ▶ **play an** important **role** in the game （その試合で重要な**役割を果たす**） **play a role** で「役割を果たす」「役を演じる」という意味。		

# 1117		英検 **5**	CEFR **A1**
singer スィンガァ[síŋər]	名 歌手		

# 1118		英検 **準2**	CEFR **B1**
active エァクティヴ[ǽktiv]	形 活動的な 比 more ～ － most ～ ▶ an **active** girl（**活発な**女の子） 関連 activity 名 活動		

# 1119		英検 **準2**	
bamboo ベァンブー[bæmbúː]	名 竹		

## 131

#1120

decision 〈つづり〉

ディスィジョン[disíʒən]

英検 準2 / CEFR B1

名 決定, 決心

▶ make a **decision**（**決定**を下す）

関連 **decide** 動 ～を決める

#1121

fourth

フォース[fɔːrθ]

英検 5

名 形 4番目(の)

▶▶ 20ページ「基数と序数」

#1122

lie 〈つづり〉

ライ[lai]

英検 2 / CEFR B1

動 横になる

名 うそ

過 lay[レイ] ー lain[レイン] ing形 lying

▶ **lie down**（**横になる**）

▶ tell a **lie**（**うそ**をつく）

「うそをつく」という意味の lie の過去形・過去分詞は lied [ライド] だよ。

#1123

rabbit

レァビト[rǽbit]

英検 5 / CEFR A1

名 ウサギ

#1124

sightseeing 〈つづり〉

サイトスィーイング[sáitsiːiŋ]

英検 3 / CEFR A2

名 観光

#1125

wide

ワイド[waid]

英検 3 / CEFR A2

形 (幅が) 広い, 幅がある

▶ The river is 70 meters **wide**.

（その川は 70 メートルの**幅**があります。）

#1126

Asia

エイジャ[éiʒə] 〈発音〉

英検 3

名 アジア

▶ countries in **Asia**（**アジア**の国々）

▶▶ 293ページ「国・地域」

# 1127	
beginning 〈つづり〉 ビギニング[bigíniŋ]	名 初め, 始まり ▶ at the **beginning** of March （3月の**初め**に） 関連 end 名 終わり 英検 準2 CEFR A2

# 1128	
deep ディープ[di:p]	形 深い 副 深く ▶ the **deep** sea（**深海**） 英検 3 CEFR B2

# 1129	
fifth フィフス[fifθ]	名 形 5番目（の） ▶▶ 20ページ「基数と序数」 英検 5 CEFR B1

# 1130	
law ロー[lɔ:] 〈発音〉	名 法律 ▶ against the **law**（**法律**に違反して） 関連 lawyer 名 弁護士 英検 2 CEFR A2

# 1131	
stair 〈つづり〉 ステアァ[steər]	名 （複数形で）階段 ▶ go up the **stairs**（**階段**を上る） 英検 準2 CEFR A2

# 1132	
chemical 〈つづり〉 ケミカッ[kémikəl]	形 化学の 名 （複数形で）化学薬品 ▶ a **chemical** reaction（**化学**反応） ▶ use **chemicals**（**化学薬品**を使う） 英検 準2 CEFR A2

# 1133	
global グロウバッ[glóubəl]	形 地球規模の ▶ **global** warming（**地球**温暖化） 英検 準2 CEFR B1

# 1134	
heat ヒート[hi:t]	名 熱 動 を温める ▶ the **heat** of the sun（太陽の**熱**） 英検 準2 CEFR A2

# 1135	
prefecture プリーフェクチァァ[príːfektʃər]	英検 準2 名 県 ▶ Aichi **Prefecture**（愛知**県**） 「〜県」と表すときは大文字で書き始める。

# 1136	
soil ソイゥ[sɔil]	英検 2 ＣEFR B2 名 土壌 ▶ rich **soil**（肥えた**土**）

# 1137	
tower タウァァ[táuər] （発音）	英検 準2 ＣEFR A1 名 塔, タワー

# 1138	
ALT エイエゥティー[éielti:]	名 外国語指導助手 Assistant Language Teacher の略。

# 1139	
Brazil ブラズィゥ[brəzil]	英検 5 名 ブラジル

# 1140	
cost コースト[kɔːst]	英検 3 ＣEFR A2 動 （人に）（費用）がかかる 名 費用 過 cost － cost ▶ How much does it **cost** to go to the airport by bus? （空港までバスで行くといくら**かかります**か。）

# 1141	
disappear ディサピァァ[dìsəpíər]	英検 準2 ＣEFR A2 動 見えなくなる, 姿を消す ▶ Our cat **disappeared**. （うちのねこが**いなくなりました**。） 反意 appear 動 現れる

最重要レベル

基本レベル

標準レベル

高得点レベル

超ハイレベル

1142
electric
イレクトリク[iléktrik]

英検 準2 CEFR A2

形 電気の
▶ an **electric** car（**電気**自動車）
関連 electricity 名 電気

1143
scared
スケアド[skeərd] 発音

英検 3 CEFR B1

形 こわがった
▶ I was **scared** when I saw the snake.
（私はそのヘビを見たとき**こわかった**です。）

1144
serve
サ〜ヴ[səːrv]

英検 3 CEFR A2

動 （食事）を出す,（人）に給仕する
▶ **serve** good food（おいしい食事**を出す**）

1145
anymore
エニモーァ[enimɔ́ːr]

英検 3 CEFR A2

副 （否定文で）もう, いまは
▶ I can't walk **anymore**.
（私は**もう**歩けません。）

1146
bear つづり
ベアァ[beər]

英検 3 CEFR A1

名 クマ

1147
exactly
イグゼアクトリ[igzǽktli]

英検 準2 CEFR A2

副 正確に, まさに
▶ **exactly** the same size
（**まさに**同じ大きさ）

1148
friendship
フレンドシプ[fréndʃip]

英検 準2 CEFR A2

名 友情

1149
happiness
ハァピニス[hǽpinis]

英検 3 CEFR A2

名 幸福
関連 happy 形 幸せな, うれしい

## 133

1150
mouth
マウス[mauθ] （発音）

名 口
▶ Open your **mouth**.（口を開けて。）

英検 5 / CEFR A1

1151
shout （つづり）
シャウト[ʃaut]

動 (と)さけぶ
▶ "Help me!" he **shouted**.
（「助けて!」と彼は**さけびました**。）
関連 cry 動 泣く，さけぶ

英検 3 / CEFR A2

1152
statue
ステァチュー[stætʃuː]

名 像
▶ the **Statue** of Liberty（自由の女神**像**）

英検 3 / CEFR A2

1153
appear
アピアァ[əpíər]

動 現れる
▶ A girl **appeared** on the stage.
（女の子が舞台に**現れました**。）
関連 disappear 動 見えなくなる，姿を消す

英検 準2 / CEFR A2

1154
bath
ベァス[bæθ]

名 ふろ
▶ take a **bath**（**ふろ**に入る）

英検 5 / CEFR A1

1155
ceremony
セレモウニ[sérəmouni]

名 儀式
複 ceremonies
▶ tea **ceremony**（茶道）

英検 4 / CEFR B1

1156
hobby
ハービ[hábi]

名 趣味
複 hobbies
▶ Do you have any **hobbies**?
（あなたには何か**趣味**がありますか。）

英検 4 / CEFR A1

最重要レベル

基本レベル

標準レベル

高得点レベル

超ハイレベル

# 1157		英検 **4** CEFR **A2**
menu メニュー[ménju:]	名 メニュー	

# 1158		英検 **準2** CEFR **A1**
note ノウト[nout]	名 メモ, 覚え書き ▶ leave a **note**（メモを残す） ▶ **take notes**（メモを取る）	

# 1159		英検 **5** CEFR **A1**
pretty プリティ[príti]	形 かわいらしい, きれいな 副 かなり 比 prettier−prettiest ▶ **pretty** flowers（**きれいな**花） ▶ **pretty** good（**かなり**よい）	

# 1160		英検 **準2** CEFR **A2**
audience オーディエンス[ɔ́:diəns] 発音	名 聴衆, 観衆	

# 1161		英検 **準2** CEFR **A2**
depend ディペンド[dipénd]	動 頼る ▶ She **depends on** her parents. （彼女は両親**に頼って**います。） **depend on ~** で「~に頼る」「~次第である」という意味。	

# 1162		英検 **A1**
foreigner フォーリナァ[fɔ́:rinər] 発音	名 外国人 関連 **foreign** 形 外国の	「よそ者」というニュアンスがあるので注意。

# 1163		英検 **4** CEFR **A1**
husband ◀つづり ハズバンド[házbənd]	名 夫 関連 **wife** 名 妻	

# 1164		英検 4
Italy イタリ[ítəli]	名 イタリア	

# 1165		英検 3 · CEFR A1
king キング[kíŋ]	名 王 関連 queen 名 女王	

# 1166		英検 3
Korea コリーア[kəríːə]	名 韓国・朝鮮	

# 1167		英検 3
Korean コリーアン[kəríːən]	形 韓国・朝鮮の 名 韓国・朝鮮語	

☑まとめてCHECK! 国・地域

日本	Japan	日本の	Japanese
イギリス	(Great) Britain / the United Kingdom	イギリスの	British
イングランド	England	イングランドの	English
アメリカ / アメリカ合衆国	America / the United States (of America)	アメリカの	American
イタリア	Italy	イタリアの	Italian
インド	India	インドの	Indian
オーストラリア	Australia	オーストラリアの	Australian
カナダ	Canada	カナダの	Canadian
韓国・朝鮮	Korea	韓国・朝鮮の	Korean
スペイン	Spain	スペインの	Spanish
中国	China	中国の	Chinese
ドイツ	Germany	ドイツの	German
フランス	France	フランスの	French
ロシア	Russia	ロシアの	Russian
アジア	Asia	アジアの	Asian
アフリカ	Africa	アフリカの	African
ヨーロッパ	Europe	ヨーロッパの	European

最重要レベル

基本レベル

標準レベル

高得点レベル

超ハイレベル

#1168

round

ラウンド[raund]

英検 準2 | CEFR B1

形 丸い，一周の
- **all year round**（1年中）
- **turn round**（回転する，振り向く）

副「ぐるりと」，前「〜のまわりに」の意味で，aroundと同じ使い方をすることがある。

#1169

search

サ〜チ[səːrtʃ]

英検 準2 | CEFR A2

動 さがす，を検索する
- **search for** treasure（財宝**をさがす**）
- **search** the internet
  （インターネット**で検索する**）

#1170

wheelchair

フウィーゥチェアァ[hwíːltʃeər]

英検 準2 | CEFR A2

名 車いす
- people in **wheelchairs**
  （**車いす**に乗った人々）

#1171

blossom

ブラーサム[blásəm]

英検 準2 | CEFR B2

名（果実のなる木の）花
- cherry **blossoms**（桜の**花**）

#1172

coach ◀つづり

コウチ[koutʃ]

英検 3 | CEFR A1

名 コーチ
- She is a good **coach**.
  （彼女はいい**コーチ**です。）

#1173

dolphin

ダーゥフィン[dálfin]

英検 4 | CEFR B1

名 イルカ

#1174

ear

イアァ[iər]

英検 3 | CEFR A1

名 耳

関連 nose 名 鼻

#1175
graduate
グレァヂュエイト[grǽdʒueit]

英検 3 CEFR B1

動 卒業する

▶ **graduate from** junior high school
（中学校**を卒業する**）

関連 graduation 名 卒業

#1176
grandparent
グレァンペアレント[grǽndpeərənt]

英検 4 CEFR A1

名 祖父, 祖母

複数形 **grandparents** で「**祖父母**」。

関連 grandfather 名 祖父
grandmother 名 祖母

#1177
pool
プーゥ[pu:l]

英検 5 CEFR A1

名 プール

#1178
pull
プゥ[pul]

英検 3 CEFR A2

動 を引く, を引っ張る

▶ He **pulled** my hand.
（彼は私の手**を引っ張りました。**）

▶ **pull out** a young tree
（若木**を引き抜く**）

関連 push 動 ～を押す

#1179
shy
つづり
シャイ[ʃai]

英検 3 CEFR A1

形 恥ずかしがりの

▶ She is very **shy**.
（彼女はとても**恥ずかしがり**です。）

#1180
survey
動 サヴェイ[sərvéi]
名 サ～ヴェイ[sə́:rvei]

英検 2 CEFR A1

動 を調査する 名 調査

▶ according to a **survey**
（ある**調査**によると）

#1181

tear

ティアァ[tiər] （発音）

名 （ふつう複数形で）涙

英検 準2 ｜ CEFR A2

▶ Her eyes were filled with **tears**.
（彼女の目は**涙**でいっぱいでした。）

#1182

clerk

クラ～ク[klə:rk]

名 店員

英検 4 ｜ CEFR A2

(関連) **salesclerk** 名 （売り場の）店員

#1183

digital

ディヂトゥ[dídʒitl]

形 デジタルの

英検 準2 ｜ CEFR B1

▶ a **digital** camera （**デジタル**カメラ）

#1184

everybody

エヴリバーディ[évribɑdi]

代 だれでも, みんな

英検 3 ｜ CEFR A1

▶ **Everybody** knows the news.
（**みんな**そのニュースを知っています。）

単数扱いをすることに注意。

(関連) **everyone** 代 みんな

#1185

hat

ヘァト[hæt]

名 ぼうし

英検 5 ｜ CEFR A1

(関連) **cap** 名 （野球帽などの）ぼうし, キャップ

#1186

market

マーキト[má:rkit]

名 市場

英検 3 ｜ CEFR A2

#1187

powerful

パウアフォ[páuərfəl]

形 力強い

英検 準2 ｜ CEFR A2

(関連) **power** 名 力

#1188

taxi

テァクスィ[tǽksi]

名 タクシー

英検 3 ｜ CEFR A1

▶ take a **taxi** （**タクシー**に乗って行く）

 # 1189

quite

クワイト[kwait]

英検 **3** | CEFR **A2**

副 **かなり, まったく**

▶ The test is **quite** hard.

（そのテストは**かなり**難しい。）

 # 1190

sale

セイゥ[seil]

英検 **4** | CEFR **A1**

名 **販売, セール**

▶ These items are not **for sale**.

（これらの品物は**売り物**ではありません。）

関連 **sell** 動 ～を売る

 # 1191

sense

センス[sens]

英検 **2** | CEFR **A2**

名 **感覚, センス**

▶ **sense** of taste（味**覚**）

 # 1192

species

スピーシーズ[spíːʃiːz]

英検 **準2** | CEFR **B2**

名 **（生物の）種**

複 species

▶ different **species**

（異なる**種**）

複数形は単数形
と同じ形だよ。

 # 1193

survive

サヴァイヴ[sərváiv]

英検 **準2** | CEFR **A2**

動 **生き残る**

▶ Animals have many different ways to **survive**.（動物には**生き残る**ためのさまざまな方法があります。）

 # 1194

attack

アテァゥ[ətǽk]

英検 **4** | CEFR **A2**

動 **を攻撃する**　名 **攻撃**

 # 1195

celebrate

セレブレイト[séləbreit]

英検 **3** | CEFR **A1**

動 **を祝う**

▶ **celebrate** her birthday

（彼女の誕生日**を祝う**）

#1196

cheer

チァァ[tʃíər]

英検 **3** | CEFR **A2**

動 を元気づける

▶ I **cheered** him **up**.

（私は彼**を元気づけました**。）

cheer ~ up で「~を元気づける」。

#1197

entrance

エントランス[éntrəns]

英検 **3** | CEFR **A2**

名 入り口, 入ること

▶ the **entrance** exam（**入学試験**）

閏運 enter **動** ~に入る

#1198

form

フォーム[fɔːrm]

英検 **準2** | CEFR **A1**

名 形, 形態　**動** を形づくる

▶ different **forms** of music

（音楽のさまざまな**形態**）

#1199

nobody

ノウバーディ[nóubɑdi]

英検 **準2** | CEFR **A2**

代 だれも~ない

▶ **Nobody** knows what this is.

（**だれも**これが何なのか知り**ません**。）

単数扱いをすることに注意。**no one** でも同じ意味を表せる。

#1200

purpose

パ~パス[pə́ːrpəs]　　（発音）

英検 **準2** | CEFR **A2**

名 目的

▶ What is the **purpose** of your visit?

（あなたの訪問の**目的**は何ですか。）

入国審査で尋ねられる質問。

#1201

sleepy

スリーピ[slíːpi]

英検 **5** | CEFR **A2**

形 眠い

▶ I'm **sleepy**.（私は**眠い**です。）

閏運 sleep **動** 眠る

# 1202		英検 2 / CEFR A2
treasure つづり トレジァァ[tréʒər] 発音	名 宝物	つづりと発音に注意！

# 1203		英検 5 / CEFR A2
bench ベンチ[bentʃ]	名 ベンチ ▶ sit on a **bench**（**ベンチ**にすわる）	

# 1204		英検 準2 / CEFR A2
desert デザト[dézərt] 発音	名 砂漠	食後の「デザート」は dessert だよ。間違えないでね。

# 1205		英検 準2 / CEFR B1
huge ヒューヂ[hju:dʒ]	形 巨大な ▶ a **huge** ship（**巨大な**船）	

# 1206		英検 4 / CEFR A2
mall モーゥ[mɔ:l]	名 ショッピングモール ▶ walk around the **mall** （その**ショッピングモール**を歩いてまわる）	

# 1207		英検 3 / CEFR A1
musician ミューズィシャン[mju:zíʃən]	名 音楽家, ミュージシャン	

# 1208		英検 3 / CEFR A1
sentence センテンス[séntəns]	名 文	

# 1209		英検 準2 / CEFR B2
user ユーザァ[jú:zər]	名 使用者 ▶ internet **users**（インターネットの**使用者**）	

# 1210		英検 3 / CEFR B2
costume カーステューム[kástju:m]	名 服装, 衣装	

最重要レベル

基本レベル

標準レベル

高得点レベル

超ハイレベル

1211
count
カウント[kaunt]

英検 2 | CEFR B1

動 を数える
▶ **count** the number of students
（生徒の人数**を数える**）

1212
flight ◀つづり
フライト[flait]

英検 準2 | CEFR A2

名 飛行, 飛行機の便
▶ during the **flight**（**飛行**の間）
▶ wait for a **flight**（**飛行機の便**を待つ）

関連 **fly** 動 飛ぶ, 飛行機で行く

1213
Germany
チャ～マニ[dʒə́ːrməni]

英検 3

名 ドイツ
▶▶ 293ページ「国・地域」

1214
hill
ヒッ[hil]

英検 3 | CEFR A1

名 丘

1215
image
イミヂ[ímidʒ] 発音

英検 準2 | CEFR A2

名 イメージ, 画像
関連 **imagine** 動 ～を想像する

1216
loud ◀つづり
ラウド[laud]

英検 3 | CEFR B1

形 （声などが）大きい
▶ speak **in a loud voice**（**大声で**話す）

1217
medical
メディカゥ[médikəl]

英検 準2 | CEFR A2

形 医学の
▶ get **medical care[treatment]**
（**医療[治療]**を受ける）

1218
neighbor ◀つづり
ネイバァ[néibər]

英検 2 | CEFR A1

名 隣人, 近所の人
▶ my **neighbor**（私の**隣人**）

# 1219 **cheese** チーズ[tʃíːz]	英検 **5** / CEFR **A1** 名 チーズ
# 1220 **clearly** クリアリ[klíərli]	英検 **3** / CEFR **A2** 副 はっきりと 比 more ～ – most ～ 関連 **clear** 形 明白な 晴れた
# 1221 **comfortable** カンファタボゥ[kÁmfərtəbl]	英検 **準2** / CEFR **A2** 形 心地よい 比 more ～ – most ～
# 1222 **impossible** インパースィボゥ[impɑ́səbl]	英検 **準2** / CEFR **A2** 形 不可能な ▶ It's **impossible** to get a ticket. （チケットを入手するのは**不可能**です。） 関連 **possible** 形 可能な，ありうる
# 1223 **jacket** ヂェアキット[dʒǽkit]	英検 **5** / CEFR **A1** 名 上着, ジャケット
# 1224 **actor** エァクタァ[ǽktər]	英検 **4** / CEFR **A1** 名 俳優
# 1225 **include** インクルード[inklúːd]	英検 **準2** / CEFR **A2** 動 を含む ▶ **include** the tax（税金**を含む**） 関連 **including** 前 ～を含めて
# 1226 **New Zealand** ニューズィーランド[njuː zíːlənd]	英検 **3** 名 ニュージーランド

最重要レベル

基本レベル

標準レベル

高得点レベル

超ハイレベル

#1227
operation
アペレイション[ɑpəréiʃən]

英検 2 ｜ CEFR B1

名 手術, 操作

▶ have an **operation** (**手術を受ける**)

関連 **operate** 動 ～を操作する

#1228
pattern
ペァタン[pǽtərn]　(発音)

英検 2 ｜ CEFR B1

名 もよう, パターン, 傾向

#1229
Singapore
スィンガポーァ[síŋgəpɔːr]

英検 3

名 シンガポール

#1230
west
ウエスト[west]

英検 5 ｜ CEFR A2

名 形 西 (の)

関連 **western** 形 西の　**east** 名 形 東 (の)

▶▶ 268ページ「方位を表す語」

#1231
ability
アビリティ[əbíləti]

英検 準2 ｜ CEFR A2

名 能力

複 abilities　関連 **able** 形 できる

#1232
addition
アディション[ədíʃən]

英検 準2 ｜ CEFR A2

名 追加

▶ **in addition** (**加えて, さらに**)

関連 **add** 動 ～を加える

#1233
anywhere
エニッウェァァ[énihweər]

英検 4 ｜ CEFR A2

副 (肯定文で) どこへでも

(否定文で) どこにも (～ない)

(疑問文で) どこかに

▶ I can't find my bag **anywhere**.

(私のかばんが**どこにも**見つかりません。)

関連 **anytime** 副 いつでも

## 139

1234
belong

ビローング[bilɔ́ːŋ]

動 所属する

▶ I **belong to** the chorus club.
（私は合唱部**に所属しています**。）

belong to ～ で「～に所属する，～のものである」という意味。

英検 準2 | CEFR A2

1235
captain

キャプティン[kǽptin]

名 キャプテン，船長

▶ the **captain** of our team
（私たちのチームの**キャプテン**）

英検 準2 | CEFR A2

1236
crowded

クラーウディド[krául dld]

形 こみ合った

▶ The train **was** very **crowded**.
（電車はとても**こみ合っていました**。）

英検 準2 | CEFR A2

1237
dancer

デァンサァ[dǽnsər]

名 踊る人，ダンサー

関連 **dance** 名 踊り 動 踊る

英検 5 | CEFR A2

1238
dead (つづり)

デード[ded]

形 死んでいる

▶ **dead** people（**死んだ**人たち）

関連 **die** 動 死ぬ **death** 名 死

alive 形 生きている

英検 準2 | CEFR A2

1239
dress

ドレス[dres]

名 ドレス，服
動 に服を着せる

▶ He **was dressed in** a uniform.
（彼は制服**を着ていました**。）

be dressed in ～で「～を着ている」。

英検 4 | CEFR A1

# 1240	
eighteen	名 形 18 (の)
エイ**ティー**ン[eití:n]	▶▶ 20ページ「基数と序数」

英検 5 | CEFR A1

# 1241	
England	名 イングランド
イングランド[íŋɡlənd]	関連 English 名 英語
	形 英語の, イングランドの
	イギリスの中心となる地方だよ。
	▶▶ 293ページ「国・地域」

英検 3

# 1242	
exam ◀つづり	名 試験
イグ**ゼァ**ム[iɡzǽm]	examination の略だよ。

英検 5 | CEFR A2

# 1243	
fill	動 を満たす
フィッ[fil]	▶ **fill** the glass **with** water
	（コップ**を**水で**いっぱいにする**）
	fill A with B で「AをBでいっぱいにする」。

英検 3 | CEFR A1

# 1244	
forever	副 永遠に
フォ**レ**ヴァァ[fərévər]	▶ We'll be friends **forever**.
	（私たちは**永遠に**友達です。）

英検 準2 | CEFR A2

# 1245	
gas	名 ガス, 気体, ガソリン
ギャス[ɡæs]	▶ greenhouse **gases** （温室効果**ガス**）
	▶ a **gas** station （**ガソリン**スタンド）

英検 5 | CEFR A2

# 1246	
instrument	名 楽器
インストルメント[ínstrəmənt]	▶ a musical **instrument** （**楽器**）
	instrument だけで「楽器」の意味を表すが, musical をつけることも多い。

英検 4 | CEFR A2

## 140

1247
perhaps
パヘァプス[pərhǽps]

英検 準2 | CEFR A2

副 もしかしたら（～かもしれない）

maybe とほぼ同じ意味で，確率が半分以下の
ときに使う。

1248
plate
プレイト[pleit]

英検 5 | CEFR A2

名 （浅い）皿，板

dish は深い盛り皿で，plate は取り皿。

1249
repeat
リピート[ripíːt]

英検 3 | CEFR A1

動 をくり返す

▶ **repeat** the word
（その言葉**をくり返す**）

1250
resource
リーソース[ríːsɔːrs]

英検 準2 | CEFR B1

名 （複数形で）資源

▶ natural **resources**（天然**資源**）

1251
shake
シェイク[ʃeik]

英検 3 | CEFR A1

動 を振る

過 shook[シュク] ー shaken[シェイクン]

▶ He **shook** his head.
（彼は首**を横に振りました。**）

▶ I **shook hands with** her.
（私は彼女**と握手しました。**）

1252
solution
ソルーション[səlúːʃən]

英検 2 | CEFR A2

名 解決

関連 solve 動 ～を解く，解決する

1253
affect
アフェクト[əfékt]

英検 準2 | CEFR B1

動 に影響する

▶ **affect** the environment
（環境**に影響を与える**）

#1254 **coin** コイン[kɔ́in]	英検 **5**　CEFR **A2** 名 硬貨 ▶ a 100-yen **coin**（100円**玉**） 関連 bill 名 紙幣
#1255 **fry** フライ[frái]	英検 **3**　CEFR **A2** 動 を油で揚げる 名 （複数形で）フライドポテト 3単現 複 fries 過 fried ▶ **French fries**（フライドポテト）
#1256 **modern**　つづり マーダン[mɑ́dərn]　発音	英検 **2**　CEFR **A2** 形 現代の ▶ the **modern** world （**現代**世界，**現代**社会） 関連 ancient 形 古代の
#1257 **smoke** スモウク[smóuk]	英検 **準2**　CEFR **A1** 名 煙　動 たばこを吸う
#1258 **rise** ライズ[ráiz]	英検 **3**　CEFR **B1** 動 上がる，（太陽などが）昇る 過 rose[ロウズ] ー risen[リズン] ▶ The sun **rises** in the east. （太陽は東から**昇ります**。） 関連 fall 動 落ちる
#1259 **compare** コンペアァ[kəmpéər]	英検 **準2**　CEFR **A2** 動 を比較する ▶ **compare** my painting **with** hers （自分の絵**を**彼女のもの**と比べる**） compare A with B で「**A を B と比べる**」という意味。

#1260		英検 準2	CEFR B2

data

ディタ[déitə]

名 データ
▶ **data** about customers
（顧客に関する**データ**）

#1261		英検 5	CEFR B1

finger

フィンガァ[fíŋɡər]

名 （手の）指

#1262		英検 3	CEFR A2

fix

フィクス[fíks]

動 を直す, を固定する
▶ **fix** a watch（腕時計**を直す**）
関連 repair 動 ～を修理する

#1263	つづり	英検 3	CEFR A1

guest

ゲスト[gest]

名 （招待）客
▶ invite a **guest**（**お客**を招待する）
関連 customer 名 （店などの）客, 顧客

#1264		英検 3	CEFR A2

hero

ヒーロウ[hí:rou]

名 英雄, ヒーロー

#1265		英検 3	CEFR A2

musical

ミューズィカゥ[mjú:zikəl]

形 音楽の
関連 music 名 音楽

#1266		英検 準2	CEFR B1

ordinary

オーディネリ[ɔ́:rdəneri]

形 ふつうの
▶ **ordinary** people（**ふつうの**人々）

#1267		英検 準2	CEFR A1

personal

パ～ソナゥ[pə́:rsənəl]

形 個人の
▶ a **personal** experience（**個人的な**経験）
関連 person 名 人

#1268

recently

リースントリ[rí:sntli]

副 最近

英検 3 | CEFR A2

▶ I started jogging **recently**.

（私は**最近**，ジョギングを始めました。）

> ふつう，過去か現在完了の文で使う。現在の文で「最近」と言うときは，these days などを使う。

#1269

seventh

セヴンス[sévnθ]

名 形 **7番目 (の)**

英検 5 |

▶▶ 20ページ「基数と序数」

#1270

stick

スティク[stik]

名 棒 動 を刺す，くっつく

英検 2 | CEFR B2

過 stuck[スタク] − stuck

#1271

rose

ロウズ[rouz]

名 バラ

英検 5 | CEFR A1

▶ grow **roses**（**バラ**を育てる）

#1272

anyway

エニウェイ[éniwei]

副 とにかく

英検 3 | CEFR A2

#1273

bedroom

ベドルーム[bédru:m]

名 寝室

英検 5 | CEFR A1

#1274

gold

ゴウルド[gould]

名 金
　きん

英検 3 | CEFR A1

▶ a **gold** medal（**金**メダル）

関連 golden 形 金色の，金色にかがやく

#1275

invention

インヴェンション[invénʃən]

名 発明

英検 準2 | CEFR A2

関連 invent 動 ～を発明する

## 142

1276
knife ◀つづり
ナイフ[naif]

英検 5 | CEFR A1

名 ナイフ

複 knives[**ナイヴズ**]

k は発音しないよ。

1277
process
プラーセス[práses]

英検 準2 | CEFR B1

名 過程

「〜を処理する, 加工する」という動詞の意味もあるよ。

1278
rugby
ラグビ[rʌ́gbi]

英検 5 | CEFR A2

名 ラグビー

1279
Spain
スペイン[spein]

英検 3

名 スペイン

▶▶ 293ページ「国・地域」

1280
truck ◀つづり
トラック[trʌk]

英検 2 | CEFR A1

名 (乗り物の)トラック

1281
zebra
ズィーブラ[zí:brə]

英検 3 | CEFR B2

名 シマウマ

1282
smart
スマート[smɑːrt]

英検 3 | CEFR A1

形 りこうな

▶ Dogs are **smart**. (犬は**りこう**です。)

1283
calligraphy
カリグラフィ[kəlígrəfi]

名 書道

▶ a **calligraphy** class (**書道**の授業)

1284
dig
ディグ[dig]

英検 準2 | CEFR A1

動 (を)掘る

過 dug[**ダグ**] ー dug　ing形 digging

最重要レベル

基本レベル

標準レベル

高得点レベル

超ハイレベル

# 1285		英検 準2 / CEFR A1
feed フィード[fi:d]	動 に食べ物を与える 過 fed[フェド] ― fed ▶ **feed** my dog（自分の犬**にえさをやる**）	

# 1286		英検 3 / CEFR A1
everywhere エヴリヮウェアァ[évrihweər]	副 どこでも ▶ **everywhere** in the world （世界の**どこでも**）	

# 1287		英検 3 / CEFR A1
excellent エクセレント[éksələnt]	形 すばらしい ▶ **Excellent!**（**すばらしい**[お見事]！） ほめ言葉としてよく使われる。	

# 1288		英検 4
homestay ホウムステイ[hóumstei]	名 ホームステイ	

# 1289		英検 準2 / CEFR B1
hunt ハント[hʌnt]	動 を狩る	

# 1290		英検 3 / CEFR A1
pair 〔つづり〕 ペアァ[peər]	名 （2つから成るものの）1組 ▶ **a pair of** shoes（**1足の**くつ） ▶ **two pairs of** gloves（**2組の**手袋）	

# 1291		英検 4 / CEFR A1
Dr. ダクタァ[dáktər]	名 〜博士, 〜医師 ▶ **Dr.** Smith（スミス**博士**[医師]）	

# 1292		英検 3 / CEFR B1
judge ヂャヂ[dʒʌdʒ]	動 を判断する 名 裁判官, 審判	

 # 1293

manager

メァニヂャァ[mǽnidʒər] （発音）

英検 **3** | CEFR **A2**

名 支配人, 経営者

 # 1294

penguin

ペングウィン[péŋgwin]

英検 **3** | CEFR **B2**

名 ペンギン

 # 1295

picnic

ピクニック[píknik]

英検 **3** | CEFR **A1**

名 ピクニック

▶ go on a **picnic**（**ピクニック**に行く）

 # 1296

president

プレズィデント[prézədənt]

英検 **3** | CEFR **B1**

名 大統領, 社長

▶ the **President** of the United States
（アメリカ合衆国の**大統領**）

> 組織の長を表すのに使われ,「大統領」の意味では, しばしば President と表記する。

 # 1297

promise

プラーミス[prámis]

英検 **3** | CEFR **A2**

動 (を)約束する　名 約束

▶ We **promised** to meet again.
（私たちはまた会うこと**を約束しました**。）

▶ **make a promise**（**約束する**）

 # 1298

public

パブリク[pʌ́blik]

英検 **3** | CEFR **B1**

形 公共の

▶ a **public** place（**公共の場**）

▶ a **public** bath（**公衆**浴場）

 # 1299

scary

スケアリィ[skéəri] （発音）

英検 **3** | CEFR **B1**

形 こわい

▶ a **scary** movie（**こわい**映画）

関連 **scared** 形 こわがった

右側縦書き：厳重要レベル　基本レベル　標準レベル　高得点レベル　超ハイレベル

# 1300 **shelf** シェゥフ[ʃelf]	英検 準2 / CEFR A1 名 棚 複 shelves
# 1301 **sixth** スィクスス[siksθ]	英検 5 名 形 6番目 (の) ▷▷ 20ページ「基数と序数」
# 1302 **total** トウトォ[toutl]	英検 3 / CEFR B1 形 合計の ▷ the **total** amount of garbage (ごみの**総量**)
# 1303 **bell** ベッ[bel]	英検 準2 / CEFR A1 名 ベル
# 1304 **coat** コウト[kout] (発音)	英検 5 / CEFR A1 名 コート
# 1305 **code** コウド[koud]	英検 準2 / CEFR A1 名 コード, 規定 ▷ a 2D **code** (二次元**コード**) ▷ a dress **code** (服装**規定**)
# 1306 **difficulty** ディフィカゥティ[dífikəlti]	英検 準2 / CEFR A2 名 難しさ, 困難 複 difficulties ▷ **have difficulty using** the device (その装置を**使うのに苦労する**) **have difficulty (in) ~ing** で「~するのに苦労する」という意味。 関連 **difficult** 形 難しい

## 144

1307
dirty ◀つづり
ダ〜ティ[də́:rti]

英検 **4** | CEFR **A1**

形 汚い

比 dirtier – dirtiest

▶ **dirty** water（汚い水）

関連 **clean** 形 きれいな

1308
empty
エンプティ[émpti]

英検 **準2** | CEFR **A2**

形 空の

▶ an **empty** can（空き缶）

関連 **full** 形 いっぱいの

1309
fashion
ファション[fǽʃən]

英検 **準2** | CEFR **A2**

名 ファッション, 流行

▶ the latest **fashion**
（最新の**ファッション**）

▶ fast **fashion**
（〈低価格の〉ファスト**ファッション**）

1310
gather
ギャザァ[gǽðər]

英検 **準2** | CEFR **A2**

動 を集める, 集まる

▶ I **gathered** some leaves.
（私は葉っぱ**を**いくらか**集めました**。）

1311
goodbye
グッバイ[gudbái]

英検 **5**

間 さようなら

名 別れのあいさつ

▶ say **goodbye**（**さようなら**を言う）

1312
impress
インプレス[imprés]

英検 **2** | CEFR **A2**

動 に感銘を与える

▶ I **was impressed with** your idea.
（私はあなたの案**に感銘を受けました**。）

be impressed with[by] 〜で「〜に感銘を
受ける」という意味。

#1313

kindness

カインドニス[káindnis]

英検 準2 / CEFR B1

名 親切さ

▶ an act of **kindness**（**親切**な行い）

▶ Thank you for your **kindness**.
（ご**親切**にありがとう。）

関連 **kind** 形 親切な, やさしい

#1314

lonely

ロウンリ[lóunli]

英検 準2 / CEFR A1

形 さびしい, 孤独な

比 lonelier － loneliest

▶ He felt **lonely**.
（彼は**さびしく**感じました。）

#1315

mirror　（つづり）

ミラァ[mírər]

英検 3 / CEFR A2

名 鏡

#1316

pleasure

プレジャァ[pléʒər]　（発音）

英検 3 / CEFR A1

名 楽しみ, 喜び

▶ Thank you. － **My pleasure**.
（ありがとう。 － **どういたしまして。**）

#1317

recognize

レコグナイズ[rékəgnaiz]

英検 準2 / CEFR B1

動 を認める, だと気づく

▶ Do you **recognize** him?
（彼が**だれだかわかりますか。**）

#1318

remove

リムーヴ[rimúːv]

英検 準2 / CEFR B1

動 を取り去る

▶ **remove** landmines（地雷**を除去する**）

#1319

seventy

セヴンティ[sévnti]

英検 5 / CEFR A1

名 形 70（の）

▶▶ 20ページ「基数と序数」

## 145

1320
skate
スケイト[skeit]

英検 5 | CEFR A2

動 スケートをする
▶ go skating（スケートに行く）

1321
surprising
サプライズィング[sərpráiziŋ]

英検 準2 | CEFR A2

形 驚くべき

関連 surprised 形 驚いた

surprise 動 ～を驚かせる 名 驚き

1322
above
アバヴ[əbʌ́v] （発音）

英検 準2 | CEFR B1

前 ～の上に
▶ fly above the sea（海の上を飛ぶ）

離れて上の方にある場合に使う。接触して「～の上に」は on。

関連 below 前 ～より下に

1323
below
ビロウ[bilóu]

英検 準2 | CEFR A1

前 ～より下に 副 下に
▶ below sea level（海面より下に）
▶ Look at the figures below.
（下の図を見なさい。）

below はある物より「下の方に」という意味で，接触していない状態に使う。under は「真下に」という意味で，接触していてもよい。

1324
colorful
カラフォ[kʌ́lərfəl]

英検 準2 | CEFR A2

形 色彩豊かな

比 more ～ － most ～

1325
giant
チャイアント[dʒáiənt]

英検 準2 | CEFR B1

形 巨大な 名 巨人，大物
▶ a giant bear（巨大なクマ）

関連 huge 形 巨大な

 # 1326

item

アイテム[áitəm] 発音

名 品目, 商品

英検 準2 CEFR A1

 # 1327

knowledge つづり

ナーリヂ[nálidʒ]

名 知識

関連 know 動 〜を知っている

英検 準2 CEFR A2

 # 1328

medium

ミーディアム[míːdiəm]

形 (サイズなどが) 中くらいの

名 (おもにmediaの形で) 媒体, メディア

複 media または mediums

▶ **medium** size (**M** サイズ)

▶ social **media** (ソーシャル**メディア**)

英検 4 CEFR B1

 # 1329

onion

アニョン[ʌ́njən] 発音

名 たまねぎ

英検 4 CEFR A2

 # 1330

ourselves

アウアセッヴズ[auərsélvz]

代 私たち自身

▶ 243ページ「〜self の代名詞」

英検 3 CEFR A2

 # 1331

score

スコーァ[skɔːr]

名 得点 動 得点する

英検 準2 CEFR B1

 # 1332

surprise

サプライズ[sərpráiz]

動 を驚かせる 名 驚き

▶ The news **surprised** me.

(そのニュースは私**を驚かせました**。)

▶ **What a surprise!**

(なんという驚き[びっくりした] !)

関連 surprised 形 驚いた

英検 3 CEFR A1

 # 1333

trust

トラスト[trʌst]

動 を信頼する

英検 準2 | CEFR B2

▶ I **trust** you.

（私はあなた**を信用します。**）

 # 1334

wet

ウェット[wet]

形 ぬれた

英検 3 | CEFR A2

▶ a **wet** towel（**ぬれた**タオル）

(反/連) dry 形 乾いた，乾燥した

 # 1335

butterfly

バタフライ[bʌ́tərflai]

名 チョウ

英検 5 | CEFR A1

複 butterflies

 # 1336

cross

クロース[krɔːs]

動 を横切る

英検 3 | CEFR A2

▶ **cross** the street（通り**を横切る**）

 # 1337

device

ディヴァイス[diváis]

名 装置

英検 2 | CEFR B1

▶ use digital **devices**

（デジタル**機器**を使う）

 # 1338

dry

ドライ[drai]

形 乾いた，乾燥した

動 を乾かす

英検 4 | CEFR A1

▶ a **dry** area（**乾燥した**地域）

(反/連) wet 形 ぬれた

 # 1339

expert

エクスパート[ékspəːrt]

名 専門家

英検 準2 | CEFR B2

 # 1340

furniture

ファ～ニチャァ[fə́ːrnitʃər]

名 家具

数えるときは，
a piece of furniture
と言うよ。

英検 準2 | CEFR A2

最重要レベル

基本レベル

標準レベル

高得点レベル

超ハイレベル

1341
generation
デェネレイション[dʒenəréiʃən]

名 世代

▶ the next **generation** （次の**世代**）

英検 準2 ／ CEFR A2

1342
German
チャ〜マン[dʒɔ́ːrmən]

形 ドイツの　名 ドイツ語

▶▶ 293ページ「国・地域」

英検 準2

1343
least
リースト[liːst]

形 最も少ない （littleの最上級）

比 little － less － least

▶ We need **at least** two more people.

（私たちは**少なくとも**あと2人必要です。）

代名詞で「最も少ないこと」という意味もあり, **at least** で「少なくとも」という意味を表す。

難問 My **least favorite** color is purple.

（私の**最も好きでない**色は紫です。）

「最も〜でない」という意味もある。

英検 準2 ／ CEFR B1

1344
nose
ノウズ[nouz]

名 鼻

関連 ear 名 耳

英検 3 ／ CEFR A1

1345
officer
オーフィサァ[ɔ́ːfisər]

名 係官, 警察官

▶ a **police officer** （警察官）

英検 3 ／ CEFR A1

1346
peace　◀つづり
ピース[piːs]

名 平和

▶ live **in peace** （平和に暮らす）

in peace で「平和に」という意味。

関連 war 名 戦争

同音 piece 名 1つ, かけら

英検 3 ／ CEFR A1

## 147

1347
quality
クワーリティ[kwáləti]

名 質, 品質
英検 準2 | CEFR B1
▶ the **quality** of the product
（その製品の**品質**）

1348
sixty
スィクスティ[síksti]

名 形 60（の）
英検 5 | CEFR A1
▶▶ 20ページ「基数と序数」

1349
thin
スィン[θin]

形 薄い, やせた
英検 3 | CEFR A1
関連 thick 形 厚い fat 形 太った

1350
western
ウェスタン[wéstərn]

形 西の,（Westernで）西洋の
英検 準2 | CEFR B2
▶ **Western** countries（**西洋の**国々）
関連 west 名 形 西（の）

1351
African
エアフリカン[ǽfrikən]

形 アフリカの
英検 準2
▶ **African-American**
（アフリカ系アメリカ人〈の〉）
▶▶ 293ページ「国・地域」

1352
billion
ビリョン[bíljən]

名 形 10億（の）
英検 3 | CEFR B2
▶ The world's population reached
8 billion.（世界の人口は**80億**に達しました。）
関連 million 名 形 100万（の）

1353
British
ブリティシュ[brítiʃ]

形 イギリスの 名 イギリス人
英検 3
▶ speak **British** English
（**イギリス**英語を話す）
▶▶ 293ページ「国・地域」

#1354 **charge** チャーヂ [tʃɑːrdʒ]	英検 **2**　CEFR **B1** 名 料金 動 を請求する, を充電する ▶ **free of charge**（無料の） ▶ **charge** customers for plastic bags （客にビニール袋**代を請求する**） **charge A for B** で「**A に B の代金を請求する**」。
#1355 **council** カウンスゥ [káunsl]	英検 **2**　CEFR **B1** 名 評議会 ▶ a student **council**（生徒**会**） (関連) **committee** 名 委員会
#1356 **craft** クレァフト [kræft]	英検 **2**　CEFR **B1** 名 工芸品 ▶ traditional Japanese **crafts** （伝統的な日本の**工芸品**） ▶ arts and **crafts**（図画**工作**）
#1357 **cultural** カッチュラゥ [kʌ́ltʃərəl]	英検 **準2**　CEFR **B1** 形 文化の, 文化的な ▶ **cultural** differences（**文化的な**違い） (関連) **culture** 名 文化
#1358 **custom**　つづり カスタム [kʌ́stəm]	英検 **準2**　CEFR **A2** 名 （社会の）習慣 ▶ a Japanese **custom**（日本の**習慣**） (関連) **habit** 名 （個人の）習慣
#1359 **discuss** ディスカス [diskʌ́s]	英検 **2**　CEFR **A1** 動 について話し合う ▶ **discuss** a plan （計画**について話し合う**） (関連) **discussion** 名 話し合い

## 148

1360
environmental

インヴァイランメントォ[invairənméntl]

形 環境の

▶ **environmental** problems
（**環境**問題）

▶ **environmental** pollution
（**環境**汚染）

関連 environment 名 環境

英検 準2 | CEFR B1

1361
figure

フィギュァ[fígjər]

名 図，形，数
動 （figure outで）を理解する，がわかる

▶ Look at **Figure** 2.
（**図**2を見てください。）

▶ **figure out** what to do
（何をすべきか**がわかる**）

英検 3 | CEFR A2

1362
mile

マイゥ[mail]

名 マイル（長さの単位）

1 マイルは約 1.6km。

英検 3 | CEFR B1

1363
pocket

パーキト[pákit]

名 ポケット

英検 5 | CEFR A1

1364
remind

リマインド[rimáind]

動 （人）に思い出させる

▶ This song **reminds** me **of** my
grandmother.
（この歌は私**に**祖母**を思い出させます。**）

英検 2 | CEFR A2

1365
soldier

ソウヂャァ[sóuldʒər]

名 兵士，軍人

英検 2 | CEFR A2

最重要レベル

基本レベル

標準レベル

高得点レベル

超ハイレベル

321

# 1366 **square** スクウェアァ[skwéər]	名 四角　形 四角の, 平方の ▸ five **square** kilometers 　（5**平方**キロメートル） 「（四角い）広場」という意味もあるよ。 関連 round 形 丸い 　　triangle 形 三角の	英検 準2　CEFR A2
# 1367 **style** スタイゥ[stail]	名 様式, スタイル ▸ a Japanese-**style** house（和風の家）	英検 準2　CEFR A2
# 1368 **success** サクセス[səksés]	名 成功 ▸ The event was a great **success**. 　（イベントは大**成功**でした。） 関連 succeed 動 成功する	英検 3　CEFR A2
# 1369 **surf** サ〜ッ[səːrf]	動 サーフィンをする, 　（インターネット）を見て回る ▸ **surf** the internet 　（インターネット**を見て回る**）	英検 4　CEFR A1
# 1370 **thirsty** つづり サ〜スティ[θə́ːrsti]	形 のどのかわいた ▸ **I'm thirsty.**（私はのどがかわきました。） 関連 hungry 形 空腹の	英検 4　CEFR A2
# 1371 **usual** ユージュアゥ[júːʒuəl]	形 いつもの, ふつうの ▸ I got up at seven **as usual**. 　（私は**いつものように**7時に起きました。） 　**as usual** で「いつものように」。 関連 usually 副 ふつうは	英検 3　CEFR A2

最重要レベル

基本レベル

標準レベル

高得点レベル

超ハイレベル

1372

wrap 〈つづり〉

レァァプ[ræp]

動 を包む

過 wrapped　**ing形** wrapping

▶ **wrap** a gift

（贈り物**を包む**）

英検 準2 | CEFR B1

つづりの w を忘れないでね。

1373

bake

ベイク[beik]

動 を（オーブンなどで）焼く

▶ **bake** cookies（クッキー**を焼く**）

関連 boil **動** ～を沸かす，～をゆでる

英検 4 | CEFR A2

1374

creature

クリーチャァ[krí:tʃər] 〈発音〉

名 生き物

英検 2 | CEFR A2

1375

daddy

デァディ[dǽdi]

名 （小児語で）パパ

関連 mommy **名** ママ

英検 5 | CEFR A1

1376

everyday

エヴリデイ[évridei]

形 毎日の

▶ **everyday** life（**日常**生活）

1語の everyday は「毎日の」という意味で形容詞，
2語の every day は「毎日」という意味で副詞。

英検 準2 | CEFR A1

1377

heritage

ヘリティヂ[hérətidʒ]

名 遺産

▶ a **World Heritage** site（**世界遺産**〈の地〉）

英検 2 | CEFR B2

1378

hurry 〈つづり〉

ハ～リ[hə́:ri]

動 急ぐ，急いで行く　**名** 急ぎ

3単現 hurries　**過** hurried

▶ **Hurry up.**（**急ぎ**なさい。）

▶ I'm **in a hurry**.（私は**急いで**います。）

in a hurry で「急いで」という意味。

英検 4 | CEFR A1

 # 1379

monkey

マンキ[mʌ́ŋki]　発音

名 サル

英検 **5** ｜CEFR **A1**

「モンキー」とは発音しないよ。

 # 1380

single

スィンゴゥ[síŋgl]

形 たった1つの

▶ a **single** word（**たった1語**）

英検 **3** ｜CEFR **A2**

 # 1381

soft

ソーフト[sɔːft]

形 やわらかい

▶ in a **soft** voice（**やわらかい**声で）

反 hard 形 かたい

英検 **5** ｜CEFR **A2**

 # 1382

Turkey　つづり

ターキ[tə́ːrki]

名 トルコ

英検 **3** ｜CEFR **A1**

 # 1383

eco-friendly

イーコウッレンドゥリィ[iːkou fréndli]

形 環境にやさしい

▶ choose **eco-friendly** products

（**環境にやさしい**製品を選ぶ）

英検 **2**

 # 1384

asleep

アスリープ[əslíːp]

形 眠って

▶ I fell **asleep** at once.

（私はすぐに**寝入りました**。）

fall asleep で「寝入る，眠りに落ちる」。

英検 **3** ｜CEFR **A2**

 # 1385

bit

ビト[bit]

名 少量，かけら

▶ This question is **a bit** difficult.

（この問題は**少し**難しいです。）

a bit は「少し，ちょっと」という意味で会話で使う。**a little bit** とも言う。

英検 **準2** ｜CEFR **A2**

## 150

1386

boring

ボーリング[bɔ́:riŋ]

形 退屈な

▶ The movie was **boring**.
（映画は**退屈**でした［つまらなかった］。）

1387

certainly　◀つづり

サ〜トンリ[sə́:rtnli]

副 確かに

▶ Can I have a cup of coffee, please?
　－ **Certainly.**（コーヒーを1杯いただけますか。－**かしこまりました。**）

Certainly. で「承知しました。」という意味の返事になる。

関連 certain 形 確かな，ある〜

1388

fair　◀つづり

フェアァ[feər]

形 公平な，フェアな

1389

fiction

フィクション[fíkʃən]

名 小説，フィクション

▶ science **fiction**
（サイエンス**フィクション**，SF）

1390

film

フィゥム[film]

名 映画，（写真の）フィルム

関連 movie 名 映画

1391

method

メソッド[méθəd]

名 方法

▶ a modern **method**（現代的な**方法**）

1392

ours

アウアァズ[áuərz]

代 私たちのもの

▶ 10ページ「代名詞」

1393
P.E.
ピーイー[píːíː]

名 体育

> physical education を略した語。

英検 5

1394
quietly
クワイエトリ[kwáiətli]

副 静かに
> walk **quietly**（静かに歩く）

関連 quiet 形 静かな

英検 準2 ｜ CEFR A2

1395
recommend
レコメンド[rèkəménd]

動 を勧める
> My English teacher **recommended** this book to me.（私の英語の先生がこの本**を勧めて**くれました。）

英検 準2 ｜ CEFR B1

1396
seventeen
セヴンティーン[sevntíːn]

名 形 17（の）

▶▶ 20ページ「基数と序数」

英検 5 ｜ CEFR A1

1397
shelter
シェッタァ[ʃéltər]

名 避難所
> an animal **shelter**
> （アニマル**シェルター**[動物**保護施設**]）

英検 2 ｜ CEFR B1

1398
value
ヴェァリュー[vǽljuː]

名 価値
> the **value** of education（教育の**価値**）

英検 2 ｜ CEFR A2

1399
brush　◀つづり

ブラシュ[brʌʃ]

名 ブラシ, 筆
動 をブラシでみがく
> **brush** my teeth（歯を**みがく**）

英検 5 ｜ CEFR A1

1400
candy
ケァンディ[kǽndi]

名 キャンディー

英検 5 ｜ CEFR A1

## 151

1401

courage ◀つづり

カ〜リヂ[kə́ːridʒ]

英検 2 / CEFR B1

名 勇気

関連 **encourage** 動 ～を勇気づける

1402

designer

ディザイナァ[dizáinər]

英検 準2 / CEFR B2

名 デザイナー, 設計技師

▶ a fashion **designer**
（ファッション**デザイナー**）

1403

direction

ディレクション[dirékʃən]

英検 準2 / CEFR A2

名 方向, 指示

▶ in the right **direction**（正しい**方向**に）

▶ follow his **directions**（彼の**指示**に従う）

1404

exhibition

エクスィビション[eksəbíʃən] （発音）

英検 準2 / CEFR A2

名 展覧会

1405

fail

フェイゥ[feil]

英検 準2 / CEFR A2

動 失敗する

▶ **fail to** listen（聞き**そこなう**）

fail to ～で「**～するのに失敗する**」という意味。

関連 **succeed** 動 成功する

1406

force

フォース[fɔːrs]

英検 2 / CEFR A2

動 に強制する　名 力

▶ **force** them **to** stop the game
（彼ら**にむりやり**試合を中止**させる**）

1407

hang

ヘアング[hæŋ]

英検 3 / CEFR B2

動 を掛ける, ぶら下がる

過 hung[ハング] ー hung

▶ **hang up** the phone（電話**を切る**）

hang up で「**（電話を）切る**」。

# 1408		英検 3 CEFR A1
kick	動 をける	
キッ[kik]	▶ **kick** the ball（ボール**をける**）	

# 1409		英検 2 CEFR B1
monument	名 記念碑	
マニュメント[mánjəmənt]	▶ build a **monument**（**記念碑**を建てる）	

# 1410		英検 準2
nest	名 巣	
ネスト[nest]	▶ make a **nest**（**巣**を作る）	

# 1411		英検 4 CEFR B1
silent	形 静かな	
サイレント[sáilənt]	▶ keep [remain] **silent**（**黙ったまま**でいる）	
	関連 **silence** 名 沈黙	

# 1412		英検 3 CEFR A2
tradition	名 伝統	
トラディション[trədíʃən]	関連 **traditional** 形 伝統的な	

# 1413		英検 準2 CEFR A2
training	名 訓練	
トレイニング[tréiniŋ]		

# 1414		英検 準2 CEFR A2
destroy	動 を破壊する	
ディストローイ[distrɔ́i]	▶ **destroy** the city（その都市**を破壊する**）	

# 1415		英検 5 CEFR A1
fourteen	名 形 14（の）	
フォーティーン[fɔ̀:rtí:n]	▶▶ 20ページ「基数と序数」	

# 1416		英検 準2 CEFR B1
laughter	名 笑い	
レァフタァ[lǽftər]（発音）	関連 **laugh** 動 （声に出して）笑う	

## 152

1417
mouse ◁つづり

マウス[maus]

名 ネズミ

複 mice[マイス]

英検 3 CEFR A1

発音の似た mouth (口)と
間違えないでね。

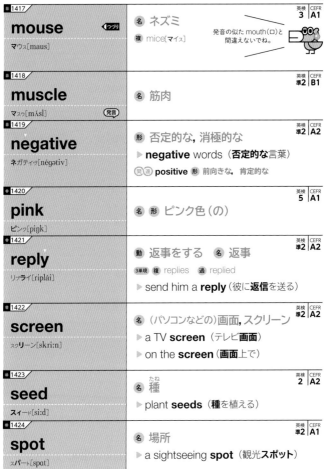

1418
muscle

マスゥ[mÁsl] 発音

名 筋肉

英検 準2 CEFR B1

1419
negative

ネガティヴ[négətiv]

形 否定的な, 消極的な

▶ **negative** words (**否定的な**言葉)

関連 **positive** 形 前向きな, 肯定的な

英検 準2 CEFR A2

1420
pink

ピンク[piŋk]

名 形 ピンク色(の)

英検 5 CEFR A1

1421
reply

リプライ[riplái]

動 返事をする 名 返事

3単現 複 replies 過 replied

▶ send him a **reply** (彼に**返信**を送る)

英検 準2 CEFR A2

1422
screen

スクリーン[skri:n]

名 (パソコンなどの)画面, スクリーン

▶ a TV **screen** (テレビ**画面**)

▶ on the **screen** (**画面**上で)

英検 準2 CEFR A2

1423
seed

スィード[si:d]

名 種

▶ plant **seeds** (**種**を植える)

英検 2 CEFR A2

1424
spot

スパート[spɑt]

名 場所

▶ a sightseeing **spot** (観光**スポット**)

英検 準2 CEFR A1

# 1425		英検 3 / CEFR A1
tiger タイガァ[táigər]	名 トラ	

# 1426		英検 準2 / CEFR A2
title タイトゥ[táitl]	名 題名, タイトル ▶ the **title** of the book （その本の**題名**）	

# 1427		英検 2 / CEFR B2
ton タン[tʌn]	名 トン（重さの単位） ▶ 5 million **tons** （500 万**トン**）	1 トンは 1000kg だよ。

# 1428		英検 4 / CEFR A1
towel タウエゥ[táuəl]	名 タオル ▶ a clean **towel**（清潔な**タオル**）	

# 1429		英検 2 / CEFR A1
vote ヴォウト[vout]	動 投票する ▶ You can **vote** when you are eighteen years old. （18 歳になると**投票する**ことができます。）	

# 1430		英検 3 / CEFR A2
winner ウィナァ[wínər]	名 勝者 関連 loser 名 敗者	

# 1431		英検 準2 / CEFR A2
ancient エインシェント[éinʃənt]	形 古代の ▶ **ancient** Egypt（**古代**エジプト）	

# 1432		英検 2 / CEFR A2
citizen ◀つづり スィティズン[sítəzn]	名 市民 ▶ senior **citizens**（高齢者, お年寄り）	

## 153

1433
degree
ディグリー[digríː]

名 （温度などの）度, 程度
▶ 20 **degrees**（20 **度**）

英検 準2 | CEFR A2

1434
deliver
ディリヴァ[dilívər]

動 を届ける, 配達する
▶ **deliver** a message（メッセージ**を届ける**）
関連 **delivery** 名 配達

英検 準2 | CEFR B1

1435
diary 〈つづり〉
ダイアリ[dáiəri]

名 日記
▶ keep a **diary**（**日記**をつける）

英検 5 | CEFR A2

1436
effective
イフェクティヴ[iféktiv]

形 効果的な
▶ an **effective** way（**効果的な**方法）
関連 **effect** 名 影響, 効果

英検 2 | CEFR B1

1437
including
インクルーディング[inklúːdiŋ]

前 ～を含めて
▶ seven countries **including** Japan
（日本**を含む** 7 か国）
関連 **include** 動 ～を含む

英検 準2 | CEFR B1

1438
jogging
ヂャギング[dʒágiŋ]

名 ジョギング
▶ go **jogging** in the park
（公園に**ジョギング**に行く）

英検 5 | CEFR B2

1439
pack
パェク[pæk]

名 パック　動 に荷物をつめる
▶ a **pack** of eggs（卵1**パック**）

英検 準2 | CEFR A2

1440
passenger
ペァセンヂャァ[pǽsəndʒər]

名 乗客

英検 準2 | CEFR A2

最重要レベル

基本レベル

標準レベル

高得点レベル

超ハイレベル

#1441

per

パァ[pər]

英検 準2 CEFR B1

前 ~につき

▶ 100 kilometers **per** hour

（1 時間**につき** 100km［時速 100km］）

#1442

pop

パープ[pɑp]

英検 4 CEFR A1

形 大衆向けの

▶ Japanese **pop** culture

（日本の**ポップ**カルチャー［**大衆**文化］）

popular を短縮した形。

#1443

relate

リレイト[riléit]

英検 準2 CEFR B1

動 を関係づける

▶ This illness **is related to** stress.

（この病気はストレス**と関係しています**。）

関連 relationship 名 関係

#1444

shoulder ◀つづり

ショウッダァ[ʃóuldər]

英検 5 CEFR A1

名 肩

#1445

shower

シャウァァ[ʃáuər]

英検 4 CEFR A1

名 シャワー, にわか雨

▶ **take a shower**（シャワーを浴びる）

#1446

thirteen

サ〜ティーン[θəːrtíːn]

英検 5 CEFR A1

名 形 13（の）

▶▶ 20ページ「基数と序数」

#1447

track

トレァク[træk]

英検 2 CEFR A2

名 線路,（競技場の）トラック

▶ the train on **Track** 3（3番線の電車）

▶ **track and field**（陸上競技）

乗り物の「トラック」は truck。

 # 1448

cancer

キャンサァ[kǽnsər]

名 がん

▶ die of **cancer**（がんで死ぬ）

英検 準2 ｜ CEFR B1

 # 1449

career

カリアァ[kəríər]

名 職業, 仕事

長期または一生続ける職業のこと。

英検 準2 ｜ CEFR B1

 # 1450

church

チャ〜チ[tʃəːrtʃ]

名 教会

英検 3 ｜ CEFR A1

 # 1451

danger

デインヂャァ[déindʒər]　発音

名 危険

▶ Many animals **are in danger** of extinction.

（多くの動物が絶滅の**危機に**あります。）

派生 dangerous 形 危険な

英検 準2 ｜ CEFR A2

 # 1452

dessert

ディザ〜ト[dizə́ːrt]　発音

名 デザート

英検 5 ｜ CEFR A2

 # 1453

eighty

エイティ[éiti]

名 形 80（の）

▶▶ 20ページ「基数と序数」

英検 5 ｜ CEFR A1

 # 1454

fossil

ファースィゥ[fásəl]

名 化石

▶ **fossil** fuel（**化石**燃料）

英検 2

 # 1455

grass　つづり

グレアス[grǽs]

名 草

▶ lie on the **grass**

（**草**の上に寝転ぶ）

r を l と間違えないように！ glass だと「コップ, ガラス」の意味だよ。

英検 準2 ｜ CEFR A1

最重要レベル

基本レベル

標準レベル

高得点レベル

超ハイレベル

# 1456		英検 3 / CEFR B2
mix 動 を混ぜる		
ミクス[miks]		

# 1457		英検 準2 / CEFR B1
neighborhood (つづり)	名 近所, 地域	
ネイバフド[néibərhud]	▶ He lives in my **neighborhood**.	
	（彼はうちの**近所**に住んでいます。）	
	関連 **neighbor** 名 隣人, 近所の人	

# 1458		英検 3 / CEFR B1
print	動 を印刷する　名 印刷	
プリント[print]	▶ **print** a photo on a T-shirt	
	（Tシャツに写真を**プリントする**）	

# 1459		英検 5 / CEFR B2
pumpkin	名 カボチャ	
パンプキン[pámpkin]		

# 1460		英検 4 / CEFR A1
radio	名 ラジオ	
レイディオウ[réidiou] (発音)	▶ listen to music on the **radio**	
	（**ラジオ**で音楽を聞く）	「ラジオ」とは発音しないよ。

# 1461		英検 準2 / CEFR B2
route	名 道筋, ルート	
ルート[ru:t]	▶ the shortest **route** （最短**ルート**）	

# 1462		英検 3 / CEFR B1
safety	名 安全	
セイフティ[séifti]	関連 **safe** 形 安全な　**safely** 副 安全に	

# 1463		英検 4 / CEFR A2
stamp	名 切手	
ステアンプ[stæmp]	▶ buy some **stamps** （**切手**を何枚か買う）	

## 155

#1464 telephone
テレフォウン[téləfoun]

英検 5 / CEFR A1

名 電話
▶ talk on the **telephone**
（**電話**で話す）

phone（電話）は telephone を短縮した形だよ。

#1465 ant
エァント[ænt]

英検 準2 / CEFR B1

名 アリ
▶ a queen **ant**（女王**アリ**）

#1466 Asian
エイジャン[éiʒən] （発音）

英検 3

形 アジアの
▶▶ 293ページ「国・地域」

#1467 beside
ビサイド[bisáid]

英検 3 / CEFR A1

前 ～のそばに，～のとなりに
▶ stand **beside** him
（彼**のとなりに**立つ）

#1468 central
セントラゥ[séntrəl]

英検 準2 / CEFR B1

形 中心の
関連 center 名 中心，センター

#1469 cheerful
チアフゥ[tʃíərfəl]

英検 2 / CEFR B1

形 （人が）明るい
▶ a **cheerful** voice（**陽気な**声）
関連 cheer 動 ～を元気づける

#1470 childhood
チャイゥドフド[tʃáildhud]

英検 2 / CEFR A2

名 子ども時代
▶ in my **childhood**（私の**子ども時代**に）

#1471 competition
カンペティション[kɑmpətíʃən]

英検 2 / CEFR A2

名 競争，コンクール
▶ a chorus **competition**
（合唱**コンクール**）

# 1472		英検 5 CEFR A1
doll ダーっ[dɑl]	名 人形	

# 1473		英検 2 CEFR B2
focus フォウカス[fóukəs]	動 （注意）を集中する ▶ **focus on** solving the problem （その問題を解決すること**に集中する**）	

# 1474		英検 準2 CEFR B1
gesture ヂェスチャァ[dʒéstʃər]	名 身ぶり，ジェスチャー	

# 1475		英検 5
ninth ◀つづり ナインス[nainθ]	名 形 9番目（の） ▶▶ 20ページ「基数と序数」 × nineth と書かないように注意！	

# 1476		英検 準2 CEFR B1
object アーブヂクト[ɑ́bdʒikt]	名 物体 ▶ I saw a strange **object** in the sky. （私は空に奇妙な**物体**を見ました。）	

# 1477		英検 2 CEFR B2
panel ペァネゥ[pǽnəl]	名 パネル ▶ a solar **panel** （ソーラー［太陽光］**パネル**）	

# 1478		英検 3 CEFR A2
photographer フォターグラファァ[fətɑ́grəfər]	名 写真家 関連 photo, photograph 名 写真	

# 1479		英検 準2 CEFR A2
roof ルーっ[ru:f]	名 屋根	

#1480	英検 **3** / CEFR **B1**
safely セイフリ[séifli]	副 安全に (関連) **safe** 形 安全な
#1481	英検 **3**
Thailand 〈つづり〉 ターイレァンド[táilænd]	名 タイ
#1482	英検 **3** / CEFR **A1**
thick スィク[θik]	形 厚い (関連) **thin** 形 薄い，やせた
#1483	英検 **準2** / CEFR **B1**
translate トレァンスレイト[trǽnsleit]	動 を翻訳する ▶ **translate** an English website into Japanese （英語のウェブサイト**を**日本語**に翻訳する**） (関連) **translation** 名 翻訳 **translator** 名 翻訳家
#1484	英検 **3** / CEFR **B1**
wing ウィング[wiŋ]	名 つばさ
#1485	英検 **5**
zero ズィロウ[zírou]	名 0 （ゼロ） 電話番号や番地の「0」は，[ou オウ]と読むことが多いよ。
#1486	英検 **4** / CEFR **A1**
airplane エアプレイン[éərplein]	名 飛行機 単に plane と言うことが多い。
#1487	英検 **4** / CEFR **A1**
album エァゥバム[ǽlbəm]	名 アルバム

最重要レベル

基本レベル

標準レベル

高得点レベル

超ハイレベル

337

#1488		英検 **4** / CEFR **A2**
badminton ベァドミントン[bǽdmintn]	名 バドミントン	
#1489		英検 **5** / CEFR **A1**
bathroom ベァスルーム[bǽθru:m]	名 浴室, トイレ ▶ Can I use the **bathroom**? （**お手洗い**を借りてもいいですか。） 関連 **bath** 名 ふろ	
#1490		英検 **準2** / CEFR **A2**
behavior ビヘイヴァ [bihéivjər]	名 ふるまい, 行動 ▶ We have to change our **behavior**. （私たちは**ふるまい**を変えなければなりません。）	
#1491		英検 **準2** / CEFR **A2**
blanket ブレァンケト[blǽŋkit]	名 毛布	
#1492		英検 **2** / CEFR **A2**
blow ブロウ[blou]	動 （風が）吹く 過 blew[ブルー] ー blown[ブロウン]	
#1493		英検 **準2** / CEFR **A1**
bone ボウン[boun]	名 骨 関連 **muscle** 名 筋肉	
#1494		英検 **準2** / CEFR **A2**
bored ボーァド[bɔ:rd] 発音	形 退屈した ▶ I was **bored**.（私は**退屈し**ました。） 関連 **boring** 形 退屈な	
#1495		英検 **2** / CEFR **B1**
delivery ディリヴァリ[dilívəri]	名 配達 ▶ a **delivery** service（**配達**サービス[出前]） ▶ a **delivery** driver（**配達**ドライバー）	

# 1496		英検 5
eighth つづり エイトス[eitθ]	名 形 **8番目（の）** ▶▶ 20ページ「基数と序数」	

# 1497		英検 5
eleventh イレヴンス[ilévnθ]	名 形 **11番目（の）** ▶▶ 20ページ「基数と序数」	

# 1498		英検 3
European つづり ユァラピーアン[juərəpíːən]	形 **ヨーロッパの** ▶▶ 293ページ「国・地域」	つづりととも に，発音にも 注意しよう。

# 1499		英検 3 CEFR A1
fever フィーヴァァ[fíːvər]	名 **（病気の）熱** ▶ have a **fever**（**熱**がある）	

# 1500		英検 3 CEFR B1
hate ヘイト[heit]	動 **が大嫌いだ，をにくむ** ▶ I **hate** snakes.（私はヘビ**が大嫌いです**。）	

# 1501		英検 準2 CEFR B2
hint ヒント[hint]	名 **ヒント，暗に示すこと** ▶ Give me a **hint**.（**ヒント**をください。）	

# 1502		英検 2 CEFR B1
male メイゥ[meil]	名 形 **男性（の），（動物の）おす（の）** 関連 female 名 形 女性（の），めす（の）	

# 1503		英検 準2 CEFR B1
pain ペイン[pein]	名 **痛み** ▶ I have a **pain** in my arm. （私は腕に**痛み**があります。）	

# 1504		英検 準2 CEFR A1
poem ポウイム[póuim]	名 **詩** 関連 novel 名 小説	

最重要レベル

基本レベル

標準レベル

高得点レベル

超ハイレベル

#1505		英検 **3** / CEFR **A2**
queen クウィーン[kwi:n]	名 女王 （関連）**king** 名 王	
#1506		英検 **3** / CEFR **A2**
quiz クウィズ[kwiz]	名 クイズ, 小テスト 複 quizzes	
#1507		英検 **3** / CEFR **B2**
rainbow レインボウ[réinbou]	名 虹	
#1508		英検 **2** / CEFR **B1**
satellite セァテライト[sǽtəlait]	名 衛星, 人工衛星 ▶ an artificial **satellite** （人工**衛星**） 衛星とは, 惑星の周りを運行する天体のことだよ。 （関連）**planet** 名 惑星	
#1509		英検 **準2** / CEFR **A2**
senior スィーニャ[síːnjər]　（発音）	形 （年齢や地位が）上の ▶ a **senior** high school（高等学校） ▶ **senior** citizens（お年寄り, 高齢者） old people(老人)よりも遠回しでていねいな言い方。	
#1510		英検 **準2** / CEFR **A2**
shine シャイン[ʃain]	動 かがやく 過 shone[ショウン] － shone ▶ The sun was **shining**. （太陽は**かがやいて**いました。）	
#1511		英検 **準2** / CEFR **A2**
shoot シュート[ʃuːt]	動 を撃つ, シュートする 過 shot[シャート] － shot ▶ **shoot** a bird（鳥**を撃つ**） （関連）**shot** 名 シュート, 発砲	

## 158

#1512

tie ◀つづり

タイ[tai]

英検 準2 / CEFR A2

動 を結ぶ 名 ネクタイ, きずな

ing形 tying

▶ **tie** a ribbon (リボン**を結ぶ**)

#1513

tent

テント[tent]

英検 4 / CEFR B1

名 テント

#1514

tenth

テンス[tenθ]

英検 5

名 形 10番目(の)

▶▶ 20ページ「基数と序数」

#1515

address ◀つづり

アドレス[ədrés]

英検 4 / CEFR A1

名 住所, アドレス

▶ an e-mail **address**

(Eメール**アドレス**)

#1516

disappointed

ディサ**ポ**インティド[disəpɔ́intid]

英検 準2 / CEFR A2

形 がっかりして

▶ I was **disappointed**.

(私は**がっかりし**ました。)

関連 disappoint 動 ～を失望させる

#1517

engine ◀つづり

エンヂン[éndʒin]

英検 準2 / CEFR B1

名 エンジン

#1518

female

フィーメイル[fíːmeil]

英検 準2 / CEFR A2

名 形 女性(の), (動物の)めす(の)

関連 male 名 形 男性(の), おす(の)

#1519

gray

グレイ[grei]

英検 4 / CEFR A1

名 形 灰色(の)

▶ a man with **gray** hair

(**白髪**まじりの男性)

最重要レベル
基本レベル
標準レベル
高得点レベル
超ハイレベル

1520

honest

アーニスト[ánist]　（発音）

英検準2 CEFR B1

形 正直な

比 more ~ － most ~

hを発音しないことに注意！

▶ He's an **honest** man.
（彼は**正直な**男だ。）

▶ **To be honest**, I'm not interested.
（**正直に言えば**，私は興味ありません。）

1521

Indian

インディアン[índiən]

英検 3

形 インドの

▶ the **Indian** Ocean（**インド**洋）

▶▶ 293ページ「国・地域」

1522

interest

インタリスト[íntərist]　（発音）

英検 3 CEFR A2

名 興味 動 に興味を起こさせる

▶ lose **interest** in video games
（テレビゲームへの**興味**をなくす）

関連 interesting 形 おもしろい，興味深い

　　　 interested 形 興味がある

1523

Italian

イタァリャン[itǽljən]

英検 4

形 イタリア（人，語）の

名 イタリア語

▶ **Italian** food（**イタリア**料理）

関連 Italy 名 イタリア

▶▶ 293ページ「国・地域」

1524

itself

イトセゥフ[itsélf]

英検 3 CEFR A2

代 それ自身

▶ This robot can repair **itself**.
（このロボットは**それ自身**を〈自分で〉修理することができます。）

▶▶ 243ページ「~selfの代名詞」

342

# 1525 **joy** チョイ[dʒɔi]	名 喜び ▶ shout with **joy**（**喜び**のあまりさけぶ）	英検 準2 CEFR A2
# 1526 **mathematics** マセメァティクス[mæθəmǽtiks]	名 数学 話し言葉では math と言うことが多い。	英検 2 CEFR B1
# 1527 **nineteen** ナインティーン[naintíːn]	名 形 19（の） ▶▶ 20ページ「基数と序数」	英検 5 CEFR A1
# 1528 **northern** ノーザン[nɔ́ːrðərn]	形 北の ▶ **northern** part of Japan（日本の**北**部） 関連 north 名 形 北（の）	英検 準2 CEFR B1
# 1529 **pianist** ピエァニスト[piǽnəst]	名 ピアニスト	英検 5
# 1530 **railroad** レイゥロウド[réilroud]	名 鉄道 ▶ a **railroad** crossing（〈鉄道の〉踏切）	CEFR B1
# 1531 **secret** つづり スィークリト[síːkrit]	形 秘密の 名 秘密 ▶ keep a **secret**（**秘密**を守る）	英検 3 CEFR B1
# 1532 **sixteen** スィクスティーン[sikstíːn]	名 形 16（の） ▶▶ 20ページ「基数と序数」	英検 5 CEFR A1
# 1533 **skin** スキン[skin]	名 肌 ▶ **skin** color（**肌**の色） 関連 hair 名 髪の毛	英検 準2 CEFR B1

最重要レベル

基本レベル

標準レベル

高得点レベル

超ハイレベル

 # 1534

somewhere

サムッウェアァ[sʌ́mhweər]

英検 3 | CEFR A2

副 どこかに

▶ go **somewhere**（**どこか**に行く）

関連 **anywhere** 副 （肯定文で）どこへでも

（否定文で）どこにも（～ない）

（疑問文で）どこかに

 # 1535

sweater 〈つづり〉

スウェタァ[swétər] 〈発音〉

英検 4 | CEFR A2

名 セーター

▶ buy a **sweater**（**セーター**を買う）

 # 1536

twelfth 〈つづり〉

トウェゥフス[twelfθ]

英検 5

名 形 12番目（の）

▶▶ 20ページ「基数と序数」

 # 1537

vending machine

ヴェンディング マシーン[véndiŋ məʃiːn]

英検 2

名 自動販売機

 # 1538

wallet

ワレト[wɑ́lət]

英検 4 | CEFR A2

名 さいふ

 # 1539

whale

ッウェイゥ[hweil]

英検 3 | CEFR B1

名 クジラ

▶ watch **whales**（**クジラ**を見る）

 # 1540

apartment

アパートメント[əpɑ́ːrtmənt]

英検 4 | CEFR A2

名 アパート, マンション

アパートやマンションの建物内の1部屋のこと。アパートの建物は apartment house, または apartment building と言う。

 # 1541

Australian

オーストレイリャン[ɔːstréiljən]

英検 4

形 オーストラリアの

▶▶ 293ページ「国・地域」

 # 1542

beef

ビーフ[bi:f]

英検 4 / CEFR A1

名 牛肉

 # 1543

bomb

バーム[bɑm] （発音）

英検 準2 / CEFR B1

名 爆弾

最後のbは発音しないよ。

 # 1544

calendar （つづり）

ケァレンダァ[kæləndər] （発音）

英検 5 / CEFR A2

名 カレンダー

 # 1545

cloud （つづり）

クラウド[klaud]

英検 4 / CEFR A1

名 雲

閲連 **cloudy** 形 くもりの

▶▶ 172ページ「天気に関する語」

 # 1546

comment

カーメント[kάment]

英検 準2 / CEFR B1

名 コメント, 感想

▶ make a **comment**

（**コメント**する[**感想**を述べる]）

 # 1547

firefly

ファイァフライ[fáiərflai]

英検 2

名 ホタル

複 fireflies

▶ enjoy watching **fireflies**

（**ホタル**を見て楽しむ）

 # 1548

greenhouse

グリーンハウス[grí:nhaus]

英検 2 / CEFR B1

名 温室

▶ **greenhouse** effect（**温室**効果）

大気圏から熱が放出されず, 気温が上昇する現象。

▶ **greenhouse** gas（**温室効果**ガス）

二酸化炭素（carbon dioxide）など, 温室効果の原因となる気体のこと。

最重要レベル

基本レベル

標準レベル

高得点レベル

超ハイレベル

#1549

headache ◀つづり

ヘデイク[hédeik]

英検 **3** | CEFR **A1**

名 **頭痛**

▶ I have a **headache**.

（私は**頭痛**がします。）

関連 **stomachache** 名 腹痛

toothache 名 歯痛

#1550

hers

ハ〜ズ[həːrz]

英検 **5** | CEFR **A1**

代 **彼女のもの**

▶▶ 10ページ「代名詞」

#1551

homeroom

ホウムルーム[hóumruːm]

英検 **準2**

名 **ホームルーム**

#1552

lend

レンド[lend]

英検 **3** | CEFR **A2**

動 **を貸す**

過 lent[レント] － lent

▶ Can you **lend** me this pen?

（私にこのペン**を貸して**くれますか。）

lend **A B** または **lend B to A** で「**A に B を貸す**」という意味。

関連 **borrow** 動 ～を借りる

#1553

medal

メドゥ[médl]

英検 **3** | CEFR **A2**

名 **メダル**

▶ win a gold **medal**

（金**メダル**を取る）

#1554

melt

メット[melt]

英検 **準2** | CEFR **B1**

動 **とける**

▶ The ice started to **melt**.

（その氷は**とけ**始めました。）

最重要レベル

基本レベル

標準レベル

高得点レベル

超ハイレベル

#1555
mystery

ミステリ[místəri]

名 不思議

複 mysteries

英検 3 | CEFR A2

#1556
ninety

ナインティ[náinti]

名 形 90（の）

▶▶ 20ページ「基数と序数」

英検 5 | CEFR A1

#1557
passport

パスポート[pǽspɔːrt]

名 パスポート

英検 4 | CEFR B1

#1558
pilot

パイロット[páilət]

名 パイロット

英検 4 | CEFR A2

#1559
production

プロダクション[prədʌ́kʃən]

名 生産

関連 produce 動 ～を生産する

英検 3 | CEFR A2

#1560
professor

プロフェサァ[prəfésər]

名 （大学の）教授

英検 準2 | CEFR B1

#1561
provide

プロヴァイド[prəváid]

動 を供給する

▶ **provide** people **with** water
（人々に水を供給する）

provide A with B で「A に B を供給する」の意味。

英検 準2 | CEFR A2

#1562
scene つづり

スィーン[siːn]

名 場面

英検 3 | CEFR A2

#1563
sixteenth

スィクスティーンス[sikstíːnθ]

名 形 16番目（の）

▶▶ 20ページ「基数と序数」

英検 5

#1564

subway

サブウェイ[sʌ́bwei]

名 地下鉄

英検 5 / CEFR A1

#1565

sugar

シュガァ[ʃúɡər]

名 砂糖

反通 **salt** 名 塩

英検 3 / CEFR A1

#1566

sustainable

サステイナァブ[səstéinəbl]

形 持続可能な

▶ **Sustainable** Development Goals
（SDGs，**持続可能な**開発目標）

▶ a **sustainable** way of working
（**持続可能な**働き方）

英検 2

#1567

tablet

テァブレット[tǽblət]

名 タブレット（型コンピューター），
錠剤

▶ watch a video on the **tablet**
（**タブレット**で動画を見る）

▶ take a **tablet** after breakfast
（朝食後に〈錠剤を〉1 **錠**飲む）

英検 準2 / CEFR B1

#1568

twentieth

トウェンティエス[twéntiəθ]

名 形 20番目（の）

▶ the **twentieth** century（**20**世紀）

▶▶ 20ページ「基数と序数」

英検 5

#1569

battery

バァテリ[bǽtəri]

名 電池

複 batteries

▶ charge the **battery**
（**バッテリー**を充電する）

英検 準2 / CEFR A2

# 1570 **carbon** カーボン[káːrbən]	英検 2 / CEFR B2 名 炭素 ▶ **carbon** dioxide（二酸化**炭素**）
# 1571 **contact** カーンテァクト[kántækt]	英検 3 / CEFR A2 名 つきあい，連絡 ▶ make **eye contact** （**アイコンタクト**を取る，視線を合わせる）
# 1572 **death** 〈つづり〉 デス[deθ]	英検 準2 / CEFR A2 名 死 関連 **die** 動 死ぬ **dead** 形 死んでいる
# 1573 **noise** ノイズ[nɔiz]	英検 3 / CEFR A1 名 物音，騒音 ▶ make a **noise**（**物音**をたてる） 関連 **noisy** 形 うるさい，さわがしい
# 1574 **noodle** ヌードゥ[núːdl]	英検 4 名（ふつう複数形で）めん類
# 1575 **rate** レイト[reit]	英検 準2 / CEFR A2 名 割合，率 ▶ the success **rate**（成功**率**）
# 1576 **scarf** スカーフ[skɑːrf]	英検 4 / CEFR A2 名 マフラー，スカーフ 複 scarves
# 1577 **snowy** スノウィ[snóui]	英検 5 / CEFR A1 形 雪の降る ▶ on a **snowy** day（**雪の降る**日に） 関連 **snow** 名 雪 動 雪が降る ▶▶ 172ページ「天気に関する語」

#1578 **theirs** ゼアァズ[ðeərz]	英検 5 / CEFR A2
	代 彼らのもの, 彼女らのもの
	▶▶ 10ページ「代名詞」

#1579 **weight** 〈つづり〉 ウェイト[weit]	英検 準2 / CEFR A2
	名 重さ, 体重
	▶ lose **weight**
	（**体重**を減らす, やせる） gh は発音しないよ。

#1580 **blind** ブラインド[blaind]	英検 3 / CEFR B1
	形 目の見えない

#1581 **board** 〈つづり〉 ボード[bɔːrd]	英検 2 / CEFR A1
	名 板, 黒板

#1582 **cellphone** セゥフォウン[sélfoun]	英検 4
	名 携帯電話
	cell phone ともつづる。

#1583 **cent** セント[sent]	英検 5 / CEFR A2
	名 セント（1ドルの100分の1）
	▶ two dollars and forty **cents**
	（2ドル40**セント**）
	関連 **dollar** 名 ドル

#1584 **clever** クレヴァァ[klévər]	英検 3 / CEFR A1
	形 りこうな

#1585 **fifteenth** フィフティーンス[fiftíːnθ]	英検 5
	名 形 15番目（の）
	▶▶ 20ページ「基数と序数」

 # 1586

freely

フリーリィ[fríːli]

英検 準2 | CEFR B1

副 自由に

▶ express myself **freely**

（**自由に**自分を表現する）

 # 1587

import

インポート[impɔ́ːrt]

英検 準2 | CEFR B2

動 を輸入する

▶ Japan **imports** a lot of food.

（日本は多くの食料**を輸入しています。**）

関連 export 動 〜を輸出する

 # 1588

jam

ヂェアム[dʒæm]

英検 2 | CEFR A2

名 ジャム, 渋滞

▶ strawberry **jam**（いちご**ジャム**）

▶ a traffic **jam**（交通**渋滞**）

 # 1589

mark

マーク[mɑːrk]

英検 3 | CEFR A2

名 印 動 に印をつける

 # 1590

nineteenth

ナインティーンス[naintíːnθ]

英検 5

名 形 19番目（の）

▶▶ 20ページ「基数と序数」

 # 1591

Paralympic

パラリンピク[pærəlímpik]

英検

形 パラリンピックの

名（the Paralympicsで）

パラリンピック大会

▶ the **Paralympic** Games

（**パラリンピック**大会）

 # 1592

parking

パーキング[pɑ́ːrkiŋ]

英検 準2 | CEFR B1

名 駐車

park には「駐車する」という意味があったね。

▶ a **parking** lot（**駐車場**）

最重要レベル

基本レベル

標準レベル

高得点レベル

超ハイレベル

# 1593	
recipe レスィピ[résəpi] （発音）	名 調理法, レシピ 英検 3 / CEFR B2

# 1594	
Russia ラシャ[rʌ́ʃə] （発音）	名 ロシア 英検 3 ▶▶ 293ページ「国・地域」

# 1595	
shot シャート[ʃɑt]	名 (サッカーなどの) シュート, 発砲 英検 準2 / CEFR A2 ▶ make a winning **shot** 　(勝利につながる**シュート**を決める) (関連) **shoot** 動 ～を撃つ(過去形・過去分詞は shot)

# 1596	
stress ストレス[stres]	名 ストレス, 強調 英検 2 / CEFR B1 ▶ reduce **stress** (**ストレス**を減らす) (関連) **stressed** 形 ストレスを感じた

# 1597	
thirteenth サ～ティーンス[θəːrtíːnθ]	名 形 13番目 (の) 英検 5 ▶▶ 20ページ「基数と序数」

# 1598	
toast トウスト[toust]	名 トースト 英検 5 / CEFR A2

# 1599	
treat トリート[triːt]	動 を扱う, を治療する 英検 準2 / CEFR B1 ▶ **treat** him like a child 　(子どものように彼**を扱う**)

# 1600	
windy ウィンディ[wíndi]	形 風の強い 英検 5 / CEFR A2 ▶ a **windy** day (**風の強い**日) (関連) **wind** 名 風

超ハイレベル

この章に収録されているのは、難関校の入試で出題されるハイレベルな単語です。高校入学後にも役立つ実用的な単語ばかりなので、積極的に挑戦しましょう。

#1601

announcement

アナウンスメント[ənáunsmənt]

英検 準2 / CEFR B1

名 告知, アナウンス
▶ an important **announcement**
（重要な**お知らせ**）

関連 **announce** 動 ～を告知する

#1602

attitude

エアティテュード[ǽtitjuːd]

英検 2 / CEFR A2

名 態度
▶ She changed her **attitude** toward her family.
（彼女は自分の家族に対する**態度**を変えました。）

#1603

autumn

オータム[ɔ́:təm]　　発音

英検 4 / CEFR A1

名 秋

アメリカ英語では「秋」は **fall** と言うことが多い。

▶ This garden is famous for its **autumn leaves**.
（この庭園は**秋の紅葉**で有名です。）

#1604

bury

ベリ[béri]　　発音

英検 2 / CEFR A2

動 を埋める

3単現 buries　過 buried

▶ Treasures were **buried** here.
（財宝がここに**埋め**られていました。）

#1605

cage

ケイヂ[keidʒ]

英検 2 / CEFR B1

名 鳥かご, (動物の) おり

#1606

charity

チェアリティ[tʃǽrəti]

英検 準2 / CEFR B1

名 慈善
▶ have a **charity** event
（**慈善**イベントを開催する）

 # 1607

comedy

カーメディ[kámədi]

英検 **3** | CEFR **B1**

名 喜劇

▶ a **comedy** show
（喜劇, **コメディー**ショー）

関連 comedian 名 喜劇役者, コメディアン

 # 1608

concentrate

カーンセントレイト[kánsəntreit] **発音**

英検 **準2** | CEFR **A2**

動 集中する

▶ **concentrate** on reading
（読書に**集中する**）

関連 concentration 名 集中, 集中力

 # 1609

connection

コネクション[kənékʃən]

英検 **準2** | CEFR **B1**

名 つながり, 関係

▶ a **connection** between Japan and the U.K.
（日本とイギリスの**つながり**[**関係**]）

▶ There's no internet **connection**.
（ネットの**接続**がありません。）

 # 1610

consider

コンスィダァ[kənsídər]

英検 **準2** | CEFR **A2**

動 をよく考える, を…と見なす

▶ There are a lot of things we have to **consider**.（私たちが**考慮し**なければならないことがたくさんあります。）

▶ This rule **is considered** important.
（このルールは重要**だと思われています**。）

 # 1611

construction

コンストラクション[kənstrʌkʃən]

英検 **2** | CEFR **B1**

名 建設

▶ The building is **under construction**.
（その建物は**建設中**です。）

関連 construct 動 ～を建設する

#1612

contain
コンテイン[kəntéin]

英検 準2 ｜ CEFR B1

動 （中に〜）が入っている

▶ This ice cream doesn't **contain** sugar.
（このアイスクリームには砂糖**が入って**いません。）

関連 **container** 名 容器

#1613

correct
コレクト[kərékt]

英検 3 ｜ CEFR A1

形 正しい　動 を訂正する

▶ a **correct** answer（**正しい**答え）
▶ **correct** a spelling mistake
（つづりの間違い**を訂正する**）

関連 **correctly** 副 正しく

#1614

development
ディヴェラプメント[divéləpmənt]

英検 2 ｜ CEFR B1

名 発展

▶ **development** of technology
（科学技術の**発展**）

関連 **develop** 動 〜を発達させる，発展する

#1615

disagree
ディサグリー[disəgríː]

英検 準2 ｜ CEFR A2

動 意見が合わない

▶ I sometimes **disagree** with my father.
（私はときどき父と**意見が合いません**。）

関連 **agree** 動 同意する

#1616

display
ディスプレイ[displéi]

英検 準2 ｜ CEFR A2

名 展示，展示会　動 を展示する

▶ a fireworks **display**（花火**大会**）

#1617

evacuation
イヴェァキュエイション[ivækjuéiʃən]

英検 準1 ｜ CEFR B2

名 避難

▶ an **evacuation** drill（**避難**訓練）

関連 **evacuate** 動 避難する

 # 1618

factor

フェァクタァ[fǽktər]

英検 準2 | CEFR B2

名 要素，要因

▶ The most important **factor** is the environment.

（もっとも重要な**要素**は環境です。）

 # 1619

fat

ファト[fæt]

英検 3 | CEFR A1

形 太った

軽べつしているような印象を与えるので，人に対して使うのはさけたほうがよい。

比 fatter － fattest

関連 **thin** 形 薄い，やせた

 # 1620

knock ◀つづり

ナ-ク[nɑk]

英検 3 | CEFR A2

動 ノックする　名 ノック（の音）

▶ **knock** on the door

（ドアを**ノックする**）

 # 1621

originally

オリヂナリ[ərídʒənəli]

英検 2 | CEFR B2

副 もともと，最初は

▶ I'm **originally** from Nagoya.

（私は**もともと**名古屋出身です。）

関連 **origin** 名 起源　**original** 形 もとの，独創的な

 # 1622

passage

パェアスィヂ[pǽsidʒ]

英検 準2 | CEFR A2

名 （文章の）一節，通路

▶ Read the following **passage** and answer the questions below.

（次の**文章**を読んで下の問いに答えなさい。）

 # 1623

pray

プレイ[prei]

英検 準2 | CEFR A1

動 祈る

▶ **pray** for peace（平和を**祈る**）

# 1624		英検 準2	CEFR B1
rescue レスキュー[réskjuː]	動 を救う　名 救助		

# 1625		英検 準2	CEFR A2
roll ロウゥ[roul]	動 を巻く, 転がる 同音 role 名 役割, 役		

# 1626		英検 3	CEFR A1
section セクション[sékʃən]	名 部分, 部門		

# 1627		英検 準2	CEFR A2
slide スライド[slaid]	名 (発表などで投影する) スライド		

> プレゼンテーションなどで発表者が投影する画面の1ページをさすことが多い。

▶ Please look at this **slide**.
（この**スライド**を見てください。）

# 1628		英検 3	CEFR A1
spell スペッ[spel]	動 (単語)をつづる		

▶ How do you **spell** your name?
（あなたの名前はどう**つづる**のですか。）

# 1629		英検 準2	CEFR A2
suggest サヂェスト[sədʒést]	動 を提案する		

▶ **suggest** a new plan
（新しい計画**を提案する**）

派生 **suggestion** 名 提案

# 1630		英検 準2	CEFR B1
surround サラウンド[səráund]	動 を囲む		

▶ The house **is surrounded** by trees.
（その家は木で**囲まれています**。）

1631

term

タ～ム[təːrm]

英検 2 | CEFR B1

名 学期, 期間

▶ the second **term**（2 **学期**）

▶ a **long-term** goal（**長期**的な目標）

long-term で「長期の」, **short-term** で「短期の」という意味になる。

1632

trick

トリク[trik]

英検 準2 | CEFR A2

名 いたずら, 手品, 芸

▶ do a **magic trick**（**手品**をする）

▶ **Trick or treat!**
（お菓子をくれないといたずらするぞ！）

ハロウィーンのときに, 子どもたちが近所の家をまわってお菓子をもらうときの決まり文句。

1633

valuable

ヴァリュアブ[vǽljuəbl]

英検 準2 | CEFR B1

形 価値のある, 貴重な

▶ **valuable** goods（**貴重な**品物）

(関連) value 名 価値

1634

wheel

(ホ)ウィーウ[hwiːl]

英検 準2 | CEFR A1

名 車輪

▶ a **Ferris wheel**（観覧車）

1635

within

ウィズィン[wiðín]

英検 準2 | CEFR A2

前 ～以内で

▶ **within** a month（ひと月**以内に**）

1636

army

アーミィ[áːrmi]

英検 2 | CEFR B1

名 陸軍, 軍隊

1637

attend

アテンド[əténd]

英検 3 | CEFR B1

動 に出席する

▶ **attend** the meeting（会議**に出席する**）

#1638 **award** アウォード[əwɔ́ːrd]	**名 賞** ▶ win the best player **award** （最優秀選手**賞**を獲得する）	英検 **2** / CEFR **A2**
#1639 **beat** つづり ビート[biːt]	**動 を（続けざまに）打つ， （心臓が）鼓動する** 過 beat － beaten[ビートン] / beat ▶ My heart was **beating** fast. （私の心臓はどきどきと**鼓動して**いました。）	英検 **準2** / CEFR **B2**
#1640 **benefit** ベネフィット[bénəfit]	**名 よい効果，恩恵** ▶ There are many **benefits** of using robots. （ロボットを使うことの**利点**はたくさんあります。）	英検 **2** / CEFR **B1**
#1641 **bottom** バートム[bátəm]	**名 底，最下部** ▶ at the **bottom** of the pond （その池の**底**に）	英検 **2** / CEFR **A1**
#1642 **coast** コウスト[koust]	**名 沿岸** ▶ the West **Coast** （〈アメリカの〉西海岸）	英検 **2** / CEFR **A2**
#1643 **crane** クレイン[krein]	**名 （鳥の）ツル** ▶ a paper **crane**（折り鶴）	英検 **準2**
#1644 **ecosystem** イーコウスィステム[íːkousistəm]	**名 生態系** ▶ marine **ecosystem**（海の**生態系**）	英検 **2** / CEFR **B1**

 # 1645

fee
フィー[fiː]

英検 **2** | CEFR **A2**

名 料金
▶ an admission [entrance] **fee**
（入場**料**）
▶ a membership **fee**（会**費**）

 # 1646

journey ◀つづり
チャ～ニ[dʒə́ːrni]

英検 **準2** | CEFR **A2**

名 旅行

> 比較的長い旅のこと。短めの旅は trip。

 # 1647

lamp
レァンプ[læmp]

英検 **準2** | CEFR **A2**

名 ランプ, 電気スタンド

 # 1648

leaflet
リーフレト[líːflət]

英検 **準1** | CEFR **B2**

名 ちらし, リーフレット

 # 1649

mask
メァスク[mæsk]

英検 **2** | CEFR **B2**

名 マスク
▶ wear a **mask**（**マスク**をする）

 # 1650

memorize
メモライズ[méməraiz]

英検 **2** | CEFR **B1**

動 を暗記する
▶ **memorize** English words
（英単語**を暗記する**）

関連 **memory** 名 記憶, 思い出

 # 1651

native
ネイティヴ[néitiv]

英検 **準2** | CEFR **A2**

形 母国の, その土地の
▶ my **native** language（私の**母語**）
▶ a **native** speaker of English
（英語の**ネイティブ**スピーカー〈英語を母語と
して話す人〉）

最重要レベル

基本レベル

標準レベル

高得点レベル

超ハイレベル

#1652

offer

オーファァ[ɔ́:fər]

動 （…に～を）提供する, を申し出る ｜英検 準2｜CEFR A2｜

名 申し出

▶ **offer** him a good job

（彼にいい仕事を**提供する**）

▶ accept his **offer**

（彼の**申し出**を受け入れる）

#1653

pardon

パードゥン[pɑ́:rdn]

動 を許す　名 許すこと ｜英検 3｜CEFR A1｜

▶ **Pardon（me）?**

（もう一度言ってください。）

相手の言ったことが聞き取れ
なかったときなどに言うよ。

(I) beg your pardon? と
言うこともある。

#1654

remain

リメイン[riméin]

動 残る, ～のままでいる ｜英検 2｜CEFR A2｜

▶ **remain** standing

（立った**ままでいる**）

#1655

reservation

レザヴェイション[rezərvéiʃən]

名 予約 ｜英検 準2｜CEFR B1｜

▶ **make a reservation**（**予約**する）

▶ an online **reservation**

（オンライン［ネット］**予約**）

関連 **reserve** 動 ～を予約する

　　reserved 形 予約された

#1656

substance

サブスタンス[sʌ́bstəns]

名 物質 ｜英検 2｜CEFR B2｜

▶ dangerous **substances**（危険**物質**）

▶ chemical **substances**（化学**物質**）

## 169

1657

surprisingly

サプライズィングリ[sərpráiziŋli]

英検 2 ／ CEFR B1

副 驚くほどに, 驚いたことに

▶ The train was **surprisingly** crowded.

（その電車は**驚くほどに**混雑していました。）

関連 surprising 形 驚くべき

1658

swallow

スワーロウ[swάlou]

英検 2 ／ CEFR A2

名 ツバメ

1659

trade

トレイド[treid]

英検 準2 ／ CEFR A2

名 取り引き, 貿易

▶ **fair trade**

（公正[公平]**な取り引き[貿易]**, フェアトレード）

特に途上国との公正な取り引きを表す。

1660

whether

フウェザァ[hwéðər]

英検 2 ／ CEFR B1

接 ～かどうか, (whether ～ or …
で) ～であろうと…であろうと

▶ know **whether** that is true（or not）

（それが本当**かどうか**知っている）

if にも whether と同様の使い方がある。
know **if** that is true
（それが本当**かどうか**知っている）

1661

access

エァクセス[ǽkses]

英検 準2 ／ CEFR B2

名 アクセス, 接近

動 にアクセスする

▶ **access** the internet

（インターネット**にアクセスする**）

1662

attractive

アトレァクティヴ[ətrǽktiv]

英検 2 ／ CEFR A2

形 魅力的な

関連 attract 動 ～を引きつける

最重要レベル

基本レベル

標準レベル

高得点レベル

超ハイレベル

#1663 **bark** バーク[bɑːrk]	英検 準2 CEFR B1
	動 ほえる

#1664 **beauty** ビューティ[bjúːti]	英検 2 CEFR A2
	名 美しさ
	関連 **beautiful** 形 美しい

#1665 **boil** ボイる[bɔil]	英検 2 CEFR A2
	動 を沸かす, をゆでる
	▶ a **boiled** egg (**ゆで**卵)

#1666 **candle** キャンドゥる[kǽndl]	英検 3 CEFR B1
	名 ろうそく

#1667 **creative** クリエイティヴ[kriéitiv]	英検 準2 CEFR A2
	形 創造力のある, 独創的な
	▶ **creative** thinking (**創造的**思考)
	関連 **create** 動 ～を創造する
	creativity 名 創造性, 独創性

#1668 **crow** クロウ[krou]	英検 2 CEFR B1
	名 カラス かしこい鳥だよね。

#1669 **drawing** ドゥローイング[drɔ́ːiŋ]	英検 2 CEFR A2
	名 線画, スケッチ
	関連 **painting** 名 (絵の具で描く)絵

#1670 **electronic** イレクトゥラーニック[ilektrάnik]	英検 準2 CEFR B1
	形 電子の
	▶ **electronic** devices (**電子**機器)
	▶ an **electronic** dictionary (**電子**辞書)
	関連 **electric** 形 電気の

## 170

1671
facility
ファスィリティ[fəsíləti]

英検 2 | CEFR B1

名 施設
▶ public **facilities**（公共**施設**）

1672
fold
フォウッド[fould]

英検 2 | CEFR B1

動 折りたたむ
▶ **fold** a piece of paper（1枚の紙**を折る**）
▶ a **folding** fan
（**扇子**〈折りたたみ式のうちわ〉）

1673
historical
ヒストーリカッ[histɔ́ːrikəl]

英検 2 | CEFR B1

形 歴史の, 歴史上の
▶ a **historical** movie（**歴史**映画）
関連 history 名 歴史
historic 形 歴史上有名な, 歴史的な

1674
inventor
インヴェンタァ[invéntər]

英検 2 | CEFR B2

名 発明者
関連 invent 動 ～を発明する
invention 名 発明

1675
issue
イシュー[íʃuː]

英検 2 | CEFR A2

名 問題（点）
▶ a social **issue**
（社会**問題**[社会課題]）
▶ a technical **issue**（技術的な**問題**）

1676
joke
ヂョウッ[dʒouk]

英検 2 | CEFR A2

名 冗談 動 冗談を言う
▶ It was just a **joke**.
（ほんの**冗談**だったんです。）
▶ I'm not **joking**.
（**冗談を言っている**のではありません。）

#1677
magic
メアヂック[mǽdʒik]

名 魔法　形 魔法の

▶ "Please" is a **magic** word.
（"please" は**魔法の**言葉です。）

英検 準2　CEFR A2

#1678
pond
パーンド[pɑnd]

名 池

関連 lake 名 湖

英検 3　CEFR B1

#1679
pot
パート[pɑt]

名 （深い）なべ，つぼ

▶ a coffee **pot**（コーヒー**ポット**）

英検 準2　CEFR B1

#1680
protein
プロウティーン[próuti:n]　発音

名 たんぱく質

英検 準1

#1681
reef
リーフ[ri:f]

名 暗礁
　　あんしょう

▶ a coral **reef**（サンゴ**礁**）

英検 準1　CEFR B1

#1682
seafood
スィーフード[sí:fu:d]

名 シーフード，海産物

英検 3　CEFR A2

#1683
souvenir
スーヴェニア[su:vəníər]　発音

名 みやげ，記念品

日本語の「みやげ」と違い，人にあげるものにかぎらず，記念に自分のために買って持ち帰るものをイメージすることが多い。

▶ a **souvenir** shop（**みやげ**物店）

英検 3　CEFR B1

#1684
thief
スィーフ[θi:f]

名 どろぼう

複 thieves

英検 2　CEFR A2

#1685 **tile** タイゥ[tail]	英検 準1 CEFR B1 名 タイル, かわら ▶ braille **tiles**（点字**タイル**）
#1686 **tiny** タイニ[táini]	英検 準2 CEFR B1 形 ごく小さい, ちっちゃな ▶ a **tiny** mouse（**ちっちゃな**ネズミ） (関連) **huge** 形 巨大な
#1687 **turtle** ター〜トゥ[tə́ːrtl]	英検 4 CEFR B1 名 カメ, ウミガメ ▶ a sea **turtle**（**ウミガメ**）
#1688 **variety** ヴァ**ラ**イェティ[vəráiəti]	英検 2 CEFR B1 名 多様性 ▶ a **variety** of vegetables （**さまざまな**野菜） a **variety** of 〜で「さまざまな〜, いろいろな 〜」という意味になる。 (関連) **various** 形 さまざまな
#1689 **balloon** バルーン[bəlúːn]	英検 準2 CEFR A2 名 風船, 気球 ▶ a hot-air **balloon**（熱気球）
#1690 **base** ベイス[beis]	英検 準2 CEFR A2 動 の基礎を（…に）置く 名 基礎, 土台 ▶ The movie **is based on** a true story. （その映画は実話に**もとづいています**。）
#1691 **describe** ディスク**ラ**イブ[diskráib]	英検 準2 CEFR A1 動 を描写する ▶ **describe** the situation （状況**を描写する**[説明する]）

最重要レベル

基本レベル

標準レベル

高得点レベル

超ハイレベル

367

#1692

discussion

ディスカション[dɪskʌ́ʃən]

英検 **3** | CEFR **A2**

名 議論, 話し合い

▶ have a **discussion** about school rules
（校則について**話し合い**をする）

関連 discuss 動 ~について話し合う

#1693

directly

ディレクトリ[dɪréktli]

英検 **準2** | CEFR **B1**

副 直接に

▶ I told her **directly**.
（私は彼女に**直接**伝えました。）

関連 direct 形 直接の

#1694

gone

ゴーン[gɔ́:n]　発音

英検 **準2**

形 去った, なくなった

動詞 go の過去分詞 gone と同じ形。
be gone の形で使われる。

▶ The girl **was gone**.
（その女の子は**いなくなって**しまいました。）

#1695

Mexico

メッスィコウ[méksɪkou]

英検 **4**

名 メキシコ

#1696

moth

モース[mɔ́:θ]

英検 **準1**

名 （虫の）ガ

#1697

novel

ナーヴェッ[nɑ́vəl]　発音

英検 **準2** | CEFR **A2**

名 小説

▶ a mystery **novel**（ミステリー**小説**）

関連 poem 名 詩

#1698

official

オフィシャゥ[əfíʃəl]

英検 **準2** | CEFR **A2**

形 公式の

▶ an **official** language（公用語）

 # 1699

overseas

オウヴァスィーズ[ouvərsíːz]

英検 準2 | CEFR B2

副 海外へ, 海外で　**形** 海外の

▶ study **overseas**（**海外で**勉強する）

▶ **overseas** students（**海外からの**留学生たち）

関連 **abroad** 副 外国に

 # 1700

performer

パフォーマァ[pərfɔ́ːrmər]

英検 3 | CEFR B1

名 演奏者, 演者

関連 **perform** 動 ～を上演する, ～を演奏する

performance 名 演技, 演奏

 # 1701

plain

プレイン[plein]

英検 準2 | CEFR B1

形 明白な, 平易な　**名** 平野

▶ explain in **plain English**

（**平易な[わかりやすい]英語**で説明する）

 # 1702

scientific

サイエンティフィク[saiəntífik]

英検 2 | CEFR A2

形 科学の, 科学的な

▶ **scientific** knowledge（**科学**知識）

▶ **scientific** research（**科学**研究）

▶ **scientific** discovery（**科学的**発見）

関連 **science** 名 理科, 科学

scientist 名 科学者

 # 1703

studio

ｽ**テュー**ディオウ[stjúːdiou]　発音

英検 準2 | CEFR B1

名 スタジオ

 # 1704

tongue

タング[tʌŋ]　発音

英検 2 | CEFR B1

名 舌

▶ My **mother tongue** is Japanese.

（私の**母語**は日本語です。）

mother tongue は mother language と同じく
「母語」の意味で使われる。

最重要レベル

基本レベル

標準レベル

高得点レベル

超ハイレベル

#1705

lay

レイ[lei]

動 を置く, を横にする, (卵)を産む　英検 準2　CEFR B1

過 laid[レイド] – laid

▶ She **laid** the book on the desk.
（彼女は机に本**を置きました**。）

▶ **lay** eggs（**卵を産む**）

(関連) lie – lay – lain 動 横になる

> lie の過去形も lay なので注意。

#1706

chief

チーフ[tʃiːf]

名 (組織の)長, チーフ　英検 2　CEFR B1

#1707

confident

カーンフィデント[kánfədənt]

形 自信のある　英検 準2　CEFR A2

比 more ～ – most ～

(関連) **confidence** 名 自信

#1708

couple ◀つづり

カポゥ[kápl]

名 2つ, 一対, 夫婦, カップル　英検 3　CEFR A2

▶ a **couple** of days（**2, 3日**）

> a couple of ～で「2, 3の～」。

#1709

deal

ディーゥ[diːl]

名 取り引き　動 扱う　英検 2　CEFR A2

▶ **deal with** many problems
（多くの問題**に対処する**）

> deal with ～で「～に対処する, ～を扱う」という意味。

#1710

dive

ダイヴ[daiv]

動 (水に)飛び込む, もぐる　英検 2　CEFR B1

▶ **dive** into the sea（海に**飛び込む**）

(関連) **diving** 名 ダイビング, 潜水, 飛び込み

# 1711 **drone** ドロウン[droun]	名 ドローン, 無人飛行機 英検 **2**
# 1712 **expect** イクスペクト[ikspékt]	動 を予期する, を期待する 英検 **3** | CEFR **A2** ▶ **expect** her **to** come （彼女が来る**と予想する**[**期待する**]）
# 1713 **fantastic** フェアン**テア**スティク[fæntǽstik]	形 すばらしい, 空想的な 英検 **準2** | CEFR **A2** ▶ I passed the exam. – **Fantastic!** （試験に合格したよ。 – **すごいね！**）
# 1714 **fence** フェンス[fens]	名 フェンス, さく 英検 **準2** | CEFR **A2**
# 1715 **freedom** フリーダム[frí:dəm]	名 自由 英検 **2** | CEFR **A2** ▶ **freedom** of speech（言論の**自由**） 関連 **free** 形 自由な, ひまな
# 1716 **manage** **メ**アニヂ[mǽnidʒ] 発音	動 を何とかやりとげる, をうまく扱う 英検 **準2** | CEFR **A2** ▶ **manage to** write the report （**何とか**そのレポートを書き**上げる**） 関連 **management** 名 管理, 経営 **manager** 名 支配人, 経営者
# 1717 **marine** マリーン[mərí:n]	形 海の 英検 **2** | CEFR **B1** ▶ **marine** sports （**海の**スポーツ, **マリン**スポーツ）

最重要レベル

基本レベル

標準レベル

高得点レベル

超ハイレベル

1718
net
ネト[net]

名 網
▶ a fishing **net**（漁**網**）

英検 準2 ／ CEFR A2

1719
nursery
ナ〜サリィ[nə́ːrsəri]

名 託児所
▶ a **nursery** school（保育所，保育園）

英検 準1 ／ CEFR B2

1720
physical　◀つづり
フィズィカゥ[fízikəl]

形 肉体の，身体の
▶ **physical** activity
（**身体**活動，**体**を動かすこと）
▶ **physical** education（**体育**〈P.E. と略す〉）
(関連) **physically** 副 肉体的に，物理的に

英検 2 ／ CEFR A2

1721
pound
パウンド[paund]　（発音）

名 ポンド

重さの単位またはイギリスの通貨単位として使う。
重さの 1 ポンドは約 454g。

▶ two **pounds** of meat（2 **ポンド**の肉）

英検 準1 ／ CEFR B1

1722
preserve
プリザ〜ヴ[prizə́ːrv]

動 を保護する，を保存する
▶ **preserve** food（食料**を保存する**）
▶ **preserve** the natural environment
（自然環境**を保護する**）
(関連) **preservation** 名 保護，保存

英検 2 ／ CEFR B1

1723
recover
リカヴァ[rikʌ́vər]

動 回復する
▶ He **recovered** from his illness.
（彼は病気から**回復しました**。）
(関連) **recovery** 名 回復

英検 準2 ／ CEFR B1

 # 1724

salesclerk

セイウズクラ～ク[séilzklə:rk]

名 （売り場の）店員

英検 3

単に clerk とも言う。

 # 1725

silk

スィゥク[silk]

名 絹, 絹糸

英検 準1 ｜ CEFR B1

関連 **wool** 名 羊毛, ウール

cotton 名 綿, 木綿

 # 1726

sink

スィンク[siŋk]

動 沈む

英検 2 ｜ CEFR A2

活 sank[セァンク] ー sunk[リンク]

 # 1727

stomach

スタマク[stʌ́mək]　（発音）

名 胃, おなか

英検 3 ｜ CEFR A2

関連 **stomachache** 名 腹痛

 # 1728

stranger

ストレインヂャァ[stréindʒər]

名 見知らぬ人,
（その土地に）不案内な人

英検 準2 ｜ CEFR A2

▶ talk to a **stranger**
（**知らない人**に話しかける）

▶ I'm a **stranger** here.
（この辺りは**よく知りません。**）

道を尋ねられたときの返答。

 # 1729

tough

タッ[tʌf]　（発音）

形 （問題などが）難しい

英検 準2 ｜ CEFR B2

▶ a **tough** question（**難問**）

▶ a **tough** decision（**困難な**決断）

 # 1730

typhoon

タイフーン[taifúːn]

名 台風

英検 3

最重要レベル

基本レベル

標準レベル

高得点レベル

超ハイレベル

1731
vegetarian
ヴェヂテァリアン[vedʒətéəriən]

英検 準1 | CEFR B1

名 菜食主義者

1732
agriculture
エァグリカッチャ[ǽgrikʌltʃər]

英検 2 | CEFR B1

名 農業
▶ study **agriculture**（**農業**を学ぶ）

1733
alive
アラィヴ[əláiv]

英検 準2 | CEFR A2

形 生きている
▶ keep a fish **alive**
（魚を**生きた**ままにしておく）
▶ The zebra was still **alive**.
（そのシマウマはまだ**生きて**いました。）

> alive は名詞の前では使わず，be 動詞のあとなどで使う。

反 対 **dead** 形 死んでいる

1734
atomic
アターミッ[ətámik]

英検 準1 | CEFR B1

形 原子の
▶ **atomic** bomb（**原子**爆弾）
▶ **atomic** energy（**原子**力）

1735
block
ブラーク[blak]

英検 3 | CEFR A1

名 ブロック, 区画
▶ go straight two **blocks**
（まっすぐ 2 **ブロック**行く）

1736
bowl
ボウゥ[boul]

英検 3 | CEFR A1

名 どんぶり, ボウル

1737
braille
ブレィゥ[breil]

英検 準1

名 点字

## 175

最重要レベル

1738
comfort
カンファト[kʌ́mfərt] （発音）

英検 準1 / CEFR B1

名 快適さ

関連 **comfortable** 形 心地よい

1739
coral
コーラッ[kɔ́ːrəl]

英検 準1 / CEFR B2

名 サンゴ

▶ save **coral** reefs
（**サンゴ**礁を守る）

基本レベル

1740
court
コート[kɔːrt]

英検 4 / CEFR A2

名 （テニスなどの）コート, 法廷

▶ a tennis **court**（テニス**コート**）
▶ a **court** of law（**裁判所, 法廷**）

1741
debate
ディベイト[dibéit]

英検 2 / CEFR A2

名 討論, ディベート

あるテーマについて, あらかじめ賛成・反対など
の立場を決めて論じ合う討論をさす。

関連 **discussion** 名 議論, 話し合い

標準レベル

1742
debris
デブリー[dəbríː] （発音）

英検 準1 / CEFR B1

名 （壊れたものの）破片

▶ space **debris**
（スペース**デブリ**, 宇宙ごみ）
▶ marine **debris**（海洋**ごみ**）

高得点レベル

1743
decorate
デコレイト[dékəreit]

英検 準2 / CEFR B2

動 を飾る

関連 **decoration** 名 装飾

1744
discovery
ディスカヴァリ[diskʌ́vəri]

英検 準2 / CEFR B1

名 発見

複 discoveries

▶ an important **discovery**（重要な**発見**）

関連 **discover** 動 ～を発見する

超ハイレベル

#1745	
economy イカーノミィ[ikánəmi]	英検 2 / CEFR B1 名 経済 ▶ the global **economy**（世界**経済**） 関連 **economic** 形 経済の

#1746	
gentleman ヂェントゥマン[dʒéntlmən]	英検 準2 / CEFR B1 名 男の人 複 gentlemen[ヂェントゥメン] man のていねいな言い方だよ。 関連 **lady** 名 女の人

#1747	
harmony ハーモニィ[háːrməni]	英検 準2 / CEFR A2 名 調和 ▶ live **in harmony with** nature （自然**と調和して**暮らす） in harmony with ～で「～と調和して」という意味。

#1748	
intelligence インテリヂェンス[intélidʒəns]	英検 準2 / CEFR A2 名 知能 ▶ artificial **intelligence** （人工**知能**，AI） 関連 **intelligent** 形 優秀な，知能の高い

#1749	
interpreter インタ〜プリタァ[intə́ːrpritər]	英検 準1 / CEFR B2 名 通訳(者) ▶ a sign language **interpreter** （手話**通訳者**）

#1750	
nearby ニアバイ[niərbái]	英検 準2 / CEFR B1 形 近くの　副 近くに ▶ a friend who lives **nearby** （すぐ**近くに**住む友達）

#1751	
neck ネク[nek]	英検 3 / CEFR A1 名 首

## 176

1752
opportunity
アパテューーニティ[ɑpərtjúːnəti]

名 機会

▶ an **opportunity** to think about our future（私たちの将来を考える**機会**）

関連 **chance** 名 機会，チャンス

英検 準2 / CEFR A2

1753
outdoor
アウトドーア[autdɔ́ːr]

形 屋外の，アウトドアの

▶ enjoy **outdoor** activities（**アウトドア**活動を楽しむ）

英検 準2 / CEFR B1

1754
playground
プレイグラウンド[pléigraund]

名 （学校などの）運動場

英検 3 / CEFR A2

1755
politics
パーリティクス[pálətiks] （発音）

名 政治

▶ get interested in **politics**（**政治**に興味を持つ）

英検 準1

1756
quick
クウィク[kwik]

形 すばやい

▶ **quick** action（**すばやい**行動）

関連 **quickly** 副 すばやく

英検 3 / CEFR A2

1757
relay
リーレイ[ríːlei]

名 リレー競走

▶ the Olympic Torch **Relay**（オリンピック聖火**リレー**）

CEFR B2

1758
reuse
リーユーズ[riːjúːz]

動 を再利用する

▶ reduce waste by **reusing** and recycling（**再利用**とリサイクルで廃棄物を減らす）

関連 **recycle** 動 ～をリサイクルする

英検 準1

最重要レベル

基本レベル

標準レベル

高得点レベル

超ハイレベル

377

1759
shell
シェッ[ʃel]

英検 2 ／ CEFR A2

名 貝がら

1760
steal
スティーゥ[stiːl]

英検 3 ／ CEFR A2

動 を盗む

過 stole[ストウゥ] ― stolen[ストウルン]

▶ My bike **was stolen**.
（私の自転車が**盗まれました**。）

同音 steel 名 鉄

1761
steam
スティーム[stiːm]

英検 2 ／ CEFR B1

名 蒸気

▶ **steam** engine（**蒸気**機関）

1762
stripe
ストライプ[straɪp]

英検 2 ／ CEFR B1

名 しま（模様）

▶ Zebras have **stripes**.
（シマウマには**しま模様**があります。）

1763
suit　〈つづり〉
スート[suːt]

英検 3 ／ CEFR A2

名 スーツ　動 に合う

▶ wear a **suit**（**スーツ**を着る）
▶ The color doesn't **suit** me.
（色が私には**合い**ません。）

1764
surface
サ〜フィス[sə́ːrfis]　〈発音〉

英検 2 ／ CEFR B1

名 表面

▶ the **surface** of the moon（月の**表面**）

1765
task
テアスク[tæsk]

英検 2 ／ CEFR A2

名 仕事, 作業

しなければならない個別の作業をさす。

▶ finish a difficult **task**
（困難な**仕事**を終える）

## 177

1766
television
テレヴィジョン[téləviʒən]

名 テレビ

TVは televisionの省略形だよ。

英検 準2 | CEFR A1

1767
weekday
ウィークデイ[wíːkdei]

英検 3 | CEFR A2

名 平日

▶ I practice every day on **weekdays**.
（私は**平日**は毎日練習します。）

> ふつう，土日以外の日をさす。

関連 **weekend** 名 週末

1768
achieve
アチーヴ[ətʃíːv]

英検 準2 | CEFR A2

動 を成しとげる，を達成する

▶ I'm trying hard to **achieve** my goal.
（私は目標**を達成する**ために一生懸命努力しています。）

1769
adventure
アドヴェンチァァ[ədvéntʃər]

英検 3 | CEFR A2

名 冒険

1770
apply
アプライ[əplái]

英検 準2 | CEFR A2

動 申し込む，応募する

▶ **apply for** the event
（イベント**に申し込む**）

関連 **application** 名 応募，申し込み

1771
bakery
ベイカリ[béikəri]

英検 3 | CEFR B1

名 パン店

関連 **baker** 名 パン職人

　　bake 動 ～を（オーブンなどで）焼く

1772
blog
ブラーグ[blɑːg]

英検 2 | CEFR B1

名 ブログ

#1773

calm

カーム[kɑːm] 　発音

形 おだやかな

英検 **準2** / CEFR **B1**

l は発音しないよ。

▶ She is always **calm**.
（彼女はいつも**おだやか**です。）

人の様子にも，ものの様子にも使う。

#1774

certain

サートン[sə́ːrtn] 　発音

形 ある〜，確かな

英検 **準2** / CEFR **A2**

▶ at a **certain** place（**ある**場所で）

▶ It's **certain** that he was here.
（彼がここにいたのは**確か**です。）

▶ Are you **certain** about that?
（それは**確か**ですか。）

関連 certainly 副 確かに

#1775

clothing

クロウズィング[klóuðiŋ]

名 衣料品

英検 **3** / CEFR **B2**

衣料品全体をさす。

▶ a **clothing** store（**衣料品**店）

関連 clothes 名 衣服

#1776

freeze

フリーズ[friːz]

動 を凍らせる

英検 **準2** / CEFR **A2**

過 froze[フロウズ] ― frozen[フロウズン]

#1777

graduation

グレアヂュエイション[grǽdʒuéiʃən]

名 卒業

英検 **準2** / CEFR **B1**

▶ a **graduation** ceremony（**卒業**式）

関連 graduate 動 卒業する

#1778

industry

インダストリ[índəstri]

名 産業，工業

英検 **2** / CEFR **B1**

▶ the car **industry**（自動車**産業**）

関連 industrial 形 産業の，工業の

## 178

1779
measure
（つづり）

メジャァ[méʒər] （発音）

英検 準2 | CEFR B1

動 （寸法など）を**はかる**

名 （複数形で）**手段，対策**

▶ **measure** the distance
（距離を**はかる**）

▶ safety **measures**（安全**対策**）

1780
renewable

リニューアブゥ[rinjúːəbl]

英検 準1

形 **再生可能な**

▶ **renewable** energy
（**再生可能**エネルギー）

solar power（太陽エネルギー）や wind power
（風力）などをさすことが多い。

1781
row

ロウ[rou]

英検 準2 | CEFR A1

名 **列**

▶ the front **row**（最前**列**）

1782
sir

サ～[səːr]

英検 3 | CEFR A1

名 （男性に呼びかけて）お客様，あなた

客の男性や目上の男性に呼びかけるときに使う。

▶ May I help you, **sir**?
（何かおさがしですか，**お客様**。）

関連 **ma'am** 名 （女性に呼びかけて）お客様，あなた

1783
source
（つづり）

ソース[sɔːrs]

英検 2 | CEFR A2

名 **源，**（情報などの）**出所**

▶ a **source** of energy（エネルギー**源**）

1784
stomachache

スタマケイク[stʌ́məkeik] （発音）

英検 3 | CEFR A2

名 **腹痛**

▶ I have a **stomachache**.
（**おなかが痛い**です。／**腹痛**がします。）

関連 **headache** 名 頭痛　**toothache** 名 歯痛

#1785
truth

トルース[truːθ]

名 真実

英検 準2 ｜ CEFR A2

▶ tell the **truth**（**真実**を言う）

▶ **To tell the truth**, I didn't know that.
（**実を言うと**, 私はそのことを知りませんでした。）

関連 **true** 形 本当の　**lie** 名 うそ

#1786
vet

ヴェト[vet]

名 獣医師

英検 2 ｜ CEFR B1

veterinarian の略。

#1787
angle

エアングゥ[ǽŋgl]

名 角度

英検 準2 ｜ CEFR B1

▶ a right **angle**（直**角**）

#1788
balance

ベァランス[bǽləns]

名 バランス, つり合い

英検 準2 ｜ CEFR B1

▶ keep a **balance** between development
and the environment
（開発と環境の**バランス**を取る）

#1789
beginner

ビギナァ[bigínər]

名 初心者

英検 3 ｜ CEFR A2

関連 **begin** 動 ～を始める, 始まる

#1790
bitter

ビタァ[bítər]

形 苦い

英検 2 ｜ CEFR B1

関連 **sweet** 形 あまい

#1791
ceiling

スィーリング[síːliŋ]　発音

名 天井

英検 3 ｜ CEFR B2

▶ pictures painted on the **ceiling**
（**天井**に描かれた絵）

関連 **wall** 名 壁

 # 1792

collection

コレクション[kəlékʃən]

英検 準2 | CEFR A1

名 収集, コレクション, 集まり

▶ garbage **collection**（ごみ**収集**）

▶ a large **collection** of stars
（膨大な星の**集まり**）

関連 **collect** 動 〜を集める

 # 1793

committee

コミティ[kəmíti]

英検 2 | CEFR A2

名 委員会

▶ the International Olympic **Committee**
（国際オリンピック**委員会**〈IOC〉）

 # 1794

familiar

ファミリャ[fəmíljər]

英検 3 | CEFR A2

形 なじみのある, よく知られた

▶ I noticed a **familiar** face.
（私は**見慣れた**顔に気づきました。）

▶ Most young people **are familiar with**
digital devices.（ほとんどの若い人たちは
デジタル機器**に精通しています**。）

> be familiar with 〜で「〜をよく知っている,
> 〜に精通している」という意味。

 # 1795

feature

フィーチャ[fíːtʃər]

英検 2 | CEFR A2

名 特徴 動 を特集する

▶ an article **featuring** our school
（私たちの学校**を特集した**記事）

 # 1796

flyer

フライア[fláiər]

英検 準1

名 （広告の）ちらし

> flier ともつづる。

 # 1797

fuel

フューエゥ[fjúːəl]

つづり

英検 準2 | CEFR B1

名 燃料

▶ fossil **fuels**（化石**燃料**）

最重要レベル

基本レベル

標準レベル

高得点レベル

超ハイレベル

#1798
god
ガード[gɑd]

英検 準1 / CEFR B2

名 神
▶ He believes in **God**.
（彼は**神**を信じています。）

> キリスト教などの一神教の神を表すときは，God のように大文字で書き始め，a をつけない。

#1799
harvest
ハーヴィスト[hɑ́ːrvist]

英検 準2 / CEFR A2

名 収穫　動 を収穫する
▶ **harvest** tomatoes
（トマト**を収穫する**）

#1800
journalist
ヂャ〜ナリスト[dʒə́ːrnəlist]

英検 準1 / CEFR B1

名 ジャーナリスト，記者

#1801
limited
リミティド[límitid]

英検 準2 / CEFR B1

形 限られた
▶ **limited** resources（**限られた**資源）
▶ **limited** space（**限られた**スペース）
▶ Time is **limited**.
（時間は**限られて**います。）

関連 **limit** 動 ～を制限する　名 限度

#1802
mission
ミション[míʃən]

英検 2 / CEFR B1

名 任務

#1803
model
マードゥ[mɑ́dl]　（発音）

英検 4 / CEFR B1

名 模型，型，モデル
▶ a fashion **model**（ファッション**モデル**）
▶ She is my **role model**.
（彼女は私の**模範となる人**〈役割としての手**本**〉です。）

## 180

1804

nearly

ニアリ[níərli]

副 ほぼ, ほとんど

英検 2 | CEFR A2

▶ **nearly** 100 years (**ほぼ** 100 年)

関連 **almost** 副 ほとんど, もう少しで

1805

peaceful

ピースフォウ[píːsfəl]

形 平和な, おだやかな

英検 3 | CEFR A2

関連 **peace** 名 平和

1806

resident

レズィデント[rézidənt]

名 居住者, 住民

英検 2 | CEFR B1

▶ local **residents** (地域**住民**)

関連 **residence** 名 邸宅, 住まい

1807

suffer　つづり

サファァ[sʌ́fər]

動 苦しむ

英検 準2 | CEFR B1

▶ **suffer from** an illness (病気**に苦しむ**)

suffer from ～ で「～に苦しむ」。

1808

text

テクスト[tekst]

名 (本などの) 本文, 携帯メール

英検 2 | CEFR A2

動 携帯メールを打つ

▶ send a **text message** (**携帯メール**を送る)

英語では携帯[スマホ]メールは e-mail とは言わず, text または text message と言う。

▶ No **texting** while walking. (歩きスマホ〈歩行中に**携帯メールを打つこと**〉禁止)

1809

throat

スロウト[θrout]

名 のど

英検 準1 | CEFR B2

1810

Vietnam

ヴィーエトナーム[viːetnάːm]

名 ベトナム

英検 2 |

関連 **Vietnamese** 形 ベトナム (人・語) の

#1811 **avoid** アヴォイド[əvɔ́id]	動 をさける ▶ **avoid** danger（危険**をさける**） ▶ **avoid** making a mistake 　（ミスをするの**をさける**） **avoid ～ing** で「**～することをさける**」という意味になる。	英検 準2　CEFR A2
#1812 **basic** ベイスィック[béisik]	形 基礎の，基本的な ▶ **basic** rules（**基本的な**ルール） 関連 base 名 基礎，土台	英検 準2　CEFR A2
#1813 **bloom** ブルーム[blu:m]	名 開花　動 開花する ▶ **in full bloom**（満開の） ▶ start to **bloom**（**開花し**始める） 関連 blossom 名（果実のなる木の）花	英検 準2　CEFR A2
#1814 **brass** ブレアス[bræs]	名 真ちゅう，金管楽器 ▶ a **brass** band 　（**ブラス**バンド，吹奏楽団）	英検 2　CEFR B1
#1815 **button**　つづり バトン[bátn]	名 ボタン	英検 3　CEFR A1
#1816 **chat** チェアット[tʃæt]	動 おしゃべりする， 　（ネットで）チャットする ▶ We **chatted** online.（私たちはネットで**おしゃべりしました**[**チャットしました**]。）	英検 準2　CEFR B1

# 1817 **completely** コンプリートリ[kəmplí:tli]	副 完全に 英検 準2 CEFR B1 ▶ His idea was **completely** different. （彼の考えは**完全に**違っていました。） 関連 complete 形 完全な
# 1818 **content** カーンテント[kántent]	名 内容, 中身 英検 準1 CEFR B2 ▶ the **content** of his speech （彼のスピーチの**内容**） ▶ digital **contents** （デジタル**コンテンツ**〈デジタルで伝えられる, 文章・音楽・動画のような内容〉） 関連 container 名 容器
# 1819 **countryside** カントリサイド[kántrisaid]	名 いなか, 田園地帯 英検 準2 CEFR A2 ▶ live in the **countryside**（**いなか**に住む）
# 1820 **deeply** ディープリ[dí:pli]	副 深く 英検 2 CEFR A2 関連 deep 形 深い 副 深く
# 1821 **escape** イスケイプ[iskéip]	動 逃げる 英検 準2 CEFR A2
# 1822 **fairy** フェアリ[féəri]	名 妖精 英検 準2 CEFR A1 ▶ a **fairy** tale（**おとぎ話**）
# 1823 **fisherman** フィシャマン[fíʃərmən]	名 漁師 英検 準2 CEFR A2 性差のない語は fisher。

最重要レベル

基本レベル

標準レベル

高得点レベル

超ハイレベル

#1824 **greatly** グレイトリ[gréitli]	英検 準2 / CEFR A2 副 おおいに (関連) **great** 形 すばらしい，偉大な
#1825 **greet** グリート[gríːt]	英検 準2 / CEFR A1 動 にあいさつする ▶ **greet** each other （おたがいに**あいさつする**） (関連) **greeting** 名 あいさつ
#1826 **habit** ヘァビット[hǽbit]	英検 3 / CEFR A1 名 （個人の）習慣 (関連) **custom** 名 （社会の）習慣
#1827 **hug** ハグ[hʌg]	英検 準1 / CEFR B2 動 を抱きしめる 名 抱きしめること，ハグ ▶ I gave him a **hug**. （私は彼に**ハグ**しました。）
#1828 **immediately** イミーディエトリ[imíːdiətli]	英検 準2 / CEFR B1 副 ただちに ▶ I called her **immediately**. （私は**ただちに**彼女に電話しました。） (関連) **immediate** 形 即時の
#1829 **impression** インプレション[impréʃən]	英検 準2 / CEFR B1 名 印象 ▶ I had a very good **impression**. （私はとてもよい**印象**を受けました。） (関連) **impress** 動 ～に感銘を与える
#1830 **knee** ニー[niː]　(発音)	英検 準2 / CEFR A1 名 ひざ (関連) **ankle** 名 足首，くるぶし k は発音しないよ。

388

最重要レベル

基本レベル

標準レベル

高得点レベル

超ハイレベル

#1831

memorial

ミモーリアゥ[mimɔ́:riəl]

名 記念碑，記念館　形 記念の

英検 準1　CEFR B2

▶ **Memorial** Park（記念公園）

関連 **memory** 名 記憶，思い出

#1832

normal

ノーマゥ[nɔ́:rməl]

形 正常な

英検 準2　CEFR A2

#1833

paragraph

パェラグレァフ[pǽrəgræf]

名 段落

英検 2　CEFR A2

▶ Please read **paragraph** 2.

（第2**段落**を読んでください。）

関連 **sentence** 名 文

#1834

publish

パブリシ[pʌ́bliʃ]

動 を出版する

英検 3　CEFR A2

▶ Her first book **was published** 20 years ago.

（彼女の最初の本は20年前に**出版されました**。）

#1835

purple

パ～プゥ[pə́:rpl]

名 形 むらさき色（の）

英検 準2　CEFR A2

#1836

raw

ロー[rɔː]　発音

形 （食べ物が）生の

英検 準2　CEFR A2

▶ **raw** fish（**生**魚）

関連 **cooked** 形 調理された，火の通った

#1837

restroom

レストルーム[réstruːm]

名 （公共施設の）トイレ

英検 準2

個人宅のトイレは bathroom と言うことが多い。

▶ Excuse me. Where is the **restroom**?

（すみません。**お手洗い**はどこですか。）

389

# 1838 **satisfy** セァティスファイ [sǽtisfai]	英検 2　CEFR A2

動 を満足させる

▶ I **was satisfied with** the result.

（私はその結果**に満足しました**。）

be satisfied with 〜で「**〜に満足する**」。

# 1839 **sharp** シャープ [ʃɑːrp]	英検 3　CEFR B1

形 するどい

▶ a **sharp** pain （**するどい**痛み）

# 1840 **strength** ストレングス [streŋθ]	英検 準2　CEFR A2

名 強さ, 力

▶ physical and mental **strength**

（肉体と精神の**強さ**）

関連 **strong** 形 強い

# 1841 **stupid** ステューピッド [stjúːpɪd]	英検 2　CEFR B1

形 ばかげた

▶ a **stupid** idea （**ばかげた**考え）

# 1842 **wealth** ウェゥス [welθ]　　発音	英検 2　CEFR A2

名 富, 財産

関連 **wealthy** 形 裕福な

# 1843 **wipe** ワイプ [waip]	英検 2　CEFR B2

動 をふく

▶ She **wiped** her tears.

（彼女は涙**をふきました**。）

# 1844 **yard** ヤード [jɑːrd]	英検 準2　CEFR A1

名 （家の周りの）庭, ヤード（長さの単位）

1 ヤードは約 91cm。

yard は家の周りの土地のこと, garden は花などが植えてある庭のことだよ。

## 183

#1845
thought ◀つづり
ソート[θɔːt]

英検 準2 | CEFR A2

名 考え
▶ have a good **thought**
（いい**考え**がある）

関連 think 動 ～と思う，考える

think（～と思う）の
過去形と同じ
つづりだよ。

#1846
artificial
アーティフィシャゥ[ɑːrtifíʃəl]

英検 2 | CEFR A2

形 人工の
▶ **artificial** intelligence
（**人工**知能，AI）
▶ an **artificial** satellite（**人工**衛星）

#1847
barrier
ベァリアァ[bǽriər]

英検 準1 | CEFR B2

名 障壁
barrier-free は「障壁のない，バリアフリーの」と
いう意味。

#1848
boss
ボース[bɔːs]

英検 3 | CEFR A2

名 上司

#1849
canal
カネァゥ[kənǽl] 発音

英検 準1 | CEFR B1

名 運河

#1850
chain
チェイン[tʃein]

英検 2 | CEFR A2

名 くさり

#1851
combination
カンビネイション[kɑmbinéiʃən]

英検 準1 | CEFR B1

名 組み合わせ
▶ a **combination** of red and blue
（赤と青の**組み合わせ**）

関連 combine 動 ～を組み合わせる

最重要レベル

基本レベル

標準レベル

高得点レベル

超ハイレベル

 # 1852

current

カーレント[kə́ːrənt]

形 **現在の**　名 **流れ**

英検 2 ｜ CEFR B1

▶ the **current** situation（**現在の**状況）

▶ an air **current**（空気の**流れ**）

▶ an electric **current**（電流）

 # 1853

depressed

ディプレスト[diprést]

形 **元気のない**

英検 準1 ｜ CEFR B1

▶ He looked **depressed**.

（彼は**落ち込んでいる**ように見えました。）

関連 depression 名 不景気，うつ病

 # 1854

divide

ディヴァイド[diváid]

動 **を分ける**

英検 準2 ｜ CEFR B1

▶ **divide** the students **into** five groups（生徒**を** 5 グループ**に分ける**）

divide A into B で「**A を B に分ける**」。

 # 1855

endangered

インデインヂャード[indéindʒərd]

形 **絶滅の危機にある**

英検 2 ｜ CEFR A2

▶ an **endangered** species

（**絶滅危惧**種）

関連 danger 名 危険

dangerous 形 危険な

 # 1856

essay

エセイ[ései]　発音

名 **作文，エッセー**

英検 準2 ｜ CEFR A2

▶ write an **essay** in English

（英語で**作文**を書く）

 # 1857

gender

ヂェンダァ[dʒéndər]

名 **性，性別**

英検 2 ｜ CEFR A2

▶ a person's age and **gender**

（人の年齢と**性別**）

## 184

1858

major

メイヂャァ[méidʒər]　（発音）

英検 準2｜CEFR A2

形 **主要な**

▶ a **major** city（**主要**都市）

1859

metal

メトゥ[métl]

英検 準2｜CEFR A2

名 **金属**

1860

midnight

ミドナイト[mídnait]

英検 3｜CEFR A2

名 **夜の12時**

（関連）**noon** 名 正午

1861

narrow

ネァロウ[nǽrou]

英検 3｜CEFR B1

形 **せまい**

▶ a **narrow** street（**せまい**道）

narrow ははばがせまいときに使う。面積については a small room（せまい部屋）のように small を使う。

（関連）**wide** 形 （はばが）広い

1862

neither

ニーザァ[níːðər]

英検 3｜CEFR B2

形 代 接 **どちらも～ない**

▶ He speaks **neither** English **nor** French.

（彼は英語**も**フランス語**も**話し**ません**。）

neither A nor B で「A でもなく B でもない」という意味。

1863

package

ペァキヂ[pǽkidʒ]　（発音）

英検 3｜CEFR B1

名 **包み, 小包**

▶ open a **package**（**小包**を開ける）

1864

particular

パティキュラァ[pərtíkjulər]

英検 準2｜CEFR B2

形 **特定の**

▶ a **particular** place（**特定の**場所）

▶ **in particular**（**特に**）

最重要レベル

基本レベル

標準レベル

高得点レベル

超ハイレベル

＃1865	英検 準2 / CEFR A2
photograph フォウトグレァフ[fóutəgræf]	名 写真 ▶ take a **photograph** （**写真**を撮る） 関連 photographer 名 写真家 photo（写真）は photograph の略だよ。
＃1866	英検 2 / CEFR B1
phrase つづり フレイズ[freiz]	名 句, フレーズ
＃1867	英検 準2 / CEFR A2
polite ポライト[pəláit]	形 礼儀正しい
＃1868	英検 2 / CEFR A2
pollute ポルート[pəlú:t]	動 を汚染する ▶ The sea **was polluted** with oil. （海は油で**汚染されていました**。） 関連 pollution 名 汚染
＃1869	英検 2 / CEFR A2
position パズィション[pəzíʃən]	名 位置, 立場
＃1870	英検 2 / CEFR A2
release リリース[rilí:s]	動 を解放する, を放出する ▶ **release** carbon dioxide （二酸化炭素**を放出する**）
＃1871	英検 2 / CEFR B1
respond リスパーンド[rispánd]	動 反応する 関連 response 名 反応
＃1872	英検 2 / CEFR A2
rhythm リズム[ríðm] 発音	名 リズム

## 185

#1873
risk
リスク[risk]

英検 2 | CEFR B1

名 危険, リスク
▶ take a **risk**（**危険**をおかす）
▶ increase the **risk** of cancer
（がんになる**危険性**を増加させる）

#1874
root
ルート[ru:t]

英検 2 | CEFR A2

名 根

#1875
sail
セイ ル[seil]

英検 準2 | CEFR B2

名（船の）帆　動 航海する

同音 sale 名 販売, セール

#1876
separate
動 セパレイト[sépəreit]
形 セパレト[sépərət]

英検 準2 | CEFR A2

動 を分ける　形 分かれた, 別々の
▶ They were **separated into** two groups.
（彼らは2つのグループ**に分け**られました。）

#1877
steel
スティー ゥ[sti:l]

英検 2 | CEFR B1

名 鋼鉄

同音 steal 動 ～を盗む

#1878
stretch
ストレチ[stretʃ]

英検 準2 | CEFR B1

動 を広げる
▶ **Stretch** your arms.
（両腕を**広げて**ください。）

#1879
talent
テァレント[tǽlənt]　(発音)

英検 2 | CEFR A2

名 才能
▶ He has a **talent** for music.
（彼には音楽の**才能**があります。）

関連 talented 形 才能のある

#1880

teenager

ティーンネイヂャ[tíːneidʒər]

名 ティーンエージャー

英検 準2 CEFR A2

> 13歳(thirteen)から19歳(nineteen)までの、-teen がつく年齢の人をさす。

#1881

victim

ヴィクティム[víktim]

名 犠牲者, 被害者

英検 2 CEFR B1

#1882

advertise

エァドヴァタイズ[ǽdvərtaiz]

動 を広告する

関連 advertisement 名 広告

英検 2 CEFR B1

#1883

alarm

アラーム[əlɑ́ːrm]

名 警報, 目覚まし時計

▶ the fire **alarm** (火災**報知器**)

▶ set an **alarm clock**
  (**目覚まし時計**をセットする)

英検 3 CEFR A2

#1884

author

オーサァ[ɔ́ːθər]   発音

名 著者

英検 2 CEFR A2

#1885

capital

ケァピトゥ[kǽpətl]

名 首都 形 大文字の

▶ the **capital** of Japan (日本の**首都**)

▶ use a **capital letter** (**大文字**を使う)

英検 3 CEFR A2

#1886

championship

チェアンピオンシプ[tʃǽmpjənʃip]

名 選手権 (大会)

▶ win the **championship**
  (**選手権大会**で優勝する)

英検 準2 CEFR A2

#1887

crop

クラープ[krɑp]

名 作物

英検 2 CEFR B1

1888

discount

ディスカウント[dískaunt]

英検 **3** | CEFR **B1**

名 割引

▶ get a student **discount**

（学生**割引**を受ける）

1889

explore

イクスプローア[iksplɔ́:r]

英検 **準2** | CEFR **A2**

動 を探検する

▶ **explore** space（宇宙**を探検する**）

(関連) **explorer** 名 探検家

1890

feather

フェザァ[féðər] (発音)

英検 **2** | CEFR **A2**

名 （鳥の1本1本の）羽

(関連) **wing** 名 つばさ

1891

hallway

ホーゥウェイ[hɔ́:lwei]

英検 **準2**

名 玄関（の広間），廊下

(関連) **stair** 名 （複数形で）階段

1892

impressive

インプレスィヴ[imprésiv]

英検 **2** | CEFR **B1**

形 印象的な

▶ Her speech was **impressive**.

（彼女のスピーチは**印象的**でした。）

(関連) **impress** 動 ～に感銘を与える

impression 名 印象

1893

lecture

レクチァ[léktʃər]

英検 **準2** | CEFR **B1**

名 講義

1894

likely

ライクリ[láikli]

英検 **準2** | CEFR **A2**

形 ～しそうな

▶ Men are more **likely** to have this disease.

（男性のほうがこの病気にかかり**やすい**です。）

#1895 **mysterious** ミスティアリアス[mistíəriəs]	英検 準2　CEFR A2 形 神秘的な 関連 **mystery** 名 不思議
#1896 **nation** ネイション[néiʃən]	英検 準2　CEFR A2 名 国家, 国民 ▶ rich **nations**（豊かな**国**） ▶ the United **Nations**（国際連合） 関連 **national** 形 国民の
#1897 **nod** ナード[nɑd]	英検 準1　CEFR B1 動 うなずく 過 nodded　ing形 nodding ▶ She smiled and **nodded**. （彼女はほほえんで**うなずきました**。）
#1898 **nutrient** ニュートリエント[njúːtriənt]	英検 準1　CEFR B1 名 栄養素 ▶ 関連 **nutritious** 形 栄養のある
#1899 **pole** ポウッ[poul]	英検 準1　CEFR B1 名 棒, さお, 極 ▶ a utility **pole**（電柱） ▶ the North **Pole**（北極）
#1900 **prefer** プリファ〜[prifə́ːr]　発音	英検 準2　CEFR A2 動 のほうを好む ▶ **prefer** to stay home （家にいること（**のほう**）を好む）
#1901 **sight** サイト[sait]	英検 準2　CEFR A1 名 見ること, 視力, 眺め ▶ I enjoyed the **sight** of the mountains. （私は山の**眺め**を楽しみました。） 同音 **site** 名 用地, ウェブサイト

#1902 **signal** スィグナゥ[sígnəl]	英検 準2 / CEFR B1 名 信号，合図
#1903 **simply** スィンプリ[símpli]	英検 2 / CEFR A2 副 単に〜だけ (関連) **simple** 形 簡単な，質素な
#1904 **somebody** サムバディ[sámbɑdi]	英検 2 / CEFR A2 代 だれか someone と同じ意味で，よりくだけた言い方。 ▶ **Somebody**, help me! (**だれか**，助けて!)
#1905 **sunrise** サンライズ[sánraiz]	英検 2 / CEFR B1 名 日の出 (関連) **sunset** 名 日没
#1906 **bill** ビゥ[bil]	英検 2 / CEFR A2 名 請求書，紙幣 ▶ a 1,000-yen **bill**(1,000 円**札**) (関連) **coin** 名 硬貨
#1907 **ankle** エァンクゥ[æŋkl]	英検 3 / CEFR A2 名 足首，くるぶし (関連) **knee** 名 ひざ
#1908 **announce** アナウンス[ənáuns]	英検 準2 / CEFR B1 動 を告知する (関連) **announcement** 名 告知，アナウンス
#1909 **apart** アパート[əpá:rt]	英検 2 / CEFR A2 副 離れて ▶ He lives **apart** from us. (彼は私たちから**離れて**暮らしています。)

最重要レベル

基本レベル

標準レベル

高得点レベル

超ハイレベル

# 1910 **bay** ベイ[bei]	名 湾, 入り江 ▶ Tokyo **Bay**（東京**湾**）	英検 準2 / CEFR A2
# 1911 **beyond** ビヤーンド[bijánd]　発音	前 ～の向こうに, ～をこえて ▶ **beyond** the river（川の向こうに） ▶ **beyond** my control （私の〈制御**をこえて**〉手に負えない）	英検 2 / CEFR A2
# 1912 **broadcast** ブロードキャスト[brɔ́:dkæst]	動 を放送する ▶ the **broadcasting** club（**放送**部）	英検 準2 / CEFR B1
# 1913 **cancel** キャンスゥ[kænsl]	動 を取り消す ▶ The event **was canceled**. （イベントは**中止**になりました。）	英検 3 / CEFR B1
# 1914 **classical** クレァスィカゥ[klǽsikəl]	形 古典の, クラシックの ▶ **classical** music（**クラシック**音楽）	英検 3 / CEFR B1
# 1915 **differently** ディフェレントリ[dífərəntli]	副 違って ▶ think **differently** （**違った**考え方をする）	英検 2 / CEFR A2
# 1916 **dinosaur**　つづり ダイナソーァ[dáinəsɔ:r]	名 恐竜	英検 2 / CEFR A2
# 1917 **explanation** エクスプラネイション[eksplənéiʃən]	名 説明 関連 **explain** 動 ～を説明する	英検 準2 / CEFR A2

# 1918		
extra エクストラ[ékstrə]	形 余分の	英検 準2 / CEFR A2

# 1919		
formal フォーマゥ[fɔ́ːrməl]	形 正式の, 形式ばった ▶ in a **formal** situation （**改まった**場面で）	英検 準2 / CEFR B1

# 1920		
golden ゴウゥドン[góuldn]	形 金色の, 金色にかがやく 関連 gold 名 金	英検 2 / CEFR A2

# 1921		
happily ヘァピリ[hǽpili]	副 幸せに ▶ live **happily**（**幸せに**暮らす）	英検 2 / CEFR A2

# 1922		
ill イゥ[il]	形 病気の ▶ He became **ill**. （彼は**病気**になりました。）	英検 準2 / CEFR A2

# 1923		
instruction インストラクション[instrʌ́kʃən]	名 指示, 説明書 ▶ follow **instructions**（**指示**に従う）	英検 準2 / CEFR B1

# 1924		
limit リミト[límit]	動 を制限する 名 限度 ▶ **limit** the time（時間**を制限する**） 関連 limited 形 限られた	英検 3 / CEFR B1

# 1925		
link リンク[liŋk]	動 をつなぐ 名 （インターネットの）リンク ▶ Please send me the **link**. （私に**リンク**[URL]を送ってください。）	英検 2 / CEFR B1

最重要レベル

基本レベル

標準レベル

高得点レベル

超ハイレベル

#1926

lock

ラーク[lɑk]

動 にかぎをかける

▶ **lock** the door（ドア**にかぎをかける**）

関連 **key** 名 かぎ

英検 準2 ／ CEFR A2

#1927

observe

オブザ〜ヴ[əbzə́:rv]

動 を観察する, を守る

▶ **observe** stars（星**を観察する**）

▶ **observe** rules（規則**を守る**）

関連 **follow** 動 〜について行く, 〜に従う

英検 2 ／ CEFR B1

#1928

onto

アーントゥ[ɑ́ntə]

前 〜の上へ

▶ rush **onto** the train

（電車に飛び乗る）

関連 **into** 前 〜の中へ

英検 準1

#1929

origin

オーリヂン[ɔ́:rədʒin]

名 始まり, 起源

▶ the **origin** of the saying

（そのことわざの**由来**）

関連 **originally** 副 もともと, 最初は

英検 準2 ／ CEFR B1

#1930

painter

ペインタァ[péintər]

名 画家

関連 **paint** 動 （絵の具で絵）を描く

英検 準2 ／ CEFR A2

#1931

pretend

プリテンド[priténd]

動 のふりをする

▶ **pretend** to be sick

（病気**のふりをする**）

英検 2 ／ CEFR B2

#1932

review

リヴュー[rivjú:]

名 批評, 復習 動 を見直す

▶ a book **review**（書評）

英検 2 ／ CEFR A1

## 189

1933
scream
スクリーム[skri:m]

動 悲鳴を上げる　名 悲鳴

英検 準2 | CEFR A2

1934
SDGs
エスディーヂーズ[esdi:dʒí:z]

名 持続可能な開発目標

英検 準2 | CEFR A2

> Sustainable Development Goals の略。
> 国連サミットで採択された 17 の目標。

▶ **SDGs** are the goals to make the world better.

（**SDGs** は世界をよりよくするための目標です。）

1935
select
セレクト[səlékt]

動 を選ぶ

英検 準2 | CEFR B1

関連 selection 名 選択

1936
sincerely
スィンスィアリ[sinsíərli]　（発音）

副 心から

英検 3

▶ **Sincerely (yours),**（〈手紙で〉敬具）

1937
somehow
サムハウ[sʌ́mhau]

副 どういうわけか, 何とかして

英検 準1 | CEFR B1

▶ **Somehow** I can't trust him.

（**どういうわけか**, 私は彼を信用できません。）

1938
stationery
ステイショネリ[stéiʃəneri]

名 文房具

英検 準1

▶ a **stationery** store（**文房具**店）

1939
stream
ストリーム[stri:m]

名 小川, 流れ

英検 準1 | CEFR B1

1940
sunlight
サンライト[sʌ́nlait]

名 日光

英検 3 | CEFR A2

#1941
supply
サプライ[səplái]

動 を供給する　名 供給
▶ supply of **water**（水の**供給**）
関連 **demand** 動 ～を要求する　名 需要

英検 2 ｜ CEFR B1

#1942
switch
スウィチ[switʃ]

名 スイッチ　動 を切り替える
▶ **switch** off the smartphone
　（スマホ**のスイッチをオフにする**）

英検 準2 ｜ CEFR B1

#1943
transport
トレァンスポート[trænspɔ́ːrt]

動 を輸送する
▶ **transport** products by ship
　（船で商品**を輸送する**）

英検 2 ｜ CEFR B1

#1944
treatment
トリートメント[tríːtmənt]

名 治療，取り扱い
▶ get **medical treatment**（**治療**を受ける）
関連 **treat** 動 ～を扱う，～を治療する

英検 2 ｜ CEFR B1

#1945
unfortunately
アンフォーチュネトリィ[ʌnfɔ́ːrtʃənətli]

副 不運にも
関連 **fortune** 名 運

英検 2 ｜ CEFR A2

#1946
valley　つづり
ヴェァリィ[væli]

名 谷

英検 2 ｜ CEFR A2

#1947
victory
ヴィクトリィ[víktəri]

名 勝利

英検 準1 ｜ CEFR B1

#1948
workplace
ワークプレイス[wɔ́ːrkpleis]

名 職場
▶ a **workplace** experience
　（**職場**体験）

英検 準1 ｜ CEFR B1

# 1949 **amusement** アミューズメント[əmjúːzmənt]	英検 3 / CEFR A2 名 娯楽 ▶ an **amusement park** (遊園地)

# 1950 **anytime** エニタイム[énitaim]	英検 3 副 いつでも ▶ You can call me **anytime**. (**いつでも**電話していいですよ。)

# 1951 **arrest** アレスト[ərést]	英検 準2 / CEFR B1 動 を逮捕する ▶ The thief **was arrested**. (そのどろぼうは**逮捕されました**。)

# 1952 **atmosphere** (つづり) エアトモスフィアァ[ǽtməsfiər]	英検 準2 / CEFR B1 名 大気, 雰囲気 ▶ the earth's **atmosphere** (地球の**大気**)

# 1953 **awesome** オーサム[ɔ́ːsəm] (発音)	英検 2 / CEFR B1 形 すごい, すばらしい くだけた話し言葉でよく使う。

# 1954 **ban** バァン[bæn]	英検 2 / CEFR B2 動 を (法律などで) 禁じる 過 banned ▶ The city **banned** plastic straws. (その市はプラスチックストロー**を禁止しました**。)

# 1955 **border** ボーダァ[bɔ́ːrdər]	英検 2 / CEFR B1 名 境界, 国境

# 1956 **brave** ブレイヴ[breiv]	英検 2 / CEFR A2 形 勇敢な ▶ a **brave** boy (**勇敢な**少年)

最重要レベル

基本レベル

標準レベル

高得点レベル

超ハイレベル

# 1957 **broaden** ブロードン[brɔ́:dn]	英検 準1 / CEFR B2 動 を広げる ▶ Traveling **broadens** your horizons. （旅することは，あなたの視野**を広げます**。）
# 1958 **charm** チャーム[tʃɑːrm]	英検 準1 / CEFR B1 名 魅力
# 1959 **complete** コンプリート[kəmplíːt]	英検 準2 / CEFR A2 動 を終わらせる，を完成させる ▶ She **completed** her work. （彼女は仕事**を終わらせました**。）
# 1960 **confidence** カーンフィデンス[kánfidəns]	英検 2 / CEFR B1 名 自信 関連 confident 形 自信のある
# 1961 **confuse** コンフューズ[kənfjúːz]	英検 準2 / CEFR A2 動 を混乱させる ▶ I'm **confused**.（私は**混乱しています**。） 受け身の形で「混乱させられている→ 混乱している」を意味する。
# 1962 **cotton** カトン[kátn]	英検 準2 / CEFR B1 名 綿，木綿
# 1963 **crowd** クラウド[kraud]	英検 3 / CEFR A2 名 群衆，人ごみ 動 群がる 関連 crowded 形 こみ合った
# 1964 **donate** ドウネイト[dóuneit]	英検 2 / CEFR B2 動 を寄付する 関連 donation 名 寄付

## 191

#1965

downtown

ダウンタウン[dauntáun]

英検 3 | CEFR A2

名 繁華街　副 繁華街へ

▶ go **downtown**（繁華街に行く）

日本語の「下町」ではないので注意。

#1966

due

デュー[dju:]

英検 2 | CEFR A1

形 予定されて,（due to～で）～のために

▶ the **due** date（締め切り日, 予定日）

▶ The bus was late **due to** snow.
（バスは雪**のために**遅れました。）

#1967

envelope

エンヴェロウプ[énvəloup]

英検 2 | CEFR A2

名 封筒

#1968

further

ファ～ザァ[fə́:rðər]

英検 準2 | CEFR A2

形 さらに進んだ　副 さらに進んで

▶ **further** research（さらなる研究）

#1969

glow

グロウ[glou]

英検 準1 | CEFR B2

動 発光する　名 かがやき

#1970

gradually

グレァヂュアリ[grǽdʒuəli]

英検 2 | CEFR A2

副 しだいに, じょじょに

#1971

growth

グロウス[grouθ]

英検 2 | CEFR B1

名 成長

▶ economic **growth**（経済**成長**）

#1972

impact

インペァクト[ímpækt]

英検 2 | CEFR A2

名 衝撃, 大きな影響

▶ have an **impact** on the environment
（環境に**影響**がある）

# 1973	
interviewer インタヴューァ[íntərvjuːər]	英検準2 / CEFR A1 名 インタビューアー, 面接官 関連 interview 動 ~にインタビューする

# 1974	
inspire インスパイァァ[inspáiər]	英検準2 / CEFR B1 動 をふるい立たせる, 着想を与える ▶ Her words **inspired** me. （彼女の言葉は私**をふるい立たせました**[私に着想を与えました]。） 関連 inspiration 名 インスピレーション, 着想

# 1975	
latest レイティスト[léitist]	英検準2 / CEFR A2 形 最新の ▶ the **latest** news（**最新の**ニュース）

# 1976	
layer レイァ[léiər]	英検2 / CEFR B1 名 層

# 1977	
lawyer ローヤァ[lɔ́ːjər]　発音	英検2 / CEFR A2 名 弁護士 関連 law 名 法律

# 1978	
lift リフト[lift]	英検2 / CEFR B1 動 を持ち上げる ▶ **lift** a heavy bag （重いかばん**を持ち上げる**）

# 1979	
mechanical メカニカゥ[mikǽnikəl]	英検準1 / CEFR B1 形 機械の, 機械式の ▶ a **mechanical** engineer（**機械**技師） ▶ a **mechanical** pencil（シャープペンシル）

# 1980	
organization オーガニゼイション[ɔ̀ːrɡənizéiʃən]	英検準2 名 組織, 団体 ▶ an international **organization**（国際**機関**）

 # 1981

pause

ポーズ[pɔːz]

英検 準1 | CEFR B1

名 小休止　動 小休止する

▶ continue without a **pause**

（**小休止**なしで続ける）

 # 1982

pictogram

ピクトグラム[píktəɡræm]

名 ピクトグラム, 絵文字

> おもにイラストを使ってわかりやすく示した標識や
> 図表のことをさす。pictograph も同じ。

 # 1983

poison

ポイズン[pɔ́izn]

英検 2 | CEFR B1

名 毒

 # 1984

precious

プレシャス[préʃəs]

英検 準2 | CEFR B1

形 貴重な

 # 1985

progress

プラーグレス[prɑ́ɡrəs]

英検 2 | CEFR B1

名 進歩, 進行

▶ make a lot of **progress**

（大いに**進歩**[**上達**]する）

 # 1986

puppy

パピィ[pʌ́pi]

英検 3 | CEFR B1

名 子犬

複 puppies

 # 1987

quit

クウィット[kwit]

英検 準2 | CEFR B2

動 をやめる

▶ I'm going to **quit** my job.

（私は仕事を**やめる**つもりです。）

 # 1988

reality

リエァリティ[riǽləti]

英検 2 | CEFR B1

名 現実

▶ in **reality**（**現実**は）

関連 real 形 本当の, 現実の

#1989

responsible

リスパーンスィボゥ[rispάnsəbl]

形 責任がある

英検 準2 | CEFR B1

▶ We **are responsible for** our actions.
（私たちは自分の行動**に責任があります**。）

be responsible for ～で「**～に（対して）責任がある**」という意味。

#1990

regular

レギュラァ[régjulər]

形 定期的な, ふだんの

英検 準2 | CEFR A2

▶ a **regular** meeting（**定例**会議）

#1991

shade

シェイド[ʃeid]

名 日陰

英検 2 | CEFR A2

▶ sit in the **shade**（**日陰**にすわる）

#1992

shadow

シャドウ[ʃǽdou]

名 影

英検 2 | CEFR A2

shade は太陽が当たらない日陰の場所を,
shadow は光が作る物の影（像）をさす。

#1993

strict

ストリクト[strikt]

形 厳しい

英検 準2 | CEFR A1

▶ a **strict** teacher（**厳しい**先生）

#1994

succeed

サクスィード[səksíːd]

動 成功する

英検 準2 | CEFR A2

▶ **succeed in** making a new system
（新システムを作ること**に成功する**）

関連 **success** 名 成功

successful 形 成功した

#1995

surgery

サ～ヂェリ[sə́ːrdʒəri]

名 外科手術

英検 2 | CEFR B1

複 surgeries

関連 **operation** 名 手術, 操作

1996
tap
テァプ[tæp]

英検 2 | CEFR A2

名 （水道の）蛇口

動 を軽くたたく, をタップする

▶ turn off the **tap**（**蛇口**を閉める）

▶ **tap** water（**水道の水**）

1997
trainer
トレイナァ[tréinər]

英検 準1 | CEFR B2

名 （動物の）調教師,
（スポーツの）コーチ, トレーナー

洋服の「トレーナー」の意味はない。

▶ a dog **trainer**（犬の**訓練士**）

1998
understanding
アンダァ**スタァ**ンディング[ʌndərstǽndiŋ]

CEFR B2

名 理解

▶ **understanding** of different cultures
（異なる文化への**理解**）

関連 understand 動 ～を理解する

1999
unfair
アンフェア[ʌnféər]

英検 2 | CEFR A2

形 不公平な

関連 fair 形 公平な, フェアな

2000
worth
ワ～ス[wɔːrθ]

英検 準2 | CEFR B1

形 ～の価値がある

▶ The treasure was **worth** five million
yen.
（その宝物は 500 万円**の価値がありました**。）

▶ This book is **worth** reading.
（この本は読む**価値があります**。）

worth ～ing で「**～する（だけの）価値がある**」と
いう意味。

最重要レベル

基本レベル

標準レベル

高得点レベル

超ハイレベル

中学英単語 2000 さくいん

● この本に出てくる見出し語2000語を
アルファベット順に配列しています。
● 数字は掲載ページです。

B

A
B
C
D
E
F
G
H
I
J
K
L
M
N
O
P
Q
R
S
T
U
V
W
X
Y
Z

C

A
B
C
D
E
F
G
H
I
J
K
L
M
N
O
P
Q
R
S
T
U
V
W
X
Y
Z

F

A
B
C
D
E
F
G
H
I
J
K
L
M
N
O
P
Q
R
S
T
U
V
W
X
Y
Z

A
B
C
D
E
F
G
H
I
J
K
L
M
N
O
P
Q
R
S
T
U
V
W
X
Y
Z

A
B
C
D
E
F
G
H
I
J
K
L
M
N
O
P
Q
R
S
T
U
V
W
X
Y
Z

A
B
C
D
E
F
G
H
I
J
K
L
M
N
O
P
Q
R
S
T
U
V
W
X
Y
Z

編集協力	株式会社 エデュデザイン
	今居美月, 上保匡代, 小縣宏行, 菊地あゆ子, 佐藤美穂, 敦賀亜希子, 村西厚子
英文校閲	Joseph Tabolt
DTP	株式会社 明昌堂
	データ管理コード：24-2031-1027 (2022)

デザイン	修水 (Osami)
キャラクターイラスト	吉川和弥 (合同会社 自営制作)
イラスト	加納徳博
録音	爽美録音株式会社
ナレーション	Dominic Allen, 村椿玲子

本書に関するアンケートにご協力ください。

右のコードかURLからアクセスし, 以下のアンケート番号を入力してご回答ください。ご協力いただいた方の中から抽選で「図書カードネットギフト」を贈呈いたします。

※アンケートは予告なく終了する場合があります。あらかじめご了承ください。

https://ieben.gakken.jp/qr/rank

アンケート番号 305711

高校入試 ランク順
中学英単語2000　改訂版

③